国家社科基金青年项目"面向听障儿童的优质教育视频资源的建设机制与效果研究"(项目批准号为:15CXW038);

2024年度教育部人文社会科学研究青年基金"数智化赋能产教联合体培养新质人才的机制研究"(项目批准号为:24YJC880007);

2023年度广东省本科高校教学质量与改革工程项目"智教互融·以美育'芯':职业教育师范生数字素养自适应课程构建与实践研究";

广东省新师范教师助推基础教育高质量发展研究与实践项目"数字化转型背景下广东省《信息科技》教育高质量发展研究与实践";

优质教育视频资源建设机制与效果研究

面向听障儿童

曹宇星　著

九州出版社
JIUZHOUPRESS

图书在版编目（CIP）数据

优质教育视频资源建设机制与效果研究：面向听障
儿童 / 曹宇星著 . -- 北京：九州出版社，2025. 1.
ISBN 978-7-5225-3626-2

Ⅰ.G762.2

中国国家版本馆 CIP 数据核字第 2025N91G35 号

优质教育视频资源建设机制与效果研究：面向听障儿童

作　　者　曹宇星　著
责任编辑　周弘博
出版发行　九州出版社
地　　址　北京市西城区阜外大街甲 35 号（100037）
发行电话　（010）68992190/3/5/6
网　　址　www.jiuzhoupress.com
电子信箱　jiuzhou@jiuzhoupress.com
印　　刷　三河市龙大印装有限公司
开　　本　710 毫米×1000 毫米　　　16 开
印　　张　16.25
字　　数　249 千字
版　　次　2025 年 1 月第 1 版
印　　次　2025 年 1 月第 1 次印刷
书　　号　ISBN 978-7-5225-3626-2
定　　价　85.00 元

前　言

　　视频资源图文并茂、生动形象的直观画面在听障儿童的认知发展和社会化发展中有着积极的意义。随着社会的不断发展，教育公平理念深入人心。在技术日新月异的今天，弱势群体的教育信息化资源建设也不容忽视。依据潜能开发和缺陷补偿等原则开发的面向听障儿童的视频资源能够创设形象的、视觉信息丰富的学习环境，是听障儿童获取信息的重要渠道，有效的视频资源机制建设对于发掘听障儿童潜能、促进聋校课程信息化资源建设具有重要的意义。然而，目前探讨面向听障儿童的教育视频资源建设机制与效果研究的相关理论和实践较少，尚未全面明确听障儿童特殊需求，探索出符合听障儿童身心发展规律的视频资源建设机制及应用模式。

　　听障儿童由于听觉官能受损，对外界信息的感知更加依赖视觉通道，尤其是直观的图像符号。视频资源的建设与应用为听障儿童接受优质教育创造了机遇。目前我国有聋人 2780 多万，调查表明，我国 14 岁以下的听障儿童有 200 多万，其中学龄前儿童约 80 万，同时每年将新增 3 万多名听障儿童。由于认识不足，很多听障患者失去了最佳的治疗时间。加之与聋人群体密切相关的家人、朋友，这个数量远远不止这些，这是电视、网络等传播媒体不可忽视的受众群。伴随着对残障人士的关注日益提升，2014 年国务院发布特殊教育提升计划（2014—2016 年）提出要加快推进特殊教育发展，提升特殊教育水平，全面推进全纳教育，使每一个残疾孩子都能接受合适的教育。近年来，我国各级政府十分重视特殊教育基础教育信息化建设，在无障碍基础设施、特殊教育师资培养、特殊教育信息化普及等方面取得了较为显著的成效。然而，随着对听障儿童认知特殊性的深度了解，发现面向听障儿童最适用的视频资源建设的确存在听障教育理念融入不足，现有视频资源建设不能符合听障儿童认知心理学规律和缺陷补偿方面的问题。此外，由于面向听障儿童的优质视频定制成本较高，对聋人特征了解的缺乏，导致视频资源低水平重复建设，真正适切的视频资源获取难度较大。体现在：

一、面向听障儿童的教育资源建设的长效投入机制未建立，听障类视频资源建设从硬件购置到摄像录制，所需经费数额较大。若缺乏系统性规划、政策导向和经费的投入不足，难以形成大规模听障儿童视频资源的标准化建设，传媒教育等相关部门的整体投资公益性资源的开发积极性不高；

二、面向听障儿童教育视频资源聋健（聋人与健听人）协同建设机制研究缺乏，资源建设者大多为健听人，导致听障类视频资源建设存在信息可及性较弱，不能满足听障儿童受众群体的多样化需求；

三、面向听障儿童的优质教育视频建设指标体系尚缺乏设计，难以形成有效的支持服务机制，促进多专业背景、跨聋健多元文化的交流与沟通。

在此背景下，开展"面向听障儿童的优质教育视频资源的建设机制与效果研究"国家级课题，形成了对听障儿童获得优质教育的有力支持。本研究将系统梳理影响面向听障儿童优质教育资源的建设机制要素与推进策略，为提升面向听障儿童的视频资源的优质性和可及性提供了可借鉴模式，且在效果验证方面，对于促进听障儿童的认知与身心全面发展方面具有一定的理论与实践价值。

本研究整合国内外面向听障儿童教育视频建设机制与应用效果相关研究，梳理听障儿童受众特征分析、视频资源设计、聋健协作平台搭建等方面的研究成果，以听障儿童认知理论、缺陷补偿及潜能开发理论、"受众分析"理论、传播学理论、潜能开发、个性化教育理论及协同学理论为依据，通过对面向听障儿童的优质教育视频资源建设机制的现状进行研究，结合聋教课程标准及听障儿童的视频资源需求特征，探索出"政策导向机制—资源标准机制—协同创新机制—内容生产机制—支持服务机制—激励反馈机制"六个方面，提出了面向听障儿童的优质教育视频资源建设机制。此外，本研究依据"现状研究—案例调研—模式构建（评价指标体系建构/策略制定）—实证应用—优化完善"的技术路线，明确面向听障儿童的视频制作目标、内容（选题/选型）、模式（结构/选材），提出了相应的开发策略：一、听障儿童为本位，目标导向，确定主题；二、创设情境，贴近生活，激发听障儿童的学习动机；三、依据缺陷补偿原则，巧妙运用视听思维，引导探究；四、尊重聋人文化，融入亲切的手语表达，营造环境鼓励听障儿童参与；五、善用视音频包装，画面美观，注重可视性；归纳形成面向听障儿童的视频资源建设评价指标体系。为有效开展听障儿童教育视频资源提供聋健协同的优秀个案，经过多轮迭代，形成了基于聋健协同、OBE、"众智"等理念的实践模式。本研究开发了面向听障儿童教育视频资源设计与开发的五阶段流程，提供可操作化示范案例并进行效果检验与持续完善，规范了视频制作人员和特殊教育工作人员及聋人在视频资源建设与推广中的协同机制，且在相关教学领域进行推广检验与实证中获得社会认可。未来，将在相关指导理论和实践经验的基础上，进一步结合直播、VR、人工智能技术为听障儿童提供更加适切的学习支持，促进视频资源建设与新兴技术融合，实现教育视频资源建设的多途径发展。

目　录

第一章　绪论 …………………………………………………………… 1

　　第一节　研究背景 …………………………………………………… 1

　　第二节　研究意义 …………………………………………………… 2

　　第三节　研究假设 …………………………………………………… 3

　　第四节　核心概念 …………………………………………………… 4

第二章　研究背景和文献综述 ……………………………………… 9

　　第一节　研究背景 …………………………………………………… 9

　　第二节　研究综述 ………………………………………………… 10

　　第三节　理论基础 ………………………………………………… 55

第三章　听障儿童优质教育视频资源建设研究程序 …………… 71

　　第一节　研究设计 ………………………………………………… 71

　　第二节　研究对象 ………………………………………………… 72

　　第三节　研究内容 ………………………………………………… 73

　　第四节　研究方法 ………………………………………………… 76

第四章　听障儿童优质教育视频资源建设需求调研与分析 …… 84

　　第一节　调研阶段 ………………………………………………… 84

　　第二节　调研方案设计 …………………………………………… 84

　　第三节　调研材料设计 …………………………………………… 88

　　第四节　调研结果分析 …………………………………………… 89

　　第五节　调研结论和反思 ………………………………………… 103

第五章　面向听障儿童的优质教育视频资源建设机制研究……………… 106

第一节　面向听障儿童的优质教育视频资源建设机制研究的必要性 … 106

第二节　面向听障儿童的优质教育视频资源建设机制构建………… 111

第三节　制定面向听障儿童优质教育视频资源建设评价指标体系…… 120

第六章　面向听障儿童的优质视频资源建设策略研究……………… 127

第一节　听障儿童为本位，目标导向，确定主题……………… 127

第二节　创设情境，贴近生活，激发听障儿童的学习动机……… 129

第三节　依据缺陷补偿原则，巧妙运用视听思维，引导探究……… 132

第四节　融入亲切的手语表达，营造环境鼓励听障儿童参与……… 136

第五节　善用视音频包装，画面美观，注重可视性……………… 140

第七章　面向听障儿童的教育视频资源建设实践模式……………… 144

第一节　基于聋健协同理念的听障儿童教育视频资源建设模式……… 144

第二节　基于 OBE 理念的听障类教育视频资源建设模式 ……… 159

第三节　基于"众智"理念的听障儿童教育视频资源建设模式 …… 165

第四节　面向听障儿童的教育视频资源建设流程规范……………… 175

第八章　面向听障儿童的优质视频资源建设示范案例……………… 183

第一节　面向听障儿童视频资源的编导与制作
　　　　——语文学科为例 ……………………………… 183

第二节　面向听障儿童的视频资源建设方案推广
　　　　——以《手语花开》系列视频资源建设为例……………… 195

第九章　面向听障儿童视频资源质量及应用效果评价……………… 202

第一节　实施面向听障儿童视频资源的质量评价……………… 202

第二节　面向听障儿童视频资源的质量评价维度……………… 203

第三节　面向听障儿童视频资源质量评测流程 ……………… 204

第四节　面向听障儿童视频资源质量评测数据分析 ………… 205

第十章　面向听障儿童教育视频资源建设创新点 ⋯⋯⋯⋯⋯ 208

第一节　视角创新：围绕听障儿童认知特征发展形成视频资源
　　　　建设机制 ⋯⋯⋯⋯⋯⋯⋯⋯⋯⋯⋯⋯⋯⋯⋯⋯⋯⋯ 208

第二节　模式创新：构建基于聋健融合、OBE、"众智"等理念的
　　　　实践模式 ⋯⋯⋯⋯⋯⋯⋯⋯⋯⋯⋯⋯⋯⋯⋯⋯⋯⋯ 211

第三节　实践推广创新：构建面向听障儿童教育视频资源设计与开发的
　　　　五阶段流程 ⋯⋯⋯⋯⋯⋯⋯⋯⋯⋯⋯⋯⋯⋯⋯⋯⋯ 212

第十一章　未来展望 ⋯⋯⋯⋯⋯⋯⋯⋯⋯⋯⋯⋯⋯⋯⋯⋯⋯⋯⋯ 215

第一节　新媒体融入听障视频资源促进教学组织形式多样化 ⋯⋯ 215
第二节　新技术支持听障儿童视频资源内容更加多样化 ⋯⋯⋯ 216
第三节　自适应技术在听障视频中的信息智能化匹配服务 ⋯⋯⋯ 217
第四节　促进包容性场景构建，视频信息可及性内涵的深入探讨 ⋯ 218
第五节　研究建议 ⋯⋯⋯⋯⋯⋯⋯⋯⋯⋯⋯⋯⋯⋯⋯⋯⋯⋯ 218

附录 ⋯⋯⋯⋯⋯⋯⋯⋯⋯⋯⋯⋯⋯⋯⋯⋯⋯⋯⋯⋯⋯⋯⋯⋯⋯ 224

附录1　面向听障儿童的教育视频资源建设现状及需求调查问卷
　　　（与听障儿童关系密切人员卷） ⋯⋯⋯⋯⋯⋯⋯⋯⋯ 224

附录2　面向听障儿童的教育视频资源建设问卷设计维度
　　　（听障儿童卷） ⋯⋯⋯⋯⋯⋯⋯⋯⋯⋯⋯⋯⋯⋯⋯⋯ 230

附录3　面向听障儿童教育视频资源建设需求访谈记录表
　　　（与听障儿童关系密切人员卷） ⋯⋯⋯⋯⋯⋯⋯⋯⋯ 232

附录4　面向听障儿童的教育视频资源建设现状及需求调查访谈提纲
　　　（传媒专业人员卷） ⋯⋯⋯⋯⋯⋯⋯⋯⋯⋯⋯⋯⋯⋯ 233

附录5　听障儿童视频资源建设参与者及主要贡献 ⋯⋯⋯⋯⋯ 234
附录6　成果宣传册 ⋯⋯⋯⋯⋯⋯⋯⋯⋯⋯⋯⋯⋯⋯⋯⋯⋯ 236

图片目录 ⋯⋯⋯⋯⋯⋯⋯⋯⋯⋯⋯⋯⋯⋯⋯⋯⋯⋯⋯⋯⋯⋯ 238

表格目录 ⋯⋯⋯⋯⋯⋯⋯⋯⋯⋯⋯⋯⋯⋯⋯⋯⋯⋯⋯⋯⋯⋯ 240

参考文献 ⋯⋯⋯⋯⋯⋯⋯⋯⋯⋯⋯⋯⋯⋯⋯⋯⋯⋯⋯⋯⋯⋯ 241

后记 ⋯⋯⋯⋯⋯⋯⋯⋯⋯⋯⋯⋯⋯⋯⋯⋯⋯⋯⋯⋯⋯⋯⋯⋯ 248

第一章　绪论

近年来，国家有关特殊教育政策和措施的贯彻实施，对改善我国特殊儿童受教育环境、促进特殊儿童优质教育资源共享、使特殊儿童获得公平而有质量的教育，起到了积极的促进作用。对于听障儿童这一特殊群体而言，视频技术是能够更好地提升视觉信息和听觉补偿能力的重要手段，但与此同时，面向听障儿童的教育视频资源极其缺乏，特别是相对于普校整体教育信息化资源的普遍提升而言，听障教育可用的视频资源数量与质量都有较大的提升空间。

第一节　研究背景

面向听障儿童的优质视频资源建设机制研究是一项系统性工程，构建符合听障儿童特殊认知需求的资源建设机制要素之间是相互制约和促进的关系，表现为视频资源建设基础设施提供、听障类视频资源建设专业人才培养、配套政策规章、视频制作流程规范与经费投入等多要素的系统规划和统筹安排。这些要素综合引导不同参与主体投入听障类视频资源建设，让听障儿童优质视频资源建设获得更多关注和可持续性发展。因此，本研究的子目标包括：（1）明确符合听障儿童需求的优质视频资源建设机制的实质与内涵；（2）构建面向听障儿童的优质视频资源建设的效果评价指标体系；（3）明确电视节目制作人员和特殊教育工作人员在听障儿童优质视频资源建设与推广中的协同机制，探索出视频资源建设与推广的新模式、新途径、新方法。其中，明确实质与内涵与听障儿童对象特征及其特殊性需求相关，构建资源建设效果评价指标体系有利于整体推进视频资源建设质量，形成多方参与协同机制与实现持续有效发展相关联。

第二节　研究意义

随着社会的不断发展，教育公平理念深入人心，教育公平强调"发展公平而有质量的教育"，弱势群体教育是权衡教育公平的一把标尺。在技术日新月异的今天，听障儿童的教育水平和质量急需得到关注和提升。依据国际上对听障儿童受教育水平的分类，听障儿童在 5 至 7 岁之间开始接受六年制学业，在此之前可能没有受到任何教育；在完成六年学业后的两三年接受初中教育。因此，应开发听障儿童智力，挖掘其潜能，避免不同群体之间新鸿沟的加大，保障教育公平。

近年来，数字媒体技术不断发展成熟。视频资源图文并茂、生动形象的特征，促使优质的教育视频资源成为听障儿童智力挖掘和能力培养的突破口。依据潜能开发和缺陷补偿等原则开发的视频资源能够创设生动形象的、信息丰富的学习情境，是听障儿童获取信息的重要渠道。有效的视频资源机制建设对于挖掘听障儿童潜能、促进认知发展和社会化发展，以及促进聋校课程资源信息化建设皆具有重要的意义。

一、学术价值

本书以听障儿童特点和需求为切入点，系统研究基于功能补偿和潜能开发的优质基础教育视频资源的建设机制与推广策略。目前学界对面向听障儿童的视频资源建设的理论研究较少，没有形成一套行之有效的操作流程，特别是从听障儿童认知心理特征出发，深入研究视频资源建设机制及应用效果实证研究相对缺乏。通过研究国内外面向听障儿童的教育视频制作优秀经验和整合聋校义务教育课程标准，建立了面向听障儿童的视频资源评价指标体系，使视频资源建设有章可循，促进了面向听障儿童的优质视频资源建设有效发展。听障儿童由于听觉障碍，对信息的接收和处理方式与常人存在显著差异。他们更依赖视觉和触觉等感官来获取和理解外部世界的信息。因此，开发适合听障儿童的优质基础教育视频资源，不仅能够补偿他们的听觉缺陷，还能激发和开发他们的潜能，具有重要的教育意义和社会价值。目前，学界对这一领域的理论研究相对不足，缺乏系统的操作流程和评价体系，这限制了听障儿童教育视频资源的有效建设和应用。

在国际上，一些发达国家已经开展了面向听障儿童的视频资源建设工作，并积累了一定的经验。例如，美国的特殊教育学校会结合听障儿童的认知特点，开发具有高度互动性和视觉吸引力的教学视频。然而，这些经验往往缺乏系统的总结和理论支撑，难以直接应用于我国的教育实践。国内对听障儿童视频资源的研究起步较晚，但近年来随着对特殊教育的重视程度提高，一些聋校和研究机构开始探索适合听障儿童的视频教学资源，取得了一定的成果。本书采用文献研究、案例分析、实地调研和实证研究等方法，系统梳理国内外面向听障儿童的视频资源建设经验，分析其成功因素和存在的问题。通过与聋校合作，深入了解听障儿童的认知心理特征和学习需求，构建视频资源的评价指标体系。同时，结合义务教育课程标准，开发和优化视频资源，并通过实证研究评估其教学效果。

二、实际应用价值

2014 年国务院发布特殊教育提升计划（2014—2016 年），提出要加快推进特殊教育发展，提升特殊教育水平，全面推进全纳教育，使每一个残疾孩子都能接受合适的教育。针对听障儿童的听障级别和教育需求，在教学环境创设、教学资源配备等方面都有不同程度的体现，因此，开展"面向听障儿童的优质教育视频资源的建设机制与效果研究"，将能突破现有资源建设困境，提升视频资源建设质量，提升资源应用有效性，促进聋校新课程改革。该研究重要的应用价值有以下两点：

其一，有助于为欠发达地区的听障儿童提供优质的视觉学习资源，为后续同类课程视频辅助资源的开发、利用与推广，提供指导方案。

其二，有助于为面向听障儿童优质视频资源提供开发建设依据，为研究同仁提供可分享的研究成果。为提高听障教育视频资源的利用率和教育传播效果提供重要的参考与借鉴。

第三节　研究假设

文献研究表明，听障儿童教育视频资源一直以来是广大教育工作者积极探索和研究的专题。但是，目前研究者在探讨听障儿童教育视频资源问题时，存在一个比较明显的问题，即主要是从技术层面探索视频资源的建设，

3

并没有从视频内容建设、视频研发方式的转变、视频资源的教学应用指导等方面进行研究，没有形成听障儿童教育视频资源的系统研究成果，也较缺乏针对性较强的促进聋健协同（聋人与健听人，后面简称"聋健"）的听障儿童教育视频资源策略和模式研究。同时，听障儿童教育视频资源在实践中，常常缺少真正的互动，缺乏动力之源和制度保障，缺乏良好的情感沟通，其权威性、真实性不够，直接影响听障儿童教育视频资源的应用，已成为其健康发展的制约因素。[①] 此外，听障儿童教育视频资源在发展速度快、普及程度高的喜人前景下，也存在着各地开展情况参差不齐，质量效应不尽如人意的现实。如何让听障儿童教育视频资源建设新模式更科学、更持续地发展，成为众多学者和教育部门关注和研究的焦点。

本课题组通过了解认为，只有深入学习听障儿童教育视频资源的相关理论，摸清其发展脉络，并立足听障儿童教育视频资源的实践问题，才能解决听障儿童教育视频资源建设发展中存在的问题。构建的面向听障儿童教育视频资源的建设指标体系有利于对面向听障儿童视频制作效果进行验证，并由此深入研究，探究相应的解决策略和模式，才有利于其推广运用。

第四节　核心概念

一、听障儿童

听觉障碍是指听觉系统中的传音、感音以及对声音的综合分析的各级神经中枢发生器质性或功能性异常，而导致听力出现不同程度的减退。我们经常会用重听（hard of hearing）、失聪（hearing loss）、聋（deaf）或听觉障碍（hearing impairment）等字眼来形容一个人听不清楚或听不见。听觉障碍是指我们的听觉器官无法或有困难发挥正常的听觉功能。关于耳聋的定义，世界卫生组织 1986 年报告中认为，只有听力严重减退（profound hearing imparment）才称为聋，其表现为患者双耳均不能听到任何词语。依照听力损失程度而划分的听力等级标准，层次如表 1-1 所示：

---

① 刘琦. 对网络教研的思考和探索 [J]. 辽宁教育行政学院学报. 2009（4）：137.

表 1 - 1　听力损失程度分类（1987）

听力损失程度（dB）	中国标准		WHO、ISO 标准	
	类别	分级	分级	程度
>110	聋	一级聋	G	全聋
91～110			F	极重度
71～90		二级聋	E	重度
56～70	重听	一级重听	D	中重度
41～55		二级重听	C	中度
26～40			B	轻度
0～25			A	正常

0～25 分贝听力损失可认定为正常或无显著问题；26～40 分贝听力损失可作为轻度障碍；41～55 分贝听力损失可认定为中度障碍，其在理解和交流等活动上轻度受限，在参与社会生活方面存在轻度障碍；56～70 分贝听力损失可认定为相当重度障碍；71～90 分贝听力损失可认定为严重障碍，其在理解和交流等活动上重度受限，在参与社会生活方面存在严重障碍；91以上分贝听力损失可认定为极度障碍，不能依靠听觉进行言语交流，在理解、交流等活动上极重度受限，在参与社会生活方面存在极严重障碍。

按照联合国特殊教育第四项报告书，从教育方面鉴定听觉障碍程度如下：一是未有自发语言能力的聋人。二是已有语言能力后才发生听觉障碍的聋人。本研究定义的听障儿童选择小学阶段的听觉障碍儿童，为有听觉障碍没有自发语言能力而需要特别教育的儿童，也可按广义的说法称之为聋童、聋生，本文不做医学康复领域对听力残疾程度的具体区分。北京师范大学心理学院林崇德教授认为，根据身心发展趋势，儿童期阶段可划分为：婴儿期（三岁之前）、幼儿期（三岁至六岁）、童年期（六七岁至十一二岁）、青少年期（十一二岁至十七八岁）。本课题研究的重点人群听障儿童，是正在接受小学义务教育的小学生，属于童年期，符合听障儿童认知心理特点。

二、听障儿童认知特点

认知能力指个体了解与认识世界的一系列心智活动，是人们顺利完成社会职能最重要的心理过程，它包括感知觉、注意、记忆、语言、思维、想象和社会学习能力等多种因子，是构成智力活动的基础。认知的基础是感觉和知觉，核心是抽象思维，是人们对事物的构成、性能，事物之间的关系，发展的动力、发展方向以及基本规律的把握能力。其中，知觉是作用于感觉器官的客观事物的整体在人脑中的反映。知觉是多种分析器协同活动的结果，可分为视知觉、听知觉、嗅知觉、味知觉和肤知觉五种。听障儿童由于听知觉完全或部分剥夺，也由此影响着其个体对事物的感知，具有特殊的认知特点。

听障儿童的感知觉特点。感觉和知觉都属于感性认知范畴，是认识过程的两个不同水平。人类通过视觉感知物体，辨认形状、大小、色形、远近等特征，获得空间表象。在丧失听力的情况下，视觉的意义就更加重要，数据表明，听障儿童所接受的外界信息有 90％以上来自视觉。正常人能够凭借听觉感知到的许多客体、过程和现象，他们都无法听到、无法感知，因此他们对复杂环境的感知不够完整。感知活动贫乏，范围狭窄，缺乏完整性。[①]

听障儿童的注意特点。由于听障儿童视觉代偿能力、视觉鉴别能力较强，因此聋儿在手眼协调、知觉辨别、空间知觉等方面能力较好，比听力正常儿童观察更仔细，辨别事物的能力更强。[②] 听力障碍儿童尤其是重度听力障碍儿童根据视觉鉴别、比较区别事物的重要特征的能力，对色彩、图案刺激的视觉记忆能力均强于正常儿童。[③] 但听障儿童由于语言发展缓慢而低下，内部注意的发展水平明显低于正常儿童，自我意识能力较差，缺乏对问题的深入思考。在学习过程中很难同一时间注意指向不同的对象，只能由注意的转移来代替，相对正常儿童，他们的注意的分配会比较困难。这也是因为听障儿童知识经验相对贫乏，注意的范围相对狭窄，且持续注视的时间较短。

听障儿童的记忆特点。国外的研究显示对那些易进行言语编码的材料，听力障碍儿童的视觉短时记忆能力较正常儿童差；而对那些不易进行言语编码的材料，他们的视觉短时记忆能力与正常儿童相近。换言之，听障儿童以视觉形象记忆为主。在情绪记忆方面，心理学家研究认为，声音的感受与情感反应的联系，比起光的感受更能激起情绪的共鸣，所以音乐艺术对人们情

---

① 王志毅. 听力障碍儿童的心理与教育 [M]. 天津：天津教育出版社，2011.

② Stoner, M., Easterbrooks, S. Using a Visual Tool to Increase Adjectives in the Written Language of Students who are Deaf or Hard of Hearing [J]. *Communication Disorders Quarterly*, 2016, 27 (2)：95－109.

③ 王枫，胡旭君. 听力障碍儿童与正常儿童视觉记忆能力比较研究 [J]. 中国特殊教育. 2002 (4)：34－36.

绪的调节力比视觉艺术更强，听障儿童的情绪记忆就不如正常儿童的丰富深刻。

听障儿童的语言特点。大多数听障儿童的有声语言发展很难达到完整和流畅使用的水平，有声语言发展具有不完整、不流畅的特点，口语发展水平和速度难以跟上认知的发展。听障儿童的语言可大致分为口语、手语和书面语，我国目前大部分聋校按照以"口语为主，手势语、手指语和书面语恰当运用的原则"进行课堂教学，国内外部分学者提出了不同听力损失水平的儿童应当发展不同的言语交往模式，轻度与中度听力损失者可以在早期借助助听器进行听力、语言训练，重点发展口语能力；重度、极重度听力损失者可以借助助听器发展口语、手语能力，符合听障儿童语言的个性化差异。

听障儿童的思维特点。认知能力以思维能力为核心。思维是人脑对客观事物间接的和概括的反映，包括动作思维、形象思维和抽象思维。听障儿童早期听力损失对其具体形象思维能力影响不大，而随着年龄的增长对借助于语言的抽象思维能力影响较大，在某些概念的形成影响也很大。

听障儿童的社会学习特点。由于语言沟通不畅，听障儿童很难准确剖析自己和他人的思维、情感体验，因此听障儿童的社会适应能力明显低于听力正常儿童，体现在运动能力、交往能力、参加集体活动和自我管理能力不足等方面。[1]

因此，听障儿童尤其是在重度听障儿童的教育过程中，除了使用语言交流外，应增加非言语性材料、符号的刺激，使其发挥视觉记忆的优势，获得更多信息，如在听障儿童发音训练时使其看到口型，这与国外近几年提出的"双语教学"方法，即在重度听力障碍儿童教育中视觉与听觉并重的方法相通。

三、听障儿童优质教育视频资源

视频是聋人学习手语，实现知识由抽象化转变为形象化、可视化的途径，很早就受到普遍的关注。[2] 结合视频营造情境，可以强化听障儿童的理

---

① Secora K，Emmorey K. Social abilities and visual-spatial perspective-taking skill：Deaf signers and hearing nonsigners [J]. *The Journal of Deaf Studies and Deaf Education*，2019，24（3）：201－213.

② Kelly J F，O'Brien E H. Using video resumes to teach deaf college students job search skills and improve their communication [J]. *American Annals of the Deaf*，1992，137（5）：404－410.

解叙事能力，为学科教学提供有趣的易于理解的情境。综合视频资源的特点和听障儿童的认知特点，本研究对面向听障儿童的优质教育视频资源作如下定义：面向听障儿童的优质教育视频资源是以现代特殊教育理论为指导的、根据聋校课程教学大纲的培养目标要求、适应听障儿童认知特点，主要依靠视频去呈现教学内容的一种教学资源。它针对听障儿童的恰当补偿性特征，用视频录像技术进行记录、存储与重放，并且可以借助网络平台应用于听障儿童的教育教学。

第二章　研究背景和文献综述

第一节　研究背景

国务院 2010 年颁布了《国家中长期教育改革和发展规划纲要（2010—2020）》中指出特殊教育是促进残疾人全面发展、帮助残疾人更好地融入社会的基本途径。注重潜能开发和缺陷补偿，提高残疾学生的综合素质，培养残疾学生积极面对人生、全面融入社会的意识和自尊、自信、自立、自强的精神。要全面提高残疾儿童义务教育普及水平。随着社会的不断进步，教育公平理念深入人心，特殊教育事业渐渐地受到了人们的重视。作为特殊教育的一个重要组成部分，听障儿童的教育也得到了很大的发展。信息技术的发展也进一步实现了教育资源、优质数字化教学资源共享，推动了教育发展，有利于缩小城乡教育差距，实现教育公平。然而，在信息化教育资源建设中，弱势群体的信息化资源建设往往被忽视，对于听障儿童来说比较重要的视觉资源的设计、开发、利用不足。目前对于信息化资源在听障教育中的研究还不多，还不深入，进一步影响了听障教育信息化资源的开发与应用。因此，为不断缩小"数字鸿沟"，研究听障教育信息化资源尤其是视觉资源的设计规律，提升面向听障儿童的信息化教学资源质量，逐渐成为推动听障教育发展的重要组成部分，有助于听障人士共享社会进步、科技发展和改革开放的成果。

2014 年国务院发布特殊教育提升计划（2014—2016 年）提出要加快推进特殊教育发展，提升特殊教育水平，全面推进全纳教育，使每一个残疾孩子都能接受合适的教育。全纳教育（inclusive education）又译为"包含教育""包容教育"。1994 年 6 月联合国教科文组织召开的"世界特殊教育大会"通过的《萨拉曼卡宣言》提出：教育要满足所有儿童的需要，兼顾学生之间的不同需要，顺应不同的学习类型和学习速度，通过适宜的课程、学校组织、教学策略、资源利用及社区合作，确保面向全体学生的教育质量。[①] 因此，对于听障儿童这一特殊群体而言，应针对其不同听障级别和学习障碍，在为其提供的教学环境创设、教学资源配备等方面都有不同程度的体现。2017 年教育部等七部门发布《第二期特殊教育提升计划（2017—2020 年）》坚持尊重差异，多元发展。尊重残疾学生的个体差异，注重潜能开发和缺陷补偿，提高特殊教育的针对性。促进残疾学生的个性化发展，为他们适应社会、融入社会奠定坚实基础。加强特殊教育信息化建设和应用，重视教具、学具和康复辅助器具的开发与应用。因此，开展"面向听障儿童的优质教育视频资源的建设机制与效果研究"国家级课题，可以形成对听障儿童获得优质教育的有力支持。

第二节　研究综述

一、国内外听障儿童教育视频研究现状与趋势

以"听障"或"聋"，与"视频"或"电视""听障儿童教育视频资源""聋健协同"等为组合关键词。从 2002 年至今，有 26 篇相关论文相继发表，仅有少量学者关注听障生的视频资源的建设与利用，近些年有逐步上升趋势。而视频资源又是丰富听障生社会信息量，促进听障生接触世界的一个基本途径。主要研究内容及数量如表 2-1 所示：

表 2-1　主要研究内容统计表

主要研究内容	小计
听障儿童教育视频资源开展必要性、概念等	5
听障儿童教育视频资源设计与注意要素	1
听障儿童教育视频资源个案实践经验及启示	1
听障儿童教育视频资源在促进聋健协同方面优势与局限	2
提高听障儿童教育视频资源实效探析	2
基于各种网络技术的听障儿童教育视频资源平台构建、功能框架介绍、应用初探	4
面向听障儿童教育视频资源的现状、策略分析	1
其他	10

---

① 朴永馨. 特殊教育辞典［Z］. 北京：华夏出版社，2006.

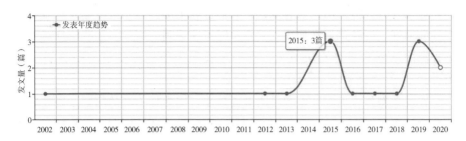

图 2-1　主要相关研究文献数量曲线图

　　由表 2-1、图 2-1 可知，在期刊 2002—2019 年这 26 篇相关研究论文中，国内研究者对"听障儿童教育视频资源"的研究各有侧重，包括听障儿童教育视频资源开展的必要性，开展的内容、形式、特点，在促进聋健协同方面的优势及存在的局限性，各种技术支撑平台开展听障儿童教育视频资源的个案分析与实践经验介绍，推进面向听障儿童教育视频资源的策略探讨等。但优质视频资源的匮乏及效用低下也是发展"瓶颈"之一。一方面体现在视频资源存在数量不足，针对听障学生认知心理特征定位不清晰，视频资源建设与聋校教学内容不同步等问题；[①] 另一方面体现在听障儿童视频资源结构单一，针对性不足，[②] 实用性差，获取难度大等问题。还有一些学者指出，视频制作方面的问题包括以下几个方面。

　　在视频资源受众分析方面，缺乏对特殊观众的具体分析及细化，国内电视资源设计没有注意到特殊群体的收视需要，应充分考虑到听障儿童的心理、心智成长与健听儿童的不同；[③] 受众分析需深化，对特殊观众细化研究也非常必要。在视频资源的受众分析中，对特殊观众群体的考虑不会陷入制约内容质量和教育效果的瓶颈。对于听障儿童而言，这一问题尤为突出。他们的语言习惯、学习风格和文化认同与健听儿童存在显著差异，这些差异对他们如何接收和处理信息具有深远影响。因此，深化受众分析，尤其是对听障儿童的细化研究，显得尤为重要。这不仅涉及对他们心理和认知发展特点的深入理解，还包括对他们在特定环境下的行为模式和偏好的准确把握。例

---

　　① 车月琴，曹宇星，吕米佳. 国内外听障学生微课的研究现状综述 [J]. 电脑知识与技术，2018, 14 (36): 160-162.

　　② 王东. 个性化课程视域下的聋校微课探究 [J]. 现代特殊教育，2018 (5): 49-52.

　　③ 曹宇星. 基于聋人文化传播的听障儿童电视节目探究 [J]. 新闻研究导刊，2018, 9 (4): 13-14.

如，通过开展针对性的调查和观察，我们可以更准确地了解听障儿童对视频内容的偏好，以及他们在使用视频资源时可能遇到的困难。这些信息对于视频资源的策划和设计至关重要，有助于我们为他们提供更加贴合需求的内容。

在视频制作方面存在电视手语画面较小，实效性不高的问题，研究者对特殊群体资源开发的特殊性意识还不强，实践缺乏理论指导；① 要具备为特殊群体进行视频资源制作的意识。当前视频制作领域对特殊群体资源开发的认识不足，这在手语翻译的准确性和电视手语画面的布局上表现得尤为明显。这种不足不仅影响了聋人观众的观看体验，也限制了他们获取信息的效率。提升这一认识，需要从多个层面入手。首先，制作团队需要增强对特殊群体需求的理解，这可能涉及特殊教育培训和手语能力的培养。其次，视频制作过程中应引入聋人的视角和反馈，确保内容的适宜性和可访问性。此外，技术层面的创新也至关重要，比如通过改进手语画面的显示方式，使其更加突出和易于理解。通过这些措施，我们可以提高视频资源对特殊群体的吸引力，增强实用性，从而更好地服务于这一群体。

大多数教育视频资源的教育目标没有充分与聋校的培养目标结合，没有具体考虑到听障儿童身心发展要求；忽视了听障儿童学校教育的关键时期，视频的制作没有与听障教育中课程指导标准相结合；忽视了研究对象的特殊性，忽视了听障儿童非智力因素等潜能的开发。面向听障儿童的视频资源要符合教育性、科学性的原则，在保障所传授的知识准确无误、真实可靠的基础上寻求影视艺术表现规律。② 要注重教育目标与聋校培养目标的结合，教育视频资源的开发应与聋校的培养目标紧密结合，这一点在当前的实践中往往被忽视。听障儿童的身心发展具有其特殊性，他们的教育需求不能简单地用健听儿童的标准来衡量。因此，视频资源的内容和形式都需要根据听障儿童的实际情况进行调整。这包括确保视频内容的科学性和教育性，同时也要考虑到他们的非智力因素，如情感、社交和创造力的发展。例如，视频资源可以包含更多关于聋人文化和社区的内容，以增强听障儿童的文化认同感。同时，通过设计互动和参与性强的活动，可以提升他们的社交技能和团队合作能力。

---

① 陈英. 电视手语新闻的问题与建议 [J]. 新闻爱好者，2009（4）：20—21.
② 李运林，徐福荫. 电视教材编导与制作 [M]. 北京：高等教育出版社，2004.

　　另外，视频资源在听障儿童教育中的建设机制与应用效果相关研究欠缺，针对性不足，实证研究较少等问题亟待解决，而在视频资源建设、资源的应用指导、机制建设、提高听障儿童教育视频资源实效性等方面受关注的程度仍不够。其中虽有侧重听障儿童教育视频资源个案研究的论文，但数量仍不够，且未提出适合听障儿童认知特征的教育视频资源策略和模式的相关研究。需要进一步实现建设机制创新，优化视频资源建设的系统化流程。视频资源的建设机制需要创新，以适应听障儿童教育的特定需求。这涉及从策划、制作到评估和反馈的整个流程。策划阶段，需要充分考虑听障儿童的学习特点和需求，设计符合他们认知水平和兴趣点的内容。制作阶段，应采用适合听障儿童的表现形式和技巧，如使用清晰的手语、图像和文字。评估阶段，应通过实证研究来测试视频资源的教育效果，收集听障儿童、教师和家长的反馈。反馈阶段，应根据评估结果对视频资源进行调整和优化。此外，建立一个跨学科的团队，包括特殊教育专家、手语翻译、视频制作人员等，可以为视频资源的建设提供专业支持和创新思路。

　　除此以外，提高听障儿童教育视频资源的实效性，需要从多个角度进行优化。首先，内容的准确性和可靠性是基础，视频资源所传授的知识必须经过严格的审核和验证。其次，艺术性和表现力也是提升实效性的关键，通过创新的影视艺术手法，可以增强视频的吸引力和感染力。技术的运用也是提高实效性的重要手段，比如利用多媒体和互动技术，可以为听障儿童提供更加丰富和生动的学习体验。最后，社区和家庭的支持对于提高视频资源的实效性也至关重要，社区资源和家庭教育相结合，可以扩大视频资源的影响力和覆盖面。综合考虑理解听障儿童的需求，我们认为，个案研究是深入理解听障儿童需求的有效途径。通过对个别听障儿童的详细观察和分析，我们可以更准确地了解他们在教育视频资源使用中的具体需求和反应。这些信息对于开发适合听障儿童认知特征的教育视频资源策略至关重要。例如，个案研究可以揭示听障儿童在语言理解、注意力集中和情感反应方面的特点，为视频内容的设计提供指导。同时，个案研究还可以发现听障儿童在特定教育情境下的行为模式，为视频资源的应用提供实证支持。此外，通过跨学科合作，我们可以将特殊教育、心理学和媒体制作等领域的专业知识和经验整合到教育视频资源的开发中，从而提高资源的针对性和有效性。

纵观听障儿童教育视频资源的发展过程，大致可以分为四个阶段，[①] 如表 2-2 所示：

表 2-2　听障儿童教育视频资源的发展过程及特点

阶段	特点
手口之争阶段	传统听障儿童视频以口语为主导，手语作为翻译补充。资源以讲授为主，基本没有互动内容； 参与范围仅是圈内的少数手语老师，没有听障儿童参与。
语言康复阶段	注重交互，面向听力口语康复的听障儿童，有部分儿童介入。
聋健协同阶段	聋校教师参与共享资源建设，有聋人大学生就自己参与讨论和组织。
融合发展阶段	视频资源开发团队由健听群体扩展到更大的范围，包括聋人摄影师、聋校师生、社会广泛参与者等。

综上所述，本研究整合国内面向听障儿童教育视频建设机制与应用效果相关研究中的视频资源设计、视频制作协作平台设计、听障儿童受众分析和视频推广设计等方面研究成果，以认知理论、传播学理论和视觉传达理论为指导，探索符合听障儿童身心发展规律的视频资源建设及应用模式。

为了更深入全面地掌握国外研究对教育电视资源在听障群体中的应用情况，以"TV/Television/video"关键词，同时以"deaf/less of hearing/hard-of-hearing hearing impairment"，"Deaf & Multimedia"，"Hard-of-hearing & Multimedia"为题名，结合关键词"education"和"instruction"对文献进行了检索，从 2001 年至今共 65 篇相关文献。通过对国外相关研究的分析，可以看出国外注重面向听障群体优质视频资源制作与共享机制建设，填补数字鸿沟，但仍缺少面向义务教学层面的可系统移植经验。国外对面向听障群体优质视频资源的研究主要有两个方面：（1）以项目实践验证面向听障儿童教育视频资源应用效果的研究。Golos[②] 等美国研究学者认为听障儿童可以通过基于手语的教育视频资源探索语言、科学、社会及数学学科等领域，可以以视频作为其他深度信息或教学拓展资源的引导；美国 ALIVE 项目提出通过互动电视来验证多种视觉媒体对聋生言语读写能力习得的影响有显著效果，并提出需要为听障儿童提供丰富的视觉资源与视觉教学策略（START

---

① 闫铁莹. 关于开展网络教研的几点思考［J］. 辽宁教育行政学院学报. 2005（10）：3-4.

② Golos D B. Deaf children's engagement in an educational video in American Sign Language ［J］. *American Annals of the Deaf*，2010，155（3）：360-368.

模式);英国广播公司委托国家听障儿童社会组织制作满足听障群体的视频,探索满足并吸引听障观众并能够提高认知度的策略。[①] 重视提供多种视觉资源辅助听障儿童学习的需要。[②] (2)对面向听障学生的视频资源建设机制的研究。美国 EDR (Educational Design Resources) 的视频式创新性教学及视频媒体服务项目,提供专家视频,利用视频聊天、视频作业、视频邮件等分享工具来满足听障学习者的学习。有学者指出应建立视频共享平台,如视觉语言与视觉学习科学中心(Visual Language and Visual Learning)为听障学生学习提供了很好的以视觉为基础的学习平台;[③] 美国宾夕法尼亚西部重视听障学生对视频资源建设的参与性,为听障学生建立电视演播室和视频制作工作室,通过听障儿童的参与和体验,促进其动手实践能力、认知能力和对视频资源审美能力等方面的协调发展,认为有必要为听障儿童创造参与和实践的有利环境。

通过对欧美及亚洲发达国家听障儿童视频资源建设机制的考察与分析,我们发现欧美国家非常注重从政策法规角度进行通用型资源建设机制的建立,以此规范听障教育视频资源建设及应用,并有利于其效果验证。此外,比较注重听障群体优质教育视频资源的建设与聋人电视栏目、视频资源共享网站、聋人视频工作室等以视频为主要学习交流平台的搭建,普遍赞同视频在听障教育中有化抽象为直观形象的重要作用,可以弥补听障儿童较难进行抽象逻辑思维思考的不足。但从文献研究也可以看出,面向处于义务教育阶段的听障儿童语言康复、视频资源建设相关总结较少,缺乏可系统移植到我国的教育视频资源的建设与推广经验。不过总体而言,我们认为,国外面向听障儿童的教育视频资源建设机制研究在政策制定、资源标准确立、协同创新机制、视频内容生产、支持服务建设等维度,对我们有重要的借鉴意义。

---

① Debevc,M. Development and evaluation of an e-learning course for deaf and hard of hearing based on the advanced Adapted Pedagogical index method [J]. *Interactive Learning Enviroments*,2012,22 (1):35—50.

② Istenic Starcic,A.,Bagon,S. ICT-supported learning for inclusion of people with special needs:Review of seven educational technology journals,1970—2011 [J]. *British Journal of Educational Technology*,2014,45 (2):202—230.

③ Simms,L.,Baker,S. Deaf and Hard of Hearing Children's Visual Language and Development Checklist. Presented at the Path Bilingualism [J]. *The child and Family*,2012 (3).

二、国内外听障儿童教育视频资源建设优秀案例分析

国内外面向听障儿童相关视频资源建设对本研究具有重要的参考价值，因而选取国内外具有代表性的视频资源建设案例进行分析，以期为本研究提供参考。

• 国内典型案例

1. 厦门市教育科学院——以教师微课为载体的听障儿童教育视频资源建设

面向听障儿童的电视资源通常会依托教育类相关组织机构或地方优质课程资源平台征集，如国家教育资源公共服务平台组织的"一师一优课"晒优课活动，地市级的微课程比赛等收集视频。以"集优、整合、创新、共享"的原则，推进基础教育数字资源共建共享为目标，开展优秀微课程建设和评选、整合和应用活动，其中对于特殊教育专业也开展了征集工作。工作流程为：以聋校教师为代表选择视频资源为授课做辅助，如选择素材图文并茂，贴合所讲内容主题，教师利用后期影视剪辑配上字幕。或者教师采用双语教学，以单独讲授的方式开展视频录制。电视节目设计常围绕课堂的教学内容和流程进行，如以语文教学为内容的电视节目会依据语文识字与写字阶段、课文阅读赏析阶段，记叙文、抒情文等体裁课文写作阶段介绍等来进行录制。

面向听障儿童的微课程视频的学习任务必须明确；微教学设计环节清晰，逻辑层次分明；微课视频必须为原创，画面清晰、声画同步，符合学习对象认知水平；在线微检测的题目必须为改造或原创（特教为微教学评价，必须结合教学目标，并体现个别化教育思想）；学习资源应选用符合本节主题的，有助于学生学习理解相关知识的音视频资源、文字、图片等。能够用于辅助教学，对教师的教和学生的学有实质性帮助。教学理念和方法先进，教学过程明确，无科学性错误；技术表现恰当、准确。有利于解决传统教学难以突破的问题，有利于帮助学生梳理思路，建立知识点之间的关联，提高自我整理归纳能力，有助于学生对学习难点的突破、学习重点的把握和学习兴趣点的深入理解。

通过对厦门市教科院特殊教育类优课进行分析，本研究总结出下列成功经验：

（1）电视资源的征集与整合原则

面向听障儿童的电视资源建设，其核心在于征集与整合。这一过程依托于教育组织机构或地方课程资源平台，例如国家教育资源公共服务平台的"一师一优课"活动，这些平台成为优秀教学视频的集散地。在整合这些资源时，必须遵循"集优、整合、创新、共享"的原则。这意味着所选视频不仅要在教育内容上优秀，还要在形式上有所创新，易于共享。整合过程中，要注重视频内容与听障儿童学习需求的贴合度，确保视频素材的图文结合、主题相关性，以及后期影视剪辑的字幕适配，从而提高教学的有效性和可接受性。

（2）工作流程与教学辅助的实施

工作流程的明确性对于电视资源的建设至关重要。聋校教师在这一流程中扮演着关键角色，他们需要根据教学计划和学生需求，精心挑选和剪辑视频资源。这不仅要求教师具备敏锐的教育洞察力，还要求他们掌握一定的视频编辑技能。例如，教师可能需要从大量的视频素材中筛选出与教学主题紧密相关的片段，然后通过剪辑软件添加字幕或解说，以适应听障儿童的学习特点。此外，教师还可以采用双语教学模式，通过手语和口语的结合，为听障儿童提供更加丰富和直观的学习体验。

（3）微课程视频的设计标准与评价

微课程视频的设计必须遵循一系列严格的标准。首先，学习任务的明确性是基础，它要求教学目标具体、可衡量。其次，教学设计必须逻辑清晰，层次分明，以确保学生能够顺畅地跟随教学进度。此外，微课程视频必须是原创，画面质量必须清晰，声画同步，以满足听障儿童的认知和学习需求。在线微检测题目的设计也必须具有创新性，能够准确评估学生的学习成果。最后，教学评价必须结合教学目标，体现个别化教育思想，以适应听障儿童的个体差异。

（4）教学理念与方法的创新

教学理念和方法的创新是提高听障儿童教育视频资源质量的关键。这要求教育者不断探索和尝试新的教学模式，如采用项目式学习、探究式学习和翻转课堂等。这些方法有助于激发学生的学习兴趣，增强他们主动学习的意识，培养批判性思维。同时，创新的教学方法还应注重知识点之间的联系，帮助学生建立系统化的知识结构。此外，教学过程中应充分利用多媒体和互联网技术，为听障儿童提供丰富多样的学习材料和互动平台。

（5）成功经验的总结与应用

通过对厦门市教科院特殊教育类优课的分析，总结出了一系列成功经验。首先，明确的目标定位对于引领听障儿童教育视频资源的方向至关重要。这要求教育者深入了解听障儿童的学习需求和特点，制定切实可行的教学目标。其次，强化管理机制是保障听障儿童教育视频资源健康发展的关键。这包括制定详细的活动章程、成立专家组和指导小组，以及提供专业的技术支持和指导。最后，建立激励机制可以激发特殊教育教师的参与热情，通过定期的评审、点评和展播活动，表彰和奖励优秀的教学成果。

（6）特殊教育教师的专业发展与支持

特殊教育教师的专业发展与支持是提高听障儿童教育视频资源质量的基石。这要求教育管理部门和学校为教师提供持续的专业培训和学习机会，帮助他们更新教育理念，掌握新的教学方法和技术。同时，应建立教师交流平台，鼓励教师之间的经验分享和合作，形成学习共同体。此外，教育管理部门还应为教师提供必要的技术、物资和政策支持，减轻他们的工作压力，提高工作满意度。通过这些措施，可以促进特殊教育教师的专业成长，提高他们的教学质量和创新能力。如图2-2所示。

图 2-2　厦门市基础教育微课特殊教育学校作品

图 2 - 3　厦门市基础教育优质微课课程建设研究

2. "YULE"——中国一家服务于中国听障群体和普通人群体的网络媒体网站

YULE遇乐，原名"新聋网"（New Deaf），于2013年8月创办，2018年6月由于业务需求拓展全面升级为"遇乐（YULE）"，定义为遇见更美好的自己，遇见每一个人的快乐，每一个人都是我们的伯乐，每一个人的遇见将会有共同的快乐！由聋人主创的网站需要多方面专业人士的支持与关注，同时聋人朋友也希望能把最美好的一面献给人们。这个聋人网站的开拓，综合了微博圈、读者QQ群、微信公众号等网络资源进行有效整合，并使之成为聋人、关注聋人的群体交流、分享、互动以及资源共享的视频资源共建共享平台。"YULE"设立的网络平台可以通过网络向社会展示聋人积极与社会融合的态度，也可以让更多受众了解聋人丰富的生活，更主要的是通过视觉传播的方式开阔聋人的眼界，增长聋人的见识，提高聋人的生活质量，丰富聋人的精神生活，进而引导广大聋人树立自尊、自信。

当今中国聋人人口数目相当庞大，其中大部分聋人受教育程度不高，信息比较闭塞，对有些事物不太了解，在语言文化上只有手语，导致聋人无法融入主流社会。"YULE"网站操作方法简单，视频分类清晰，聋人通过网络即可快速获取有关聋人的最新消息和状态，在官网内页中的内容还有教学、娱乐、新闻、发现、KOL专栏、政策等部分，部分官方项目的主要功能主要围绕手语新闻、教育及就业、手语翻译服务、手语讲堂、影视拍客等一系列有关聋人就业、生活娱乐方面的数字内容，帮助中国广大听障群体以及手语爱好者（普通人）分享和了解国内外的重大事件。通过注册 VIP 会员，可以获取更专业的聋人教育视频、就业辅助以及娱乐性的"数字手语""手语表演"，趣味性的"手语影视"，介绍性的可供欣赏的旅游视频记录，可以跟着聋人朋友关注国际聋人发展，学习如何使用手语和聋人进行无障碍交流。

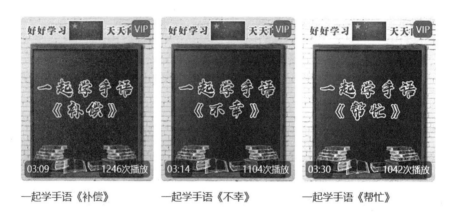

一起学手语《补偿》　　　一起学手语《不幸》　　　一起学手语《帮忙》

图 2 - 4　YULE 网站"一起学手语"界面

【数字手语1-10】倒霉的…　　寻聋记-王星记第二集　　【数字手语1-10】化妆趣事　　第三期《音乐家与狮子王》

图 2 - 5　YULE 网站"数字手语"界面

通过对"YULE"遇乐——原名"新聋网"（New Deaf）进行分析，本研究总结出下列成功经验：

（1）手语交际重要性的深入探讨

手语作为聋人社群的母语，具有独特的视觉节奏和表达方式，它丰富了人类的语言体系，为聋人提供了一种不可或缺的交际工具。在遇乐这样的平台上，手语不仅是信息传递的媒介，更是聋人文化和身份的象征。通过使用"中国手语"作为主要播报语言，网站尊重并推广了聋人的语言习惯，同时利用现代化多媒体技术，如字幕和讲解说明，为不同群体提供了平等地获取信息的机会。这种融合的手语使用方式，不仅方便了聋人，也让健听人有机会学习和理解手语，促进了社会的多元化和包容性。

（2）网站初衷与聋人社会参与

遇乐网站创建的初衷体现了对聋人群体的深切关怀和对聋人文化价值的认可。通过提供丰富的知识与信息资源，网站旨在帮助聋人更好地融入社会，提升他们的生活质量和社会地位。网站鼓励聋人使用自己的语言，增强他们的文化认同感和归属感，同时也激发他们积极参与社会生活的热情。通过这种方式，网站不仅为聋人提供了一个学习和交流的平台，也为社会大众提供了了解和接触聋人文化的机会，促进了聋人与社会的双向交流和融合。

（3）聋人文化宣传与社会地位提升的分析

遇乐网站的另一宗旨是通过宣传聋人文化，提高社会对聋人群体的认识和尊重。网站通过展示聋人的生活状态、艺术成就和文化特色，向社会传递了聋人群体的多样性和创造力。这种宣传有助于消除社会对聋人的偏见和歧视，提升聋人的社会地位，促进聋人平等参与社会生活。同时，网站也倡导社会对聋人权利的关注，呼吁社会为聋人提供更多的支持和帮助，共同构建一个无障碍、平等、尊重的社会环境。

（4）促进聋人社会化融合与个人成长的讨论

遇乐平台致力于促进聋人与普通人的社会化融合，这不仅有助于开阔聋人的视野，增长见识，也有助于提高他们的生活质量，丰富他们的精神生活。通过平台的交流与学习，聋人可以更好地了解社会，参与社会活动，实现自我价值。同时，平台也鼓励聋人树立自尊、自信、自立、自强的精神，不断完善自我，奉献社会。这种积极的社会参与和个人成长，不仅有助于聋

21

人的个人发展，也为社会的多元化和包容性作出了贡献。

（5）手语研究及翻译发展的推动

遇乐平台对推动手语研究及翻译发展具有重要意义。通过建立专业的手语翻译团队，平台致力于提高手语翻译的质量和准确性，满足聋人群体的沟通需求。同时，平台也致力于激发手语爱好者的积极性与热情，推广聋人文化，提高社会对听障群体的关注度。此外，平台还通过专业的培训和认证，培养手语翻译人才，提高手语翻译员的专业水平，确保翻译的专业性。这些努力不仅有助于聋人群体的沟通和交流，也为聋人文化的传播和发展作出了贡献。

（6）增值服务与用户体验的深化

遇乐网站计划向广大用户开设手语教学的增值收费服务，这不仅是网站收入的来源之一，也是提升用户体验和满足用户需求的重要举措。通过提供中国手语、多国手语、国际手语教学等多样化的手语教学服务，网站满足了不同用户群体的学习需求。采用 VIP 制度，网站为用户提供了更加专业和系统的手语教学服务，同时也保证了网站的可持续发展。此外，网站的良好用户体验和商业意识，使得手语教学服务更加生动和有吸引力，让用户在学习和使用手语的过程中，更好地了解聋人文化和手语文化。

图 2 - 6 YULE 聋人网首页

图 2 – 7　YULE 聋人网"教学"板块界面

以"YULE"为平台进行聋人视频制作和宣传是一种聋人展示自我的新形式，得到了聋人群体的积极关注与支持。

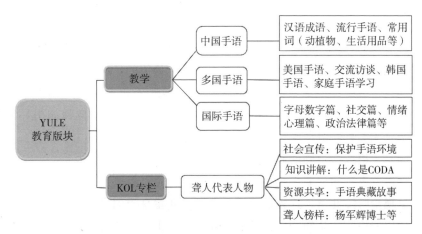

图 2 – 8　YULE 聋人网络教学视频"组织—部分内容"示意图

3.《大家学手语》及相关手语故事教视频资源

手语和口语分别是聋人和健听人的第一语言，聋人融入社会、与健听人正常沟通交流必然要求二者均能掌握这两种语言。2003 年 5 月 18 日，在全国第十三个助残日，我国第一个以教学手语为内容的电视节目《大家学手语》在上海电视台新闻综合频道正式开播。这档节目从与聋人沟通的常用手语展开讲解，如日常问候语句"你好！""早上好！""你好吗？"（带疑问表情），"很好""谢谢"等进行手语普及，搭建起了听障和言语障碍人群与健全人之间交流的桥梁。

通过对《大家学手语》及相关手语故事教视频资源进行分析，本研究总结出下列成功经验：

（1）节目制作宗旨与社会和谐

电视节目的制作宗旨是服务于聋人社群，帮助他们学习手语，进而更好地融入主流社会。这一宗旨体现了对聋人平等权利的尊重和对社会和谐的追求。节目不仅仅关注手语的教学，更关注聋人的社会参与和文化表达。通过精心设计的教学内容和互动环节，节目旨在搭建一个聋人和健听人交流的平台，促进双方的相互理解和尊重。节目的推广强调了规范手语的重要性，鼓励在教学中使用统一的手语标准，同时也考虑到地方手语的特色，力求在规范与特色之间找到平衡。这种平衡不仅有助于保护和传承地方文化，也有助于聋人更广泛地参与社会生活。

（2）教学视频的成功经验与启示

教学视频的成功在于它能够结合地方手语和规范的《中国手语》，为学生提供了全面的手语学习体验。这种结合丰富了学生的学习内容，提高了他们手语应用的灵活性和适应性。节目的成功经验启示我们，在手语教学中应注重规范性和实用性的结合，以及对手语文化价值的认识和尊重。此外，节目还强调了教师在手语教学中的重要作用，教师不仅要具备丰富的手语知识，还要具备激发学生学习兴趣和参与热情的能力。通过教师的引导和激励，学生能够更积极地参与到手语学习中，体验到手语的魅力和价值。

（3）手语故事视频的制作与效果

手语故事视频的制作是一次创新的尝试，它将经典儿童故事通过手语的形式呈现给听障儿童。这种形式不仅让听障儿童享受到了阅读的乐趣，也促进了他们的语言和认知能力的发展。视频中的手语表达清晰、生动，配合适当的视觉效果和背景音乐，使得故事内容更加引人入胜。此外，手语故事视频的制作还考虑到了听障儿童的特殊需求，如视频的字幕、画面的布局等，以确保他们能够舒适地观看和理解。这种以用户为中心的设计理念，不仅提高了视频的可访问性，也体现了对听障儿童的尊重和关怀。

（4）手语故事视频的制作要求

手语故事视频的制作对主讲人有较高的要求，这不仅体现在手语的表达上，也体现在形象和表现力上。主讲人需要具备较强的应变能力，手形要适中、柔软、细长，以保证手语的准确性和美观性。此外，主讲人的着装服饰要选择与背景颜色反差较大或较柔和的颜色，以突出手语表达。在手语表达上，主讲人需要准确、熟练，同时要注意表情和口形管理，眼睛要有神，以更容易亲近听障观众。这些要求不仅提高了视频的专业性和观赏性，也使得手语故事更加生动和感人。

（5）《大家学手语》的教育启示

《大家学手语》及相关手语故事教育电视节目为本研究提供了重要的启示。首先，聋人手语依赖于交流双方的手势或面部表情，其形象、生动、简洁、清晰、富于感染力的特点，要求电视手语画面不宜过小，以便观众能清晰地看到主持人的表情和手势。其次，节目应注重对手语、表情手势语的特写，以增强节目的表现力和感染力。此外，节目还应注重手语的规范性和统一性，以便于观众学习和模仿。这些启示对于提高手语教学的质量和效果具有重要的指导意义。

（6）聋人主体性在教育视频资源建设中的体现

让聋人成为面向听障儿童的教育视频资源建设的主体，是本研究的重要启示。这种主体性的体现不仅能够提高聋人的参与度和满意度，也有助于提高教育视频的质量和效果。通过将聋人的需求和特点放在首位，教育视频能够更好地服务于聋人群体，促进聋人与健听人之间的交流和融合。此外，聋人的主体性还体现在视频内容的创作和制作上，聋人可以参与到视频的策划、编剧、表演等各个环节，发挥他们的创造力和想象力。这种参与不仅能够丰富视频的内容和形式，也有助于提升聋人的自信心和自我价值感。

• **国外典型案例**

1. 美国公共电视儿童手语节目——《手语时间》（*Signing Time!*）
美国在听障儿童教育视频资源建设方面，耳熟能详的是 2006 年 1 月 1

日在全美公共电视台（PBL）播出，唯一一档在公共电视上教授儿童手语的节目——《手语时间》。该节目由姐妹埃米莉·布朗（Emilie Brown）和雷切尔·科尔曼（Rachel Coleman）创作，在节目中使用美国手语（ASL）作为主要语言。电视节目的创办，源自一位母亲的爱与期望。雷切尔，一位聋童的母亲，她的女儿莉亚（Leah）是这个节目最初的灵感。雷切尔深知，聋或重听儿童的世界同样丰富多彩，他们拥有与所有孩子一样对快乐和知识的渴望。因此，她决心搭建一个平台，让这些孩子们能够享受到与健听儿童同等的娱乐和乐趣。这个平台，就是后来广受欢迎的电视节目《手语时间》。起初，节目的定位是为聋或重听儿童提供娱乐。然而，随着对这一群体的深入了解，雷切尔逐渐意识到，这些孩子们的需求远不止于此。他们渴望被理解，渴望与健听人交流，渴望参与到更广阔的社会生活中去。他们需要的，不仅仅是一个娱乐的节目，更是一个能够展示自我、实现自我价值的平台。

因此，节目的定位开始发生转变。从单一的娱乐性节目，逐渐转变为一个以"聋健融合"为核心理念的教育平台。这个转变，不仅是对听障儿童社会参与权的重视，更是对促进聋人和健听人交流融合的坚定承诺。节目通过手语教学，为聋人和健听人之间的沟通搭建起了一座桥梁。在这个平台上，聋或重听儿童可以自由地表达自己，展示自己的才华和个性。他们可以通过手语，讲述自己的故事，分享自己的感受。同时，健听儿童也可以通过学习手语，更好地理解和接纳聋或重听儿童，与他们建立起深厚的友谊。

通过对《手语时间》进行分析，本研究总结出下列经验可以借鉴：

（1）节目定位的演变与融合理念

节目的内容设计也充分体现了这一教育理念。教学内容不仅包括美国手语的基本词汇，还涵盖了动作、颜色、星期、日常物品和活动等实用主题。每一期节目都围绕一个主题，通过主题歌曲、互动游戏等形式，让孩子们在轻松愉快的氛围中学习手语。此外，节目还采用了多感官式教学法，结合视觉、听觉和动觉三方渠道，促进孩子们的全面学习。主持人雷切尔在手指上缠绕不同颜色的胶带，以便孩子们能更清楚地区分手势中不同的手指。节目还选择了儿童喜欢的卡通青蛙为主角，融入新标志和原创音乐，丰富了视频的表现形式。

节目的播出，不仅让莉亚的朋友圈得到了扩大，更让整个听障儿童群体的社会参与度得到了提升。雷切尔发现，通过这个节目，越来越多的听障儿童开始勇敢地走出自己的世界，与健听儿童交流、玩耍。他们开始被更多的人理解和接纳，开始在社会中找到自己的位置。更重要的是，节目向所有听障儿童家长传达了一个重要信息：一门语言本身不会延迟另一门语言的发展。许多听障儿童家长曾担心，孩子学习了手语就不会说话。然而，节目通过生动的案例和深入的分析，打破了这一误解。它告诉家长们，手语和口语并不是相互排斥的，而是可以相互促进、共同发展的。节目还强调了手语在听障儿童早期发展中的作用。研究表明，婴儿在学会说话前就懂得手势。因此，如果孩子有说话的能力，不管你是否与他们打手语，他们都会学会说话。如果恰巧遇到言语延迟或言语障碍，家长更应该因为孩子会打手语感到庆幸，因为手语率先为他们提供了交流的方式。

《手语时间》节目的成功，不仅在于它的教育理念和教学方法，更在于它所传达的那份真诚和关爱。它让更多听障儿童家长意识到，无论有多少其他选择，对于听障儿童来说，手语都应该是他（她）的第一选择。这个节目，就像一座灯塔，照亮了听障儿童的成长之路，也照亮了社会对聋人群体的理解和接纳之路。

（2）教学内容的精心设计

电视节目《手语时间》的教学内容经过精心设计，以美国手语的基本词汇为基础，旨在为不同听力背景的儿童提供一种全新的交流方式。节目内容的选取充分考虑了儿童的认知特点和学习需求，涵盖了动作、颜色、星期、日常物品和活动等基础概念，这些都是儿童日常生活中频繁接触和使用的词汇，易于理解和记忆。节目的每一期都围绕一个单一主题展开，如"颜色的一天""动物乐园""我的家庭"等，通过将手语词汇与孩子们熟悉的场景和情境相结合，使得学习过程更加生动和有趣。主题歌曲的运用，不仅增强了教学内容的趣味性，也提高了易记性。朗朗上口的旋律和歌词，帮助孩子们在歌唱中自然而然地掌握手语表达。

对于听障儿童来说，这个节目提供了一个系统学习手语的平台，帮助他们扩展手语词汇量，提高手语表达能力。手语的学习，不仅让他们能够更好地与聋人社群交流，也增强了他们与健听人沟通的自信。而对于健听儿童，节目打开了一扇了解和学习手语的大门，让他们在轻松愉快的氛围中接触和学习手语，增进了对聋人文化的理解和尊重。

节目中的手语教学，注重实用性和互动性。除了基本词汇的教学，节目还设计了各种互动环节，如手语游戏、手语挑战等，鼓励孩子们主动参与到手语学习中来。这种互动性不仅提高了孩子们的学习兴趣，也锻炼了他们的手语运用能力。

此外，节目还注重培养孩子们的学习策略和思维能力。在教学过程中，节目引导孩子们观察、模仿、练习和创造，培养他们的观察力、记忆力、模仿力和创造力。通过手语学习，孩子们学会了如何用不同的方式表达自己的想法和感受，也锻炼了他们的思维方式和解决问题的能力。

节目的制作团队深知，手语不仅是聋人的语言，也是一座连接聋人和健听人的桥梁。因此，节目在教学内容的设计上，力求做到既符合聋人的语言习惯，又能让健听人容易理解和学习。节目中的手语表达，力求准确、清晰、生动，让孩子们能够直观地感受到手语的美感和表现力。节目的播出，得到了广泛的好评和认可。许多家长和教育工作者表示，这个节目不仅帮助孩子们学习了手语，更促进了他们之间的交流和理解。听障儿童通过节目学习手语，提高了他们的语言能力和社交能力；健听儿童通过节目学习手语，增进了对聋人文化的了解和尊重。这个节目，就像一座桥梁，连接了不同的听力世界，促进了社会的包容和融合。

（3）节目形式的多感官教学

节目采用多感官式教学法，结合视觉、听觉和动觉三方渠道，促进了孩子们的全面学习。通过打手语、唱歌、说话和跳舞等多种互动形式，节目鼓励孩子们体验多样化的学习风格，提高学习能力。这种多感官教学法不仅提高了学习效率，也让学习过程变得更加生动和有趣。例如，节目中的视觉元素可以帮助孩子们更好地理解和记忆手语动作，听觉元素可以增强孩子们对语言节奏和音调的感知，而动觉元素则可以让孩子们通过身体动作来加深对手语表达的理解。电视节目《手语时间》的创新之处在于其采用的多感官式教学法，这种方法深刻理解了儿童学习过程中感官体验的重要性。通过结合视觉、听觉和动觉三种感官渠道，节目为孩子们营造了一个全面、互动且富有创意的学习环境。

· 视觉元素

节目中的视觉元素设计精心，充分考虑了儿童对手语动作的观察和模仿能力。手语作为一种视觉语言，其动作的准确性和表达的清晰度至关重要。节目通过高清视频展示清晰、准确的手语动作，使孩子们能够清楚地看到每个手势的细节。此外，节目中使用的色彩丰富、形象生动的动画和图像，进一步吸引了孩子们的注意力，帮助他们将手语与具体的概念或物品联系起来。

· 听觉元素

听觉元素在多感官教学法中同样发挥着重要作用。尽管听障儿童可能无法完全依赖听觉学习，但节目通过音乐和节奏的融入，为所有孩子提供了一种通过声音来感受和理解语言的方式。节目中的旋律和节奏不仅增强了孩子们对语言的感知，也帮助他们记忆手语的顺序和结构。对于健听儿童而言，听觉元素的加入使得学习过程更加多元和丰富。

· 动觉元素

动觉学习是《手语时间》节目的另一个关键组成部分。通过鼓励孩子们跟随节目中的动作进行模仿和练习，节目激发了孩子们通过身体动作来学习和记忆手语的兴趣。动觉学习不仅有助于孩子们加深对手语动作的理解和记忆，还能提高孩子们的协调性和运动技能。节目中的唱歌、跳舞等活动，让孩子们在享受乐趣的同时，通过身体动作加深了对语言的理解和表达。

· 互动性

节目的互动性设计使得学习过程更加生动和有趣。通过设计各种互动环节，如手语游戏、角色扮演和团队挑战等，节目鼓励孩子们积极参与到手语学习中。这种互动性不仅提高了孩子们的学习兴趣，也锻炼了他们的社交技能和团队合作能力。

· 学习风格的多样性

《手语时间》节目认识到每个孩子的学习风格都是独特的。因此，节目设计了多种学习活动，以适应不同孩子的学习偏好。无论是视觉学习者、听觉学习者还是动觉学习者，都能在节目中找到适合自己的学习方式。

· 教育效果

多感官教学法的使用，极大地提高了节目的教育效果。孩子们在观看节目的过程中，不仅能够快速掌握手语技能，还能在语言理解、社交能力和创造力等方面得到提升。节目通过多感官的学习方法，为孩子们提供了一个全面、均衡和富有启发性的学习体验。

· 社会影响

《手语时间》节目的播出，不仅在教育领域产生了深远的影响，也在社会层面上促进了对聋人文化的理解和尊重。节目通过多感官教学法，为聋人和健听人之间的沟通和交流搭建了桥梁，推动了社会的包容性和多样性。

（4）主持人雷切尔的创新与亲和力

在《手语时间》节目中，主持人雷切尔以其独特的教学方法和亲和力，赢得了无数家庭的喜爱和尊敬。她的创新精神不仅体现在教学内容的精心设计上，更在于她对细节的关注和对孩子们学习体验的深刻理解。如采用创新的教学辅助工具。雷切尔在手指上缠绕不同颜色的胶带，这一看似简单的创新，实际上是对儿童学习手语的一次革命性改进。孩子们在学习手语时，往往对手部动作的细微差别感到困惑。通过颜色的区分，雷切尔帮助孩子们更清晰地识别每个手指的动作，从而使孩子们更快地掌握手语的精确表达。这种创新不仅提高了学习效率，也让孩子们对手语学习充满了兴趣和信心。再如，卡通青蛙主角的引入。节目在后续几季中引入了儿童喜爱的卡通青蛙作为主角，这一举措极大地丰富了节目的表现形式，提高了节目的吸引力。卡通青蛙以其活泼可爱的形象，深受孩子们的喜爱。它不仅是孩子们学习手语的伙伴，更是引导他们探索手语世界的向导。通过与卡通青蛙的互动，孩子们在轻松愉快的氛围中学习手语，体验到了学习的乐趣。

此外，节目在视觉和听觉方面也进行了创新。新的标志设计简洁而富有特色，易于识别和记忆，为节目塑造了独特的品牌形象。原创音乐的加入，为节目增添了更多的艺术气息和教育价值。音乐的旋律和节奏与手语动作相结合，帮助孩子们在歌唱中记忆手语，提高了学习的趣味性和效果。雷切尔作为节目的主持人，她的亲和力和教育智慧是节目成功的关键。她以其温和的态度、耐心的指导和真诚的关爱，赢得了孩子们的信任和喜爱。她了解孩子们的学习需求，尊重他们的学习节奏，鼓励他们勇敢尝试和表达自己。她的教学方法既有创新性，又有实效性，能够激发孩子们的学习兴趣，帮助他们建立自信。

总之，《手语时间》节目的教育效果是显著的。它不仅帮助孩子们学习了手语，更培养了他们的语言能力、社交能力和创造力。节目的播出，也引起了社会对手语教育的关注和重视。越来越多的家长和教育工作者开始认识到手语在儿童成长中的重要性，开始探索和实践多感官教学法。家长们对节目给予了高度的评价。他们认为，节目不仅提高了孩子们的手语技能，更增强了他们的沟通能力和自信心。孩子们也表达了他们对节目的喜爱。他们说，节目让他们感到快乐，让他们感到自己被理解和接纳。他们喜欢节目中的卡通青蛙，喜欢和它一起学习手语，喜欢节目中的音乐和故事。雷切尔在《手语时间》节目中展现的创新精神和亲和力，为儿童手语教育树立了新的标杆。她的教学方法和对孩子们的关爱，不仅提高了节目的教育效果，也促进了社会的包容性和多元化。这个节目，就像一盏明灯，照亮了孩子们学习手语的道路，也照亮了社会对手语教育的认识和尊重。随着节目影响力的不断扩大，我们有理由相信，手语教育将迎来更加光明的未来。

（5）节目播出后的社会影响

节目《手语时间》播出后，产生了深远的社会影响，尤其是在听障儿童及其家庭中引起了广泛的共鸣。莉亚，作为节目创始人的女儿，她的朋友圈的扩大成为节目影响力的一个缩影。通过节目，更多的听障儿童找到了归属感和交流的社区，他们的故事和经历激励着其他家庭，共同构建了一个支持和理解的网络。

首先，打破语言发展的误解，向所有听障儿童家长传达了一个至关重要的信息：手语作为一种完整的语言，并不会阻碍孩子们学习其他语言，特别是口语。这一观点打破了社会上普遍存在的误解，即认为学习手语会延迟或妨碍听障儿童的语言能力发展。节目通过生动的案例和深入的分析，向家长们展示了手语在听障儿童语言发展中的积极作用，强调了手语不仅能够促进孩子们的认知发展，还能增强他们的社交技能。

其次，提升家长教育认知。节目通过教育家长，提升了他们对手语重要性的认知。家长们开始意识到，手语不仅是一种交流工具，更是一种文化和身份的象征。节目鼓励家长们支持和鼓励孩子学习手语，为孩子提供更多的交流和发展机会。这种支持不仅限于家庭内部，也扩展到了学校和社区，为孩子们创造了一个更加包容和有利于成长的环境。

再次，增强了手语的积极作用。节目强调了手语在听障儿童语言发展中的积极作用。研究表明，早期接触和学习手语能够帮助听障儿童更好地理解语言的结构和功能，从而提高他们的语言理解和表达能力。节目通过展示听障儿童使用手语进行有效沟通的例子，向家长们证明了手语的价值。

最后，获得了家长的积极反馈。他们发现，孩子们在学习手语后，不仅在手语交流上变得更加自信，而且在其他语言技能上也显示出了进步。家长们纷纷表示，节目不仅改变了他们对手语的看法，也为他们提供了支持孩子发展的新思路和方法。并且随着节目影响力的扩大，社会对听障儿童的认知也在逐渐改变。越来越多的人开始认识到听障儿童同样具有巨大的潜力和能力，他们需要的是平等的机会和适当的支持。节目的播出促进了社会对听障儿童的理解和接纳，为孩子们的成长创造了更加有利的条件。

总而言之，《手语时间》节目的播出，不仅为听障儿童提供了学习手语的平台，更为他们的成长和发展开辟了新的道路。节目通过教育家长和改变社会认知，为听障儿童创造了一个更加包容和支持的环境。随着对手语价值的深入理解，我们期待听障儿童在未来能够获得更多的交流和发展机会，释放他们的潜能，实现他们的梦想。《手语时间》节目传达出了一份真诚，让更多听障儿童家长意识到无论有多少其他选择，对于听障儿童来说，手语都应该是他（她）的第一选择。节目通过生动的案例和深入的分析，教育家长认识到手语的重要性和价值，鼓励他们支持和鼓励孩子学习手语，为孩子提供更多的交流和发展机会。节目还强调了手语在听障儿童早期发展中的作用，指出手语不仅是听障儿童的交流工具，也是他们认知发展和社会参与的重要途径。通过节目的普及和教育，家长们对手语的认识得到了提高，对手语在听障儿童成长过程中的作用有了更深刻的理解。

2. 英国优质听障儿童教育视频资源建设实践

案例 1：《看到听到》（*See Hear*）

英国最成功的聋人节目是"看到听到"，该栏目始于 1981 年，一直持续到今天，耳熟能详。该节目聚焦于英国和世界各地的聋人社区，涵盖了从聋人教育、聋人权利、技术和语言等领域的广泛话题。从节目制作形式上来看，这档节目属于谈话类节目，由聋人主持，围绕一个设置好的主题展开问答和解答，知识具有系统性。《看到听到》自 1981 年开播以来，已经成为英国聋人文化的一个重要标志。这档节目不仅记录了聋人社群几十年来的发展和变迁，而且在英国社会中推动了对聋人权益的认识和尊重。节目的持续播出，为聋人提供了一个展示自我、分享故事的平台，同时也为健听观众打开了一扇了解和学习聋人文化的窗口，促进了社会的多元化和包容性。

节目内容的深度与广度体现了其教育价值。《看到听到》覆盖了聋人教育、权利、技术、语言等多个领域，为观众提供了全面了解聋人生活和需求的窗口。节目通过深入探讨聋人社区面临的挑战和机遇，传递了知识，得到了公众对聋人权益的关注和支持，具有重要的社会教育意义。

作为谈话类节目，《看到听到》以其系统性的知识传递和主题式的问答形式，为观众提供了深入理解聋人社区的途径。节目的互动性体现在观众可以通过社交媒体和现场观众提问等方式参与节目，增加了节目的吸引力和观众的参与度。聋人主持人的使用，更增加了节目的真实性和可信度。

节目采用英国手语作为主要交流语言，并结合英文画外音和字幕，这种多语言的使用策略，体现了对不同观众群体的包容和尊重。BBC 对英国手语的采用，不仅使聋人观众感到被认可和尊重，也吸引了更多的健听观众，实现了文化的交流和融合，提高了节目的可及性和普遍性。

（1）多元文化融合的重要性

《看到听到》节目的成功展示了多元文化融合的力量。它为我们提供了一个启示：在媒体制作和文化传播中，尊重并包含不同群体的语言和文化，不仅能够丰富节目内容，还能够促进不同群体之间的相互理解和尊重。这对于建设一个包容和谐的社会至关重要。

节目通过展示聋人社区的生活和需求，促进了不同文化之间的交流与融合。这种文化交流不仅限于语言的传递，更包括了价值观、生活方式和思维方式的相互理解和学习。《看到听到》通过英国手语的使用，为聋人社群提供了一个展现自身文化特色和价值观念的平台，同时也为健听观众提供了一个了解和学习聋人文化的机会。另外，节目的成功播出，启示我们在社会中推广包容性价值的重要性。通过展现聋人群体的多样性和独特性，节目打破了社会对聋人的刻板印象，加深了公众对聋人群体的认识和理解。这种理解和认识，有助于建立一个更加包容和谐的社会环境，让每个人都能够感受到尊重和接纳。

《看到听到》展示了媒体在塑造社会价值观和推动社会进步中的重要责任。作为一档电视节目，它不仅提供了娱乐，更传递了教育和启发。媒体通过关注边缘群体，可以提高公众对这些群体的认识，促进社会公正和平等。《看到听到》的成功，鼓励了更多媒体机构关注和报道多元文化议题，扩大了社会影响力。

还有，它在媒体制作模式有所创新，为媒体行业提供了宝贵的经验。通过结合英国手语、英文画外音和字幕，节目创造了一个多语言、多感官的观看体验。这种创新不仅提高了节目的可及性，也吸引了更广泛的观众群体。媒体行业可以从《看到听到》中学习，探索更多创新的制作模式，以满足不同观众的需求，给予聋人社群的自我表达与赋权。《看到听到》通过聋人主持人的参与和聋人员工的加入，体现了聋人社群自我表达和赋权的重要性。这种自我表达为聋人社群提供一个展现自身多样性和复杂性的机会，有助于打破社会对聋人的刻板印象。同时，赋权聋人参与媒体制作和公共讨论，增强了他们在社会中的代表性和影响力。通过节目对聋人文化的深入探讨和展现，为公众提供了一个学习和了解聋人群体的窗口。通过教育和公共意识的提升，节目帮助观众认识到聋人群体面临的挑战和需求，激发了公众对聋人权益的支持。这种教育和意识提升，对于促进社会对聋人群体的理解和接纳具有重要作用。

（2）手语教育的推广价值

手语作为一种独特的语言形式，具有其自身的语法、句法和表达方式。《看到听到》节目对手语的规范性和真实体验性的重视，不仅体现了对聋人文化的尊重，也展示了手语在促进社会融合和平等交流中的重要作用。首先，体现在教育体系中手语教育的融入。将手语教育纳入正规教育体系，是提升社会对手语重要性认识的关键一步。在学校中开设手语课程，不仅能够为学生提供学习第二语言的机会，还能够增进他们对聋人社群的理解和尊重，有助于提升手语教育的社会认知。推广手语教育有助于提高公众对聋人社群的认识和接受度。当社会大众了解并掌握基本的手语交流技能时，他们更有可能与聋人建立联系和友谊，从而打破沟通障碍，促进社会的包容性。这种认知的提升，对手语的普及和聋人权益的维护具有深远影响。

与此同时，鼓励聋人社会参与。手语教育的推广，为聋人提供了更广泛的社会参与机会。在工作场所、教育机构和公共事务中，手语的普及可以确保聋人能够平等地获取信息和表达自己的观点。这种参与不仅增强了聋人的自信心和社会归属感，也为社会带来了更多元化的视角和创意。

再次，手语作为跨文化交流的桥梁。手语教育的推广，为跨文化交流搭建了桥梁。在全球化的背景下，了解和尊重不同文化和语言变得尤为重要。通过学习手语，人们能够更深入地了解聋人社群的文化和价值观，促进不同文化背景的人们之间的相互理解和尊重，给予了聋人社群赋权与自我表达的权利。

另外，媒体体现了在促进社会变革中的作用。《看到听到》通过其内容和形式的创新，展现了媒体在促进社会变革中的重要作用。媒体不仅是信息传播的工具，更是塑造公众意识和社会价值观的平台。通过制作和播出关注边缘群体的节目，媒体可以提高公众对这些群体的认识和理解，推动社会公正和平等。

（3）聋人社群的自我表达与赋权

手语教育的普及，为聋人社群提供了更多的赋权和自我表达的机会。当聋人能够使用手语自由地表达自己的想法和情感时，他们的声音能够被更广泛地听见和理解。这种赋权不仅提升了聋人的生活质量，也使他们能够在社会中发挥更大的作用。

节目由聋人主持并深入探讨聋人相关话题，体现了聋人社群自我表达和赋权的重要性。这种自我表达为聋人社群提供了一个展现自身多样性和复杂性的机会，有助于打破社会对聋人的刻板印象。同时，赋权聋人参与媒体制作和公共讨论，增强了他们在社会中的代表性和影响力。代表性体现在《看到听到》中聋人主持的出现，为聋人社群提供了一个直接与公众沟通的渠道。这种代表性不仅展现了聋人社群的多样性，也反映了他们作为社会成员的复杂性和独特性。主持人的个人经历和视角，为节目增添了真实性和深度，使观众能够从第一人称的角度了解聋人的生活状态和心声。

这档聋人主持的节目为聋人社群提供了一个展现自身多样性和复杂性的机会。通过节目，聋人可以分享他们的故事、文化、艺术和成就，展现他们作为个体和社群的不同面貌。这种自我表达有助于打破社会对聋人的单一化和刻板印象，促进公众对聋人社群更全面和深入地理解。

此外，给予聋人赋权与参与媒体制作和公共讨论的机会，《看到听到》增强了聋人在社会中的代表性和影响力。这种参与不仅提高了聋人社群的能动性，也使他们能够更有效地表达自己的需求和诉求。在媒体制作中的参与，使聋人能够直接影响节目内容和形式，确保节目真实地反映了他们的生活和观点，有助于促进社会对聋人社群的理解和接纳。通过节目，观众可以了解到聋人面临的挑战和机遇，感受到他们的才华和贡献。这种理解和接纳，有助于建立一个更加包容和平等的社会环境，让聋人能够更好地融入社会，实现自身价值。增强聋人社群的自信和自尊，通过在媒体上展现自己的才华和能力，聋人可以为自己的身份感到自豪。这种自信和自尊，有助于聋人更好地应对生活中的挑战，实现自我发展和成长。

这档聋人主持的节目，提升了社会对聋人权益的认识，赢得了社会对聋人的尊重。通过节目，观众可以了解到聋人社群的需求和期望，感受到他们对社会变革和进步的贡献。这种认识和尊重，有助于推动社会对聋人权益的保护和促进，实现社会的公平和正义。

总而言之，《看到听到》节目中聋人主持的参与，不仅体现了聋人社群自我表达和赋权的重要性，也为社会提供了一个了解和接纳聋人的窗口。这种参与有助于打破刻板印象，促进社会包容，增强聋人的自信和自尊，推动社会变革和进步。随着聋人主持在更多媒体平台上的出现，我们期待他们能够为建设一个更加多元、平等和包容的社会发挥更大的作用。

（4）创新节目形式的观众吸引力

《看到听到》采用的谈话类节目形式和多语言策略，启示我们在媒体制作中创新形式可以显著提高节目的吸引力和观众的参与度。这种创新不仅能够吸引更广泛的观众群体，还能够为观众提供更丰富、更深入的内容体验。《看到听到》采用的谈话类节目形式，以其互动性和真实性吸引了广泛的观众群体。这种节目形式允许主持人和嘉宾就特定话题进行深入讨论，观众能够从中获得更全面的信息和观点。此外，节目的多语言策略，包括英国手语的使用和英文字幕的提供，进一步增强了节目的吸引力，使其能够触及不同语言背景的观众。

节目的创新形式不仅提高了观众的吸引力，也显著提升了观众的参与度。通过社交媒体和现场互动等方式，观众能够直接参与到节目的讨论中，提出问题和分享观点。这种参与感使观众感到自己是节目的一部分，从而增强了他们对节目的忠诚度和满意度，并且通过创新的节目形式和多语言策略，为观众提供了丰富而深入的内容体验。节目涵盖了聋人社群的多个方面，包括教育、权利、技术和语言等，使观众能够全面了解聋人的生活和需求。同时，节目的多语言呈现方式，让观众在享受内容的同时，也能学习到新的交流方式。

另外，《看到听到》的成功实践表明，创新是媒体制作的关键。在竞争激烈的媒体环境中，创新的形式和策略能够帮助节目脱颖而出，吸引观众的注意力。《看到听到》的谈话类节目形式和多语言策略，为其他媒体制作提供了宝贵的参考，鼓励他们探索更多创新的可能性。《看到听到》的创新形式和多语言策略，增强了节目的教育价值。观众在观看节目的同时，不仅能够获得关于聋人社群的知识，还能够学习到手语等交流技能。这种教育价值的提升，使节目不仅仅是一种娱乐方式，更是一种学习和成长的机会。另外，《看到听到》节目的谈话类节目形式和多语言策略，为媒体制作提供了重要的启示。这种创新不仅提高了节目的吸引力和观众的参与度，还为观众提供了丰富、深入的内容体验。

（5）真实性在媒体内容中的核心地位

节目对聋人日常生活的真实展现，强调了在媒体内容中保持真实性的核心地位。真实性是建立观众信任和节目权威性的关键。通过真实地反映聋人的生活状态和需求，节目赢得了观众的尊重和认可。

在媒体内容中，真实性是至关重要的。它不仅能够建立观众的信任，还能够增强节目的权威性。《看到听到》通过真实的镜头语言，展现了聋人社群的生活状态，包括他们的挑战、成就和日常生活的点点滴滴。这种真实性让观众感受到了节目的诚意和深度，从而建立起对节目的信任。

另外，需要反映聋人生活状态。因为只有节目深入地反映了聋人的生活状态，从他们的家庭生活到社交活动，从工作场景到休闲娱乐，才能让观众更全面地了解聋人的生活，感受到他们的喜怒哀乐。通过这种真实的展现，节目打破了社会对聋人的刻板印象，展现了他们作为个体的多样性和复杂性。

再者，需要呈现聋人需求。通过真实的故事和案例，不仅展现了聋人的生活状态，还深入地呈现了他们的需求，揭示了聋人在教育、就业、医疗等方面面临的挑战和需求。这种真实的呈现，让观众对聋人的困境有了更深刻的理解，激发了公众对聋人权益的关注和支持。

需要强调的是，真实性是增强节目感染力的关键。《看到听到》通过真实的叙述和生动的影像，打动了观众的心。节目中的聋人故事，以其真实性和感染力，让观众产生了共鸣，激发了他们的同情心。这种感染力，使节目不仅仅是一种信息的传递，更是一种情感的交流，能够进一步促进社会理解和接纳。节目对聋人日常生活的真实展现，促进了社会对聋人的理解和接纳。观众通过节目了解到聋人的生活状态和需求，从而改变了他们对聋人的看法和态度。这种理解和接纳，为聋人创造了一个更加友好和包容的社会环境，促进了社会的多元化和平等，进而推动了社会变革。节目揭示了聋人在社会中面临的不平等和歧视，呼吁社会采取行动，改善聋人的生活状况。这种呼吁，激发了公众的责任感和行动力，推动了社会对聋人权益的保护和促进。

案例 2：《视觉呈现》（Vision On）

由 BBC 制作人厄休拉·伊森（Ursula Eason）和帕特里克·道林（Patrick Dowling）构思并创办的《视觉呈现》节目是一个真正面向听障儿童的系列节目，当然那个时期也被称为 BBC 边缘类的儿童节目，该节目一共 15 季共 168 集，节目设计极大程度上满足听障儿童需求，同时也反映听障儿童和正常儿童的社会融合。该节目第一季选用了一位哑剧演员作为主持人，他同时也是皇家国家学院的舞蹈老师，节目内容涉及魔术、艺术和哑剧表演。第二季在形式上更加关注听障儿童，安排听障儿童在演播室的表演环节，并对听力损伤情况进行测试的环节，其余时间播放美国无声电影或者欧洲动画片。

《视觉呈现》是英国 BBC 专为有听力障碍的儿童观众设计的节奏缓慢、

艺术感丰富、文字简易的儿童节目。该节目认为失聪的孩子们也可以对艺术有所追求，艺术家托尼·哈特（Tony Hart）作为第二系列"画廊"栏目的共同主持，传递绘画理念，并鼓励孩子们把自己的绘画作品提交给"画廊"。对于听障儿童而言，节奏缓慢的节目可以帮助他们更好地阅读字幕和看清画面，[①] 同时节目也注意加入唇读画面及特写画面，限制文本的数量，尽量提供可视化的内容。在后续几季的节目中引入了穿着实验室大衣的科学家角色，还有一些稀奇古怪的机器发明，以及他们节目的古怪品牌 LOGO，并在后续的节目设计中继续使用动画和艺术理念，建立了拼图游戏。正是由于《视觉呈现》情景生动，节目短小而有趣，收视环境轻松幽默，并保留且改进了许多聋人元素，遵守了对聋人的承诺，该节目持续了十二年，吸引了众多追随者，获得了包括 Jeunesse 和 BAFTA 等在内的许多国际大奖奖项，这很大程度上归功于节目的不断创新。

通过对《视觉呈现》的详细分析，给予我们的启示如下：

（1）《视觉呈现》的创新与包容性

《视觉呈现》节目的创办体现了 BBC 在儿童节目领域的创新精神和对包容性的追求。节目共 15 季 168 集，每一季都精心设计，以满足听障儿童的特殊需求。节目的第一季选用了哑剧演员作为主持人，这位主持人不仅是表演艺术家，也是皇家国家学院的舞蹈老师，他的参与为节目增添了艺术气息，并通过魔术、艺术和哑剧表演等形式，吸引了听障儿童的注意力。节目创造性地解决了听障儿童对声音内容的获取难题，同时利用视觉艺术的表现形式，为听障儿童提供了丰富、直观且易于理解的观看体验。艺术不仅能够激发儿童的创造力和想象力，还能帮助他们以非语言的方式表达自己的情感和思想，这对于听障儿童来说尤为重要。《视觉呈现》节目通过精心设计的内容，促进了听障儿童与正常儿童的社会融合。节目不仅满足了听障儿童的需求，也吸引了正常听力儿童的观看，从而打破了社群间的隔阂，促进了相互理解和接纳。

（2）节目内容的多样化与互动性

从第二季开始，《视觉呈现》更加关注听障儿童的参与和互动。节目中

---

① Nikolaraizi M.，Vekiri I.，Easterbrooks S. R. Investigating deaf students' use of visual multimedia resources in reading comprehension ［J］. *American Annals of the Deaf*，2013，157（5）：458—473.

安排了听障儿童在演播室的表演环节，提供了一个展示自我和才华的平台。同时，节目还设置了对听力损伤情况进行测试的环节，这不仅增加了节目的互动性，也帮助观众了解和关注听力健康问题。《视觉呈现》通过引入多样化的内容，为听障儿童提供了一种丰富多彩的观看体验。节目内容不仅限于传统的教育材料，还包括了戏剧、舞蹈、手工艺等多种形式的艺术表现。这种多样化的内容设置，不仅丰富了听障儿童的文化生活，也激发了他们的创造力和想象力。另外，节目的互动性环节是其吸引观众的重要因素之一。通过在演播室安排听障儿童的表演，节目提供了一个让他们展示自我和才华的平台。这种直接的参与感，不仅增强了节目的吸引力，也让听障儿童感到自己被社会接纳和重视。

（3）艺术教育的推广

《视觉呈现》坚信艺术教育对所有儿童的精神世界有着深远的影响。节目中的艺术追求不仅限于技能的传授，更重视情感的表达和创造力的培养。这种理念为听障儿童打开了一扇通往艺术世界的大门，让他们能够在无声中体验到色彩、形状和创意的和谐。艺术家托尼·哈特在"画廊"栏目中的主持，为孩子们带来了艺术的启蒙。哈特以其亲和力和对艺术的深刻理解，向孩子们展示了绘画的无限可能，鼓励他们探索自己的艺术天分。他的引导不仅让孩子们学习到了绘画技巧，更重要的是培养了他们对艺术的热爱和欣赏能力。《视觉呈现》通过"画廊"栏目，鼓励孩子们提交自己的绘画作品。这种做法极大地激发了孩子们的创作热情，让他们在艺术创作中找到了自我表达的方式。节目中展示的孩子们的作品，不仅为他们赢得了认可和鼓励，也激励着更多的孩子参与到艺术创作中来。节目的艺术教育推广，对听障儿童的艺术素养和审美能力的培养具有重要作用。艺术教育不只是一种技能训练，更是一种审美和情感的培养。通过艺术，孩子们能够更好地理解周围的世界，表达自己的情感，培养自己的审美观。

此外，《视觉呈现》展示了艺术教育的多元化途径。除了传统的绘画，节目还涵盖了雕塑、设计、手工艺等多种艺术形式，为孩子们提供了广泛的艺术体验。这种多元化的艺术教育，有助于孩子们发现自己的兴趣和特长，促进他们全面发展。节目的艺术教育推广，还带来了积极的社会效益。通过艺术，听障儿童能够更好地融入社会，与他人建立联系。艺术成为他们与世界沟通的桥梁，帮助他们克服听力障碍带来的困难，实现自我价值。

（4）节目设计的可访问性

《视觉呈现》在节目设计上注重可访问性，节奏缓慢的节目设计帮助听障儿童更好地阅读字幕和理解画面。节目中加入了唇读画面和特写画面，限制了文本的数量，尽量提供可视化的内容，以适应听障儿童的观看习惯和需求。节目的创办启示了媒体在代表特殊群体方面的社会责任。通过在节目中展示听障儿童的日常生活和才艺表演，《视觉呈现》不仅为听障儿童提供了展示自我的平台，也为社会大众提供了了解和认识听障社群的机会。《视觉呈现》节目的设计考虑到了听障儿童的可访问性需求，为媒体内容的无障碍设计提供了范例。节目的缓慢节奏、简化文字和丰富视觉元素，使得听障儿童能够更好地理解节目内容，享受到与正常听力儿童相同的媒体体验。

（5）科学与技术的融入

节目中穿着实验室大衣的科学家角色，以其独特的形象和行为，成为孩子们心中科学探索的化身。这位科学家通过亲身示范和讲解，将复杂的科学原理以简单、直观的方式呈现给观众，尤其是听障儿童，使他们能够更容易地理解和接受新知识。节目中展示的稀奇古怪的机器发明，不仅增加了节目的趣味性，更重要的是激发了孩子们对科学和创造的兴趣。这些发明背后所蕴含的创新思维和解决问题的能力，对孩子们的科学素养和创造力培养具有积极的推动作用。《视觉呈现》节目通过将科学内容与艺术形式相结合，打破了传统教育中科学与艺术相互独立的界限。节目中的科学实验和艺术创作相互补充，为孩子们提供了一个多维度的学习体验，让他们在欣赏艺术的同时，也能学习到科学知识。节目为听障儿童提供了更多元化的学习资源。通过科学家角色的引入和机器发明的展示，节目丰富了听障儿童的学习内容，使他们在语言交流受限的情况下，依然能够通过视觉和动手实践来获取知识和技能。节目鼓励孩子们对科学现象进行探索和实践。通过节目中的互动环节和实验演示，孩子们能够亲自参与到科学探索中来，体验科学的乐趣，培养他们的观察力、思考力和实践能力。《视觉呈现》节目的这种设计，体现了跨学科教育的理念。通过将科学、技术、工程、艺术和数学（STEAM）等领域的内容整合到节目中，节目为孩子们提供了一个综合性的学习平台，帮助他们建立起跨学科的知识和技能体系。

总而言之，在后续几季的节目中，《视觉呈现》引入了穿着实验室大衣的科学家角色，展示了一些稀奇古怪的机器发明，这不仅增加了节目的趣味性，也激发了孩子们对科学和探索的兴趣。节目的这种设计，体现了科学与艺术的结合，为听障儿童提供了更多元化的学习资源。

（6）节目的持续创新与国际认可

《视觉呈现》节目之所以能够持续十二年，并吸引了众多追随者，很大程度上归功于节目的不断创新。节目情景生动、短小有趣，收视环境轻松幽默，并保留、改进了许多聋人元素。节目的这种创新精神，不仅遵守了对聋人的承诺，也获得了包括 Jeunesse 和 BAFTA 等在内的许多国际大奖奖项的认可。《视觉呈现》节目的创新精神是其持续吸引观众的核心。节目团队不断探索新的表现形式和内容，确保每一季都能给观众带来新鲜感。这种创新不仅体现在科技和艺术的融合上，还体现在对聋人文化的深入挖掘和呈现上。并且，节目以其情景生动和内容丰富著称。通过精心设计的各个环节，如"画廊"栏目的艺术创作、科学家角色的趣味实验等，节目为观众提供了一个多彩的视觉盛宴。这些内容不仅短小有趣，而且富有教育意义，使观众在轻松愉快的氛围中学习到新知识。

其次，《视觉呈现》节目提供了轻松幽默的收视环境，这是其吸引观众的另一大法宝。节目中的幽默元素和主持人的风趣表达，为观众提供了一个解压和放松的空间。这种轻松的氛围有助于降低观众对新知识的抵触感，使他们在愉悦中接受教育。另外，节目对聋人元素的保留和改进，体现了其对聋人社群的尊重和承诺。通过在节目中加入手语、字幕和视觉辅助等元素，节目确保了听障儿童能够无障碍地享受节目内容。这些改进不仅提高了节目的可访问性，也使节目成为聋人文化的一种传播媒介。后续，节目团队采取了一系列策略来保持节目的持续创新。这些策略包括定期的市场调研、观众反馈收集、新技术研发和创意工作坊等。通过这些策略，节目团队能够及时了解观众需求和市场趋势，不断调整和优化节目内容。节目不仅为听障儿童提供了优质的教育资源，也为社会大众提供了了解和接纳聋人文化的机会。节目的教育意义不仅体现在知识的传授上，更体现在对聋人权益的倡导和对包容性社会的建设上。

《视觉呈现》节目的成功，为儿童节目的制作提供了宝贵的经验。它展示了通过创新的形式和内容，可以满足特殊儿童群体的需求，同时促进他们的社会融合。随着社会对多元化和包容性认识的不断深入，我们期待未来有更多类似《视觉呈现》这样的节目出现，为所有儿童提供平等、有趣和富有教育意义的观看体验。

3. 加拿大听障儿童优质视频资源建设实践

《聋人星球》是由马布媒体公司（marblemedia）与安大略卫视（TV Ontario）和加拿大聋人文化学会合作创建的影视节目。该节目使用美国手语（ASL），还制作了法语版本，使用魁北克手语（LSQ）。该剧于2003年底首播，持续了两季。营造了听障儿童熟悉的故事情节，故事情节大概如下：马克斯有一天在博物馆的火箭展览中闲逛，意外地将自己送入太空，降落在"聋人星球"，在那里他遇到了一个耳聋的少年肯德拉。肯德拉只使用手语，但在一个口译机器人的帮助下，马克斯能够理解他，聋人少年决心帮助马克斯回家。从节目主线上来看，更富有故事情景，有情节、有悬念，寓教于乐，而且这种略带有科幻色彩的故事情境有助于培养听障儿童的交流能力和解决生活实际困难的信心。此外，在融媒体时代来临之际，围绕该内容建立了聋人星球网站，将节目视频片段放置在网络当中，并设有游戏互动、角色选定、科学知识分享等栏目，航天员的生动形象赢得了大量听障儿童的喜爱。

通过对《聋人星球》的详细分析，我们得到的启示如下：

（1）合作与创作背景

《聋人星球》的创作是多方合作的结果，体现了电视媒体、教育机构和文化组织之间的协同作用。马布媒体公司的专业制作能力，结合安大略卫视的播出平台和加拿大聋人文化学会的文化洞察，共同打造了这一针对听障儿童的影视节目。这种合作模式为节目的成功奠定了基础。《聋人星球》的成功证明了合作在影视节目制作中的重要性。通过马布媒体公司、安大略卫视和加拿大聋人文化学会的紧密合作，节目得以汇聚多方的专业知识和资源，为听障儿童提供了高质量的影视作品。这种合作模式启示我们，在特殊儿童节目的制作中，多方协同可以带来更丰富的内容和更广泛的受众。节目的制作团队将专业的影视制作技能与对听障文化的深刻洞察相结合，为听障儿童创造了真实可信的故事世界。这种结合不仅提升了节目的艺术品质，也确保了节目内容对目标受众的文化适应性。这启示我们在制作特殊儿童节目时，应充分考虑目标群体的文化特点和需求。安大略卫视作为教育机构的参与，为节目的教育价值提供了保障。节目通过有趣的故事情节和角色互动，传递了积极的价值观和生活技能，对听障儿童的成长具有积极的教育意义。加拿大聋人文化学会在节目的创作中起到了桥梁的作用，连接了制作团队和听障社群。通过文化组织的参与，节目能够更准确地反映听障文化和生活，为听障儿童提供了文化认同感。这启示我们，在特殊儿童节目的制作中，文化组织的参与有助于确保节目内容的真实性和文化敏感性。

（2）语言使用的多样性与包容性

节目使用美国手语（ASL）和法语版本中的魁北克手语（LSQ），展现了对不同语言和文化背景的听障儿童的尊重和包容。这种多语言的使用策略，不仅为听障儿童提供了更广泛的观看选择，也促进了不同社群之间的交流和理解。《聋人星球》节目的语言使用策略向我们展示了在儿童节目中尊重和包容不同语言和文化的重要性。这种多样性不仅丰富了节目本身，也向观众传达了一个信息：每个语言群体都值得被尊重和代表。多语言版本的制作促进了不同文化背景的听障儿童之间的交流与理解。通过手语，孩子们能够跨越语言障碍，分享故事和经验，增进对彼此文化的认识和欣赏。使用不同的手语版本增强了节目对听障儿童的可访问性。这种考虑周全的设计使得孩子们无论身处何地，都能享受到同样的娱乐和教育机会。此外，节目的多语言策略有助于激发听障儿童对自己文化和语言的认同感。孩子们能够在屏幕上看到自己的语言和文化被正面展现，这对于建立自信和骄傲感至关重要。因此，《聋人星球》为其他儿童节目提供了如何满足特殊需求儿童的范本。通过展示如何在一个节目中融入多种语言，节目制作者能够启发其他创作者思考如何更好地服务于不同背景的观众。通过包容不同语言和文化，节目传递了社会融合和共同价值观的重要性。孩子们从小就被教育要尊重差异，欣赏多样性，并与来自不同背景的人建立联系。《聋人星球》的多语言使用策略为特殊儿童影视节目的制作提供了重要的启示。随着全球化的不断深入，我们期待未来有更多的儿童节目能够采纳类似的策略，不仅为听障儿童，也为所有儿童创造一个更加包容和多元化的观看环境。

（3）故事情节的吸引力与教育意义

《聋人星球》的故事情节围绕主角马克斯的太空冒险展开，创造了一个充满想象和探索的世界。这种富有悬念和情节的故事情境，不仅吸引了孩子们的注意力，也寓教于乐，传递了勇敢、珍惜友谊和积极解决问题的价值观。

《聋人星球》的故事情节以主角马克斯的太空冒险为核心，构建了一个充满未知和奇幻元素的世界。这种设置立即激发了孩子们的想象力，培养了他们对探索宇宙的兴趣。太空旅行作为一种普遍的梦想，为孩子们提供了逃离现实、体验非凡经历的机会。在面对挑战和困难时，马克斯展现出的积极态度和解决问题的能力，为孩子们树立了榜样。这种教育意义的传递不仅发生在故事层面，也通过角色的行为和选择得到体现。采用了寓教于乐的叙事方式，将教育内容自然地融入故事情节中。孩子们在享受故事的同时，也能学习到重要的生活技能和道德观念。这种方式使得教育信息更加容易被接受，而不是单纯地灌输。节目精心构建的悬念和情节，为孩子们提供了一种紧张而兴奋的观看体验。每个转折点都设计得恰到好处，让孩子们在猜测接下来会发生什么的同时，也能锻炼他们的逻辑思维和推理能力。节目中的角色塑造具有深度和复杂性，使得孩子们能够与角色产生共鸣和认同感。马克斯的勇敢和智慧，以及他与其他角色之间的友谊，让孩子们看到了自己的影子，并激发他们学习这些积极的品质。

虽然《聋人星球》的故事带有浓厚的科幻色彩，但它并没有脱离现实。节目中的许多情节和主题都与孩子们的日常生活紧密相关，如友谊的重要性、面对困难的勇气等。这种联系帮助孩子们将故事中的教训应用到自己的生活中。《聋人星球》通过展现不同文化背景下的角色和情境，为孩子们提供了一个跨文化交流的视角。节目中的角色使用不同的手语进行交流，这不仅体现了对多元文化的尊重，也教育孩子们理解和欣赏不同的沟通方式。

（4）科幻色彩与现实联系

节目的科幻色彩为听障儿童提供了一种逃离现实、探索未知的体验。同时，通过主角在聋人星球上的交流和生活，节目也展现了听障儿童在现实生活中可能面临的挑战和困难，以及如何通过交流和合作来克服这些问题。科幻元素为听障儿童提供了一种逃离现实的手段。在《聋人星球》中，孩子们能够跟随主角马克斯进入一个充满奇迹和探险的太空世界，这种体验让他们暂时忘却日常生活中的挑战，激发他们的梦想和希望。节目通过科幻故事激发孩子们探索未知世界的兴趣。在聋人星球上的冒险经历，不仅让孩子们对宇宙和科学产生好奇心，也鼓励他们勇敢地探索未知领域，培养他们的探索精神和创新能力。尽管节目具有浓厚的科幻色彩，但它并没有忽视听障儿童在现实生活中可能遇到的挑战。通过主角在聋人星球上的交流和生活，节目展现了听障儿童在沟通、社交和自我表达方面可能面临的困难，展示了通过交流和合作来克服困难的重要性。节目中的主角马克斯和耳聋少年肯德拉通过手语和口译机器人的帮助进行交流，这不仅解决了沟通障碍，也体现了团队合作的力量。

在节目中，主角面对挑战时的积极态度和解决问题的能力，增强了听障儿童解决问题的信心。孩子们可以看到，即使在遥远的"聋人星球"，通过勇气和智慧，也能够找到回家的路。《聋人星球》节目作为科幻与现实之间的桥梁，帮助孩子们理解现实世界中的复杂问题，并激发他们寻找解决方案的灵感。节目将科幻故事与现实生活紧密联系，让孩子们明白，即使是在最困难的情况下，也有希望和可能性。节目通过展现不同文化背景下的交流方式，培养了孩子们的跨文化交流能力。在聋人星球上，孩子们学会了理解和尊重不同的沟通方式，这是他们在全球化世界中不可或缺的技能。"聋人星球"的科幻色彩与现实联系为特殊儿童影视节目的制作提供了重要的启示。

（5）融媒体时代的创新实践

随着融媒体时代的到来，《聋人星球》节目通过建立聋人星球网站，将节目内容扩展到了网络平台。网站中的视频片段、游戏互动和科学知识分享等栏目，为听障儿童提供了一个更加互动和丰富的观看体验。网站的建立将电视节目内容扩展到了网络平台，这一举措体现了融媒体时代下内容多渠道分发的重要性。网站不仅提供了节目视频片段，还增加了互动性和教育性内容，满足了听障儿童多样化的需求。然后，聋人星球网站的视频片段为听障儿童提供了节目内容的线上延伸。孩子们可以在任何时间、任何地点访问这些内容，享受更加灵活的观看体验。这种线上延伸不仅增加了节目的可访问性，也扩大了其影响力。在网络中，设置游戏互动栏目，通过精心设计的游戏，提高了听障儿童的参与度。这些游戏通常与节目内容相关，不仅能够增强孩子们对节目主题的理解，也能够锻炼他们的各种技能，如逻辑思维、解决问题等。

另外，聋人星球网站中的科学知识分享栏目，为听障儿童提供了丰富的科普资源。通过易于理解的方式，将复杂的科学概念和知识传达给孩子们，激发了他们对科学的兴趣和好奇心，促进了科学素养的培养。网站提供的角色选定功能，允许孩子们选择自己喜欢的角色进行互动，这种个性化体验让孩子们感觉自己成为故事的一部分。这种角色扮演不仅增加了节目的吸引力，也帮助孩子们发展同理心和社交技能，并提供社交媒体功能，建立了一个听障儿童社区。孩子们可以在这里分享自己的体验和创作，与其他听障儿童交流心得，形成了一个支持和鼓励的社交环境。《聋人星球》的融媒体实践展示了教育与娱乐结合的力量。通过网络平台，节目不仅提供了娱乐内容，还融入了教育元素，实现了在娱乐中学习、在互动中成长的目标。《聋人星球》的融媒体创新实践为特殊儿童影视节目的线上扩展提供了宝贵的经验。随着技术的不断发展和社交媒体的普及，我们期待未来有更多类似的节目能够利用融媒体平台，为特殊儿童提供更加丰富、可互动和个性化的观看体验。

（6）角色塑造与文化认同

节目中的聋人角色，如肯德拉，通过使用手语和口译机器人与他人交流，展现了听障社群的语言习惯和文化特色。这种角色塑造有助于听障儿童建立文化认同感，同时也让健听观众了解和尊重听障文化。节目中的聋人角色肯德拉，并非单一维度的角色。他们具有丰富的个性、情感和生活经历，这种深度和真实性让听障儿童能够在角色身上看到自己的影子，从而产生共鸣。角色使用手语进行交流的场景，为听障儿童提供了一种自然而真实的语言使用示范。这种呈现方式有助于打破社会对听障群体的误解和刻板印象，展现手语作为一种完整语言的表达力。通过角色的生活和互动，节目展现了听障社群的文化特色，如手语诗歌、聋人艺术和聋人社群的社交活动。这种文化特色的展现有助于听障儿童了解自己的文化根源，增强文化自豪感。

另外，节目中聋人角色的正面形象和积极故事，为听障儿童提供了文化认同的榜样。这种认同感对于他们的自我认同和自尊心建设至关重要，有助于他们在多元文化社会中找到自己的位置。展现聋人角色的日常生活和挑战，节目让健听观众有机会了解和尊重听障文化。这种理解和尊重是建立社会包容性的基础，有助于推动社会的多元化和平等。此外，节目中不仅有使用手语的角色，还有使用口译机器人的角色，这种多样性体现了听障社群内部的多样性。通过不同的角色，节目展现了听障社群的不同面貌，促进了更广泛的代表性。角色的故事和经历传递了重要的教育意义，如勇敢、友谊、合作和解决问题的能力。这些教育信息通过角色的行动和选择自然地融入剧情中，为孩子们提供了学习的机会。《聋人星球》节目中的角色塑造与文化认同为特殊儿童影视节目的制作提供了重要的启示。

（7）航天员形象的教育作用

节目中航天员的生动形象，不仅增加了故事的趣味性，也具有教育意义。航天员的形象激发了孩子们对科学和探索的兴趣，同时也传递了勇于探索、不畏困难的精神。节目中的航天员形象以其独特的魅力和冒险精神，激发了孩子们对太空探索的好奇心。孩子们通过观看航天员在聋人星球上的冒险，能够感受到探索未知领域的勇气和乐趣。航天员形象的引入，为孩子们提供了一个与科学相关的正面角色。通过航天员的探索活动，孩子们能够学习到基本的科学知识和原理，由此可培养孩子们对科学的兴趣。节目中航天员的形象传递了勇于探索、不畏困难的精神。这种精神不仅适用于太空探索，也适用于孩子们日常生活中面对的各种挑战。航天员的形象鼓励孩子们勇敢地追求自己的目标和梦想。航天员在面对太空中的各种挑战时所表现出的决心和坚韧，为孩子们树立了克服困难的榜样。这种形象教育孩子们在遇到难题时不要轻易放弃，而应积极寻找解决方案。

另外，航天员在太空任务中的成功往往依赖于团队的协作。节目中通过航天员与其他角色的互动，展示了团队合作的力量，教育孩子们在集体中相互支持和协作的重要性。航天员在聋人星球上的交流经历，为孩子们提供了跨文化交流的示范。通过航天员与使用不同手语的角色之间的互动，孩子们能够学习到尊重和理解不同文化的重要性。航天员的形象不仅代表着对外太空的探索，也象征着个人自我成长和超越的过程。孩子们通过观看航天员的成长历程，能够获得自我提升和不断进步的动力。《聋人星球》节目中航天员形象的教育作用为特殊儿童影视节目的制作提供了重要的启示。随着社会对科学教育和多元文化认知的不断深入，我们期待未来有更多类似的节目能够通过生动的角色塑造，激发孩子们的科学兴趣，培养他们的探索精神，以及教育他们勇于面对挑战。

《聋人星球》作为一档针对听障儿童的影视节目，其成功在于对听障文化的深入理解和尊重，以及对故事情节和角色塑造的精心设计。随着融媒体技术的发展，我们期待未来有更多类似的节目出现，为听障儿童提供更多元化、互动性强的教育和娱乐资源。

三、面向听障儿童教育视频资源建设的经验启示

1. 重视以主题的方式扩大听障儿童社会化视野

"Signed Stories"每一期栏目都设置了听障儿童感兴趣的主题故事，以轻松有趣的故事形式用手语讲给孩子。听障儿童语言康复不仅仅是单纯语言能力的康复，也是一个交际能力的发展过程。节目通过手语讲述故事，不仅关注听障儿童的语言康复，更重视他们的社交能力发展。手语作为一种自然语言，具有完整的语法结构和表达方式，有助于听障儿童理解和掌握语言的复杂性。不可否认，视频资源在听障儿童的言语发展中有着积极意义，但更重要的是认知发展和社会化发展。节目强调听障儿童的认知发展，通过故事中的情节和角色，激发孩子们的思考和想象。认知发展是儿童学习语言和理解世界的基础，节目通过多样化的内容设计，促进听障儿童的思维能力和解决问题能力的发展。它开阔了听障儿童的眼界，使听障儿童在掌握语言、增长知识的基础上了解社会、吸取间接经验，从而得到更大的发展。通过展示

不同的社会情境和角色互动，帮助听障儿童了解社会规则和文化习俗。社会化发展是儿童成长为社会成员的重要过程，节目通过生动的故事，让听障儿童学习如何在社会中适应和交流。通过观看节目，孩子们可以了解不同的生活场景和社会事件，这些经验有助于他们构建对世界的认知和理解。视频资源可帮助听障儿童认识社会，学习并掌握相应的行为规范，节目中角色的行为展示，为听障儿童提供了学习社会行为规范的模型。这些行为规范包括尊重他人、遵守规则、合作与分享等，对于培养儿童的社会责任感和公民意识具有重要作用；还有助于培养儿童助人、合作、友好、自制的行为，并使听障儿童逐渐体验到丰富的社会情感，通过情感丰富的故事情节，帮助听障儿童体验和理解各种社会情感，如同情、友谊、爱和归属感。这些情感的体验对于儿童的情感发展和社会适应能力至关重要，为发展完善听障儿童的道德感、理智感和美感做好了准备。

2. 重视通过情境创设提高听障儿童的参与性

语言文字是最重要的交际工具和信息载体，因听觉受损，听障学生掌握语言文字相对困难。创设一定的情境可以使听障儿童感同身受，以激发听障儿童的言语交际能力。[①] 有效的情境创设能够为听障儿童提供一个贴近现实生活的语言使用环境。通过模拟日常生活中的交际场景，如商店购物、餐厅点餐等，听障儿童能够在一个安全且受控的环境中练习和提高他们的语言交际能力。因此，突出听障儿童的主体地位，需要从听障儿童的需要出发，提升其参与性，即听障儿童也应该参与视频拍摄并被培养出对电视内容的辨别、分析能力。通过创设情境，听障儿童能够体验到语言交流的实际应用，从而激发他们学习和使用语言的内在动机。当孩子们意识到语言能够帮助他们更好地与他人交流和完成任务时，他们的学习积极性将得到显著提升。

在视频资源设计中，强调听障儿童的主体地位意味着他们不仅是观众，也是参与者。通过让他们参与视频拍摄和节目制作，听障儿童能够更深入地理解电视内容，并被培养出对媒体信息的辨别和分析能力。因此，提高听障儿童的参与度可以通过多种方式实现。例如，通过问题设计，鼓励孩子们在观看视频时思考和回答；通过情境设计，让他们在模拟的交际场景中进行角色扮演；通过节目制作，让他们参与到内容的创作和决策过程中。如《聋人

---

① 刘怡. 交际教学法：增强听障学生言语交际能力的有效路径 [J]. 现代特殊教育，2018 (21)：36—38.

星球》节目通过在日常生活中设置各种交际任务，听障儿童能够在实践中学习和运用交际策略。这些任务不仅包括日常交流，也包括解决冲突、协商合作等更复杂的交际场景。强调情境互动，在日常生活中设置各种交际任务，有机地将交际策略嵌入听障儿童的语言康复教育中。为了让听障儿童以多种形式参与，节目设计了科学实验、游戏、交流和短信互通等活动。这些活动不仅丰富了听障儿童的参与体验，也帮助他们在不同情境下练习和提高交际能力。参与过程中，听障儿童逐步形成对聋人文化的了解和认同，这对于他们的自我认同和文化自信至关重要。同时，通过参与和观察，他们能够提升对人与人之间交际模式或规范的认识，从而更好地融入社会。通过参与视频拍摄和节目制作，听障儿童的交际圈得到了拓展。他们不仅能够与节目制作团队、其他听障儿童建立联系，也能够通过节目与更广泛的观众群体进行交流，通过创设情境和提升参与度，听障儿童的语言文字学习和交际能力得到了显著提升。

3. 面向听障儿童的视频资源要符合其认知发展

听障儿童的认知技能存在显著的个性化差异，这些差异可能源于他们的年龄、教育背景、语言能力以及个人经历。视频资源设计时，应充分考虑这些差异，为不同认知水平的听障儿童提供适宜的学习材料。听障儿童个性化差异较大，往往具备了不同水平的认知技能。[1] 视频对听障儿童注意力、感知能力、思维能力、语言和阅读技能均有影响。视频内容的难度应与听障儿童的认知能力相匹配。过于简单或过于复杂的内容都可能影响学习效果。设计者需要通过细致的观察和评估，确定听障儿童的认知水平，并据此调整视频内容的难度。

此外，听障儿童的视觉注意特征与健听儿童有所不同。他们可能对快速变化的影像和复杂的视觉场景更加敏感。听障儿童在视觉和触觉方面具有较大的潜能。视频资源应充分利用这些感官优势，通过清晰的图像、鲜明的色彩和直观的动画，帮助听障儿童更好地理解和吸收信息。视频资源设计时，应避免使用快速切换和复杂的视觉元素，以免引起大脑疲劳。如电视影像或镜头经常瞬息万变，那些快速切入、短暂的分镜头、变化多端的摄影角度等不停地冲击大脑，令大脑在很短的时间内被动被迫地不停适应。而听障儿童

---

① 张律，朱成. 发挥电视在儿童认知发展与社会化中的作用 [J]. 教育导刊. 幼儿教育，2006（6）：7-9.

注意选择能力较低，思维难以集中或很容易引起大脑疲劳。

视频资源的教育内容应符合听障儿童的心理发展水平。内容应贴近他们的生活经验，易于理解，同时具有一定的启发性和教育意义。不符合听障儿童心理发展水平的认知材料产生的刺激并不都是有益和有效的。从教育视频资源和听障儿童电视视觉注意的关系来讲，听障儿童是占据主动地位的。视频资源的外在表现手法应创新，以吸引听障儿童的注意力。设计者可以尝试使用手语、字幕、符号等多种视觉辅助手段，提高信息传递的效率。视频资源制作过程应考虑听障儿童的认知能力，选择其可以理解的电视教育内容及其适宜难度。视频资源外在表现手法也要充分考虑听障儿童的视觉注意特征，使其充分发掘多种感官的潜能。听障儿童可能存在视觉惯性，即对某些视觉刺激的习惯性反应。视频资源设计时，应通过变化的视角、新颖的场景设计等手法，打破这种视觉惯性，激发他们的学习兴趣，正确处理好教材制作内容与其表现形式二者的关系。因此要考虑听障儿童的认知特点，从视频资源对听障儿童的教育影响、视频资源的内容及其适宜难度、视频资源设计的外在表现手法、视觉惯性等不同方面进行分析。视频资源对听障儿童的教育影响是多维度的。除了语言和阅读技能，还应关注其注意力、感知能力、思维能力等认知技能的发展。设计者需要从多个角度分析和评估视频资源的教育效果。总之，听障儿童的视频资源设计需要综合考虑他们的认知特点、视觉注意特征和感官潜能。通过精心设计的视频内容和表现形式，可以有效提升听障儿童的语言文字学习和交际能力，促进他们的认知发展和社会化。

4.面向听障儿童的视频资源中运用恰当补偿手段引导受众

在视频质量包装方面，要重视其"听障补偿性""技术性"与"艺术性"相结合的特点，采用多元化表现手法，重视内容传达过程的设计，重视用吸引人、易于理解的元素来展现过程与方法。视频资源的听障补偿性设计，意味着要充分考虑听障儿童在听觉信息获取上的局限性，并提供相应的视觉补偿。这包括使用清晰的手语、字幕和视觉提示，确保听障儿童能够跟上视频内容的发展，理解所传达的信息。技术性体现在视频制作的高质量画面、声音效果和动画设计上，而艺术性则体现在故事叙述、角色塑造和视觉美学上。两者的结合不仅能够提供视觉上的享受，也能够优化听障儿童的观看体验，使学习过程更加愉悦。采用多元化的表现手法，如动画、图表、实物演示等，可以使视频内容更加生动和直观。这些手法能够帮助听障儿童更好地理解复杂的概念和过程，提高他们的学习兴趣和参与度。国外很多听障儿童视频资源通过界面、字幕等设计营造了一个听障儿童认同的学习环境。

首先要用有趣的元素设计吸引听障儿童的注意,比如符合听障儿童需求的内容,幽默的或有悬疑的故事情节;幽默和悬疑是两种有效的手段,能够吸引听障儿童的注意力并维持他们的学习兴趣。通过在视频中融入幽默的对话和悬疑的情节,可以提高孩子们的参与度,增强学习动力。视频内容的传达过程需要精心设计,确保信息的逻辑性和连贯性。合理的镜头切换、清晰的步骤展示和有效的视觉强调,可以帮助听障儿童跟随内容的发展,抓住重点。在视频中融入吸引人的元素,如色彩鲜明、形象生动的角色和富有创意的场景设计,能够激发听障儿童的注意力和兴趣。这些元素不仅增加了视频的观赏性,也有助于加深孩子们对内容的记忆。

其次提供简洁清晰的辅助资源,如根据听障儿童认知特点设置故事关键点和提示。通过恰当使用听障补偿手段可以尊重听障儿童身心发展的规律和学习认知特点,以听障儿童原有经验为基础,创造无障碍的学习环境,使他们能够在自己的节奏和方式中学习和成长。通过重视视频资源的听障补偿性、技术性和艺术性,我们可以为听障儿童创造一个富有吸引力、易于理解且充满乐趣的学习环境。

5. 利用公共视频资源辅助听障儿童学习语言

听障儿童的读写能力是其全面接受教育、融入社会的重要前提。辅助资源的设计对于听障儿童的阅读理解至关重要。这些资源包括关键点提示、故事概要和概念解释,它们能够帮助听障儿童更好地把握视频内容的核心思想和细节信息。通过图文结合、手语示范等多种形式,辅助资源能够以听障儿童易于理解的方式呈现复杂的概念。

另外,这些辅助资源应该根据听障儿童的认知特点进行设计,例如,使用清晰的图像、符号和颜色编码来表示不同的概念和信息,可以帮助听障儿童更快地识别和记忆。此外,辅助资源应提供逐步指导,引导听障儿童从简单的单词学习过渡到复杂的故事理解,确保其易于理解和使用。

再者,注意阅读策略的系统性研究。尽管目前存在一些提升听障儿童阅读能力的策略,但缺乏系统性的研究和实践。未来的研究应关注如何综合运用多种教学方法和辅助技术,为听障儿童提供全面的阅读支持。这包括探索不同的阅读材料、教学策略和评估工具,以及如何根据听障儿童的个体差异进行个性化教学。由简单的单词学习入手,进而提升至对故事的深入理解,再通过对单词背景知识的掌握以及实践,达到提高听障儿童掌握书面语言能力的目的。这一思路被广泛应用于听障儿童语言学习当中，但目前的提升阅读能力的策略均以叙事性文本配手语视频呈现，缺乏对听障儿童阅读策略的系统性研究。

研究表明，多感官学习比单一感官学习在大脑皮层留下的印象更为深刻。视频资源可以通过整合视觉、听觉和动觉等多种感官信息，为听障儿童创造一个丰富的学习环境。例如，视频中的音乐和声音效果有助于故事的情感表达和氛围营造，帮助听障儿童更好地理解和记忆。视频中的音乐和声音可以发挥多种辅助作用。它们可以突出主题、渲染气氛、衬托背景、调节情绪、传播信息和模拟再现。通过合理运用音乐和声音，视频资源可以更加生动和感人，增强听障儿童的学习体验，还可以丰富声画关系。

最后，助听设备可以帮助听力障碍学生充分利用他们的残余听力。视频制作时应考虑声音的质量和清晰度，确保听障儿童能够通过助听设备获得最佳的听觉体验。通过佩戴助听设备，充分利用听力障碍学生残余的听力，在视频画面的配合下，声音可以提高听力障碍学生的学习效果。

因此，公共视频资源辅助语言学习的设计一定要根据听力障碍学生的听觉特点来设计。首先，音频材料应尽量简短，无杂音，声音清晰。其次，在声音出现的同时要在视觉上给予配合，让听障儿童最大限度地利用残余听力。再次，视频提供重复播放功能，可按时间节点选择反复播放，让听障儿童反复聆听、反复感受。最后，辅助听障儿童的语言学习需具备可录制功能，方便听障儿童自我对照，反复练习，从而加深听障儿童对于语言的理解。对单词背景知识的掌握是提高听障儿童读写能力的关键。视频资源应提供丰富的背景信息，帮助听障儿童理解单词在不同语境中的含义和用法。此外，通过实践活动，如角色扮演和情景模拟，听障儿童可以加深对单词和概念的理解，提高语言运用能力。

除上述启示外，为提高信息匹配服务有效度，政策制度的保障也非常重要。需将面向听障儿童教育资源建设作为国家福利事业的一部分，从无障碍传播发展的顶层设计到资金投入、协调多元组织参与的可持续性发展的主要推动力仍然依托于政府协调。国家政策的引导可保障相关研究专家、无障碍联盟、企业、行政部门之间的合作并有足够的资金支持资源建设，同时可以联合高校或研究所的技术人员参与无障碍传播技术的研发。扩大招募社会服务人员的规模，为优秀视频编配字幕、手语翻译或口述影像，保障信息匹配的服务有效度。

四、听障教育视频资源建设存在的问题与新经验

综上所述，近几年来我国听障儿童教育视频资源取得一定进展，同时也存在一些亟待解决的问题。一方面，美国、英国等国家的听障儿童教育视频资源成功经验可以根据实际情况有所借鉴，但不可以完全"移植"；另一方面，国内学者就听障儿童教育视频资源存在的问题提出了解决对策，然而大部分是在理论层面上关于视频制作的思考和建议，涉及具体资源建设实践的研究较少，缺乏适应听障儿童认知特征的教育视频资源可操作性策略。从听障教育视频资源建设总体特征来看，存在以下这些问题。

1. 听障类资源建设决策水平偏低

公益视频资源的建设，特别是针对听障儿童的资源，往往缺乏一个全面和系统的规划。这种缺失导致资源建设的决策水平偏低，难以形成有效的资源整合和利用。没有系统规划，资源建设就容易陷入随意性和零散性，缺乏长远的视角和战略性布局。由于缺乏有效的规划和决策，听障类公益视频资源的建设往往难以吸引足够的投资，或者投资没有得到有效的利用。这导致资源质量参差不齐，难以满足听障儿童的多样化需求，也影响了资源的可持续性和扩展性。此外，面向小众需求的公益视频资源作品的建设很少受到研究者的关注。这种不足导致资源建设缺乏理论指导和实证支持，难以形成科学、合理的建设方案。研究的缺失也影响了资源建设的创新性和前瞻性。听障类资源建设的决策水平偏低，也导致了资源供需之间的不匹配。一方面，现有的资源可能无法满足听障儿童的实际需求；另一方面，资源的供给可能存在过剩或浪费的情况。这种不匹配影响了资源的有效分配和利用。在听障类资源建设中，公益意识的缺乏也是一个重要问题。许多决策者和投资者可能没有充分认识到听障儿童的教育需求和社会价值，导致资源建设缺乏必要的社会责任感和使命感。

2. 缺乏系统性的听障教育视频资源建设机制

目前传媒和特殊教育等领域拥有各自的分工系统，在团队合作及任务安排中尚未形成可以促进相互依赖、协调融合的机制；听障教育视频资源的建设需要传媒和特殊教育等领域的专业知识和技能。然而，这些领域往往拥有各自的分工系统，缺乏有效的合作机制。这种分裂导致资源和专业知识不能得到充分利用，影响了视频资源的质量和效果。每个团队成员可能都有自己的专业视角和工作方法，但没有一个统一的框架来整合这些不同的视角和方

法，导致团队合作效率低下。另外，听障教育视频资源建设的决策过程往往分散在不同的部门和团队中，缺乏一个集中的决策机制来协调各方的意见和需求。这种分散的决策过程可能导致资源浪费和方向不一致。不同领域的专家和团队成员需要频繁交流信息和反馈，但缺乏有效的沟通渠道会导致信息传递不畅和误解。由于缺乏系统性的机制，听障教育视频资源建设中的资源整合面临困难。不同来源的资金、技术和人才等资源不能得到有效整合，影响了资源的使用效率和视频资源的质量。听障教育视频资源建设的创新能力受到限制。团队成员可能缺乏跨领域的知识和经验，难以提出创新的解决方案和创意。为了解决这些问题，需要建立一个系统性的听障教育视频资源建设机制。首先，加强跨领域合作，建立统一的决策和协调机制；其次，优化沟通渠道，确保信息传递的畅通和准确；再次，整合各方资源，提高资源使用效率；最后，建立评估和反馈机制，确保视频资源的教育效果。

3. 面向特殊受众视频建设的协同意识不足

协同意识是指团队成员之间相互理解、支持和合作的意识。在听障教育视频资源建设中，协同意识的缺失会导致团队成员无法充分发挥各自的专长和胜任力，影响团队的整体效率和创造力。在目前已有的聋健融合团队中，尚未形成能够发挥彼此专长和胜任力的空间，听障教育和影视传媒领域对成员来说都会造成彼此的认知负担。

每个团队成员都有自己的专长和胜任力。在听障教育视频资源建设中，需要充分挖掘和利用每个成员的专业技能和经验。例如，特殊教育专家可以提供关于听障儿童认知需求的深入见解，而影视传媒专家则可以贡献他们在视频制作和传播方面的专业知识。听障教育和影视传媒领域对团队成员来说都可能造成认知负担。为了减轻这种负担，需要建立有效的沟通和协作机制，帮助团队成员更好地理解彼此的工作内容和要求，提高团队的协作效率。

建立有效的协作机制是提高听障教育视频资源建设团队协同意识的关键。这包括明确团队成员的角色和责任，召开定期的沟通和协调会议，制定共同的工作目标等。在执行任务过程中，需要加强团队成员之间的互助合作。这可以通过建立互助小组、开展团队建设活动、提供专业培训和支持等方式实现。通过互助合作，团队成员可以相互学习、分享经验和资源，提高团队的整体能力和创新性。本研究将尝试以我国听障儿童认知需求特征为出发点开展调研。调研的目的是深入了解听障儿童的学习需求和特点，为视频资源建设提供科学依据和指导。调研可以采用问卷调查、访谈、观察等多种形式，收集听障儿童、家长、教师等不同群体的意见和建议。基于调研结果，本研究将提出面向我国听障儿童教育视频资源的建设机制与策略。这包括制定视频资源建设的标准和流程，确定视频内容和形式的设计原则，建立视频资源的评价和反馈机制等。通过这些机制和策略，可以确保视频资源的质量和效果，满足听障儿童的教育需求。

因此，还应继续加强协作，加深视频资源建设团队在执行任务过程中互助合作的程度。由此，本研究将尝试以我国听障儿童认知需求特征为出发点开展调研，可以为视频资源建设提供科学依据和指导。建议相关部门和机构重视协同意识的培养，加强跨领域合作，共同推动听障教育视频资源的建设和发展。

第三节　理论基础

一、听障儿童认知理论

认知发展理论有两大杰出代表：皮亚杰的认知发展阶段论和维果斯基的文化历史发展理论。皮亚杰的认知发展阶段论认为，儿童的认知发展经历了四个阶段：感知运动阶段（零岁至二岁）、前运算阶段（二岁至六七岁）、具体运算阶段（六七岁至十一二岁）和形式运算阶段（十一二岁至十六岁），并且受到成熟、经验和练习、社会环境和平衡化四个因素的影响。其中，社会环境是儿童认知的源泉，对儿童语言、思维、情感和道德的发展具有重要作用，能促进儿童的个性发展；平衡化强调个体与环境的交互作用能引起认知图式的新构建。[①] 皮亚杰的认知发展论被广泛应用于儿童教育中，他认为教育要适应儿童心理发展阶段和心理发展水平，要促进儿童内部的积极主动建构过程，要确定不同个体的发展水平差异。维果斯基的文化历史发展理论认为，个体的学习是在一定的历史、社会文化背景下进行的，强调认知过程中社会文化背景对于学习者的作用，学习者的思维和对世界的解释要依靠社会经历形成，并认为语言是认知的基础，因此社会和社会互动对于个体的认知发展很重要。

---

① 蒲文友，王昌善，蒲保兴．皮亚杰认知发展学说简要述评［J］．邵阳高等专科学校学报，2001（2）：150－151.

一些研究者认为，听障儿童与健全儿童最大的区别在于社会交往，听障儿童因社会互动经验缺乏而导致观点选择能力发展缓慢。[1] 另一些研究者认为，语言在人类认知发展的过程中起着决定性作用，它是思维的工具，是个体之间交流的方式，听障儿童由于听觉障碍无法模仿言语，认知发展也因此受到影响，导致其可能出现不同程度的心理障碍，阻碍社会交往能力的发挥。认知学习理论认为，学习是知识获取的过程，包括感知、注意、记忆、理解、问题解决等信息交换过程。认知学习理论强调知识的获取，而知识承载于各类学习资源和媒介中。吴鹏泽等认为，认知学习理论支持的数字化无障碍环境中，信息技术主要作用于"物理情境"和"信息资源"，目标定位为从资源设计和开发的角度进行缺陷补偿。[2]

听障儿童具有特殊的社会认知，钟毅平等在《听障学生的社会认知及发展研究》一书中以社会认知对象为维度来阐述听障学生社会认知的内容和特点，包括自我认知、对他人情感的认知、对社会关系和社会情境的认知、对社会道德的认知，如表 2-3 所示。

表 2-3　听障学生社会认知特点

社会认知维度	认知内容	认知特点
自我认知	自身"耳聋"的认知，以及自身在社会关系中的地位、作用以及自身的社会行为的认知。	自我认知发展缓慢。对自己的角色认知一般比较模糊。容易造成角色混同。
对他人情感的认知	主要涉及对他人情感的认知和对他人态度的认知。"他人"主要指与听障学生关系密切的人，包括家长、朋友、老师和亲属等。听障学生的一般认知能力以及他们所掌握的情感词汇在很大程度上影响着他们对他人情感的认知。	对他人情感的认知：① 主要通过视觉获得信息来进行。② 对他人面部表情观察细致。③ 缺乏相应的情感词汇来表达所知觉的情感。④ 情感理解缓迟。对他人态度的认知：① 有个性特征，偏差比较严重。② 认为自己对他人态度的认知是正确的。

---

[1]　Woofle T. Want S. C, Siegal M. Siblings and Theory of Mind in Deaf Native Signing Children [J]. *Journal of Deaf Studies and Deaf Education*，2003，8（3）：340－347.

[2]　吴鹏泽，杨琳. 学习理论视角的数字化无障碍学习发展与变迁 [J]. 中国电化教育，2018（12）：136－141.

续表

社会认知维度	认知内容	认知特点
对社会关系和社会情境的认知	理解抽象的含有社会意义的社会语言。 对他人思想和情感的预测及心理洞察能力。	较难领悟富含社会意义的语言。 对社会情景的理解处于初级阶段。 敏感性低。 不能准确预知他人的情感。 心理洞察能力缺乏。
对社会道德的认知	对现实社会道德关系和处理这些关系的准则、规范的认知，可分为感性认知阶段和理性认知阶段。	感性的道德认知，对道德现象及关系观察不完全、不丰富。 理性认知阶段： 对社会道德关系和道德内容的认知无法运用概念推理和判断。 对抽象的社会道德语言理解能力较低。 道德知识学习的广度和深度较差。 理解运用道德知识易出现偏差。

听障学生的自我认知、对他人情感的认知、对社会关系和社会情境的认知、对社会道德的认知等容易受到多方面因素的干扰，具有复杂性和特殊性，并且与健全儿童存在明显差异，即使是听障儿童之间也存在明显的不同。从听障儿童的认知发展角度出发，其心理发展的动力是其自身的内在需要，因此，应为听障儿童创设适宜的环境，使听障儿童通过与环境的主动互动来获得认知。环境的创设不仅需要从聋人文化的角度出发，也需要注入一定的健听文化元素，使听障儿童在加强自我认知和对听障群体及文化的认同的同时，也不排斥健听人群的文化，具有双文化认同的听障生心理问题往往最少。①

听障儿童认知发展理论对本研究的启示：面向听障儿童的视频资源设计要能够从聋人文化的角度出发，为听障儿童创造可以促进其认知发展尤其是自我认知发展的情境，加强听障儿童的自我认知意识，学会自我接纳和欣赏，同时，既要追求一般儿童正常发展的目标，也要结合听障儿童具有的特殊认知，融入双文化的理念进行设计，要充分考虑听障儿童身心全面综合协调发展。

二、缺陷补偿理论

"补偿"是指机体失去某种器官或某种机能受到损害时的一种适应，是

---

① 罗莎．听障生的身份认同及其与心理健康的关系［D］．杭州师范大学，2011．

一种与正常发展过程不全相同的有特殊性的发展过程。缺陷补偿理论认为，机体被损害的机能在特殊性的适应和发展过程中，可以被不同程度地恢复、弥补、改善或替代，而生物因素、社会因素和心理因素是影响缺陷补偿的重要因素。[①]"补偿"的另一层含义是在某种感觉（如听觉）受到损害时，另一种感觉通道不得不增加负荷，并会因长时间的刺激和练习得到提高。对于听障儿童来说，听觉缺陷给其心理、情感、认知等诸多方面带来了很大的消极影响，因此面向听障儿童的教学应针对其特殊性，积极进行教学补偿，重视通过感知觉、认知能力的训练，来弥补听觉的障碍。在补偿教育中，应认识到心理补偿与生理补偿同等重要。

缺陷补偿理论对本研究的启示如下：

1. 认知补偿的多模态教学策略

在听障儿童的认知补偿中，多模态教学策略是关键。这种策略通过整合视觉、触觉等多种感官通道，为听障儿童提供全面的认知刺激。例如，视频资源可以结合手语、文字、图表和动画，形成一个丰富的信息传递网络。这种多模态呈现不仅帮助听障儿童更好地理解复杂概念，而且能够促进他们的认知灵活性和创造力。此外，通过重复出现重要学习内容，可以加强记忆和理解，实现生理补偿。

2. 认知发展中的视觉化抽象概念

抽象概念的视觉化是帮助听障儿童跨越直观形象思维阶段的有效手段。视频资源中，抽象的数学原理、科学概念或语言结构可以通过图形、模型和动画直观地展现出来。这种视觉化方法不仅使抽象知识更加易于理解和记忆，而且激发了听障儿童的好奇心和探索欲。通过逐步引导，听障儿童能够从直观形象思维过渡到更高级的思维阶段，如逻辑推理和批判性思维。

3. 情感补偿与个性化学习路径

情感补偿在听障儿童的教育中同样重要。通过创设听障儿童感兴趣的学习活动，可以提高他们的学习动机和参与度。个性化学习路径的建立，需要深入了解每个听障儿童的兴趣、需求和动机。视频资源可以提供多样化的学习材料和活动，以适应不同听障儿童的个性和偏好。同时，及时地反馈和鼓励对于帮助听障儿童建立自信心和自我效能感至关重要。

---

① 李秀，张文京. 试论缺陷补偿与潜能开发 [J]. 现代特殊教育，2005（3）：19—20.

4. 潜能开发的心理学视角

潜能开发论认为，每个个体都潜藏着未被发掘的能力。在听障儿童的教育中，教育者应关注并发掘他们的潜能，无论这些潜能是否与听力有关。通过提供多样化的学习机会和挑战，听障儿童可以在多个领域展现自己的才能和潜力。例如，通过艺术、体育或技术等领域的教育视频资源，听障儿童可以发现自己的独特优势，并在此基础上进一步发展。

5. 社会适应能力的视频资源设计

社会适应能力是听障儿童教育的重要组成部分。视频资源可以设计包含社会化内容的模块，如合作游戏、角色扮演和社会问题解决等。这些内容不仅帮助听障儿童学习必要的社交技能，而且促进他们对不同社会情境的理解。通过观看和模仿视频中的正面行为，听障儿童可以逐步提高自己的社会适应能力。

6. 个性发展与自我表达的支持

个性发展和自我表达对于听障儿童的全面发展至关重要。视频资源可以提供艺术创作、写作和演讲等机会，鼓励听障儿童表达自己的想法和感受。这种自我表达不仅有助于他们建立个人身份，而且促进了情感健康和自我认知的发展。教育者和家长应支持和鼓励听障儿童追求个人兴趣和目标，帮助他们实现自我发展。

对视频资源制作的启示如下：（1）认知补偿的多模态教学策略。多模态教学策略在听障儿童教育中的应用，旨在通过整合多种感官通道来促进认知发展。这种策略认识到听障儿童的听觉受限，因此通过视觉、触觉和动觉等多种方式提供信息，以增强学习体验和认知补偿的效果；（2）视觉通道的利用。视觉通道是听障儿童获取信息的主要途径。教育视频资源可以利用丰富的视觉元素，如图像、图表、动画和手语，来传达教学内容。例如，科学概念可以通过动画展示实验过程，数学问题可以通过图表展示解题步骤。此外，视频可以结合实景拍摄和计算机生成图像（CGI），为听障儿童提供直观的学习和理解方式。（3）触觉和动觉的整合。除了视觉信息，触觉和动觉也是重要的学习通道。教育视频可以设计互动环节，如模拟实验或角色扮演游戏，让听障儿童通过触摸和动作来探索和学习。这种身体参与不仅增强了学习的实践性，而且有助于加深对概念的理解和记忆；（4）多媒体和技术的应用。现代多媒体技术和教育软件为多模态教学提供了更多可能性。视频资源可以结合音频描述、字幕、手语翻译和交互式元素，创建一个综合性的学习环境。例如，使用触摸屏技术，听障儿童可以直接与视频内容互动，通过拖放、选择和组合等操作来解决问题；（5）重复和强调的策略。在多模态教学中，重复和强调是加强学习效果的重要手段。对于关键概念和信息，可以通过不同的模态多次呈现，以加强记忆和理解。例如，一个重要的科学术语可以同时通过视觉展示、手语表达和文字描述来呈现，确保听障儿童从多个角度理解和掌握。通过这种多模态教学策略，听障儿童的认知补偿不仅能够弥补听觉的缺陷，而且能够促进他们全面发展多方面的认知能力。教育视频资源的设计应不断探索和创新，以适应听障儿童不断变化的学习需求和教育目标。

三、"受众分析"理论

传播学者麦奎尔在 1997 年编写的《受众分析》中将受众分为三种类型，即作为大众的受众、作为群体的受众和作为市场的受众。根源于研究立场的不同，研究方式和研究切入点从受众的媒介使用行为（活动）进行分析，在该社会学视角下，将受众的媒介使用置于更广阔的社会背景中来考察，探讨社会因素是如何影响人的媒介行为以及相互之间的互动。受众并不是以往传播学者认为的一大群原子结构的，沙粒般的、分散的、无防护的个人，也不是一个个简单的个体，我们要考虑这些个体受众是分属于不同的社会集团或者群体的，他们有着不同的社会背景，也有一定的群体归属关系、群体利益关系以及群体规范的制约。受众分析研究是传播学中非常重要的内容，对于信息传播来说，无论传播质量如何，只有受众接受才达到了传播的目的。因此，其对本研究的启示是，要认识到听障受众是在进行无障碍传播过程中一个极为重要的环节。不能忽略听障受众的信息传达规律，要了解其不同类型和营造听障群体归属感，并针对听障受众的特点采用不同的传播策略。

1. 受众类型的重新定义

麦奎尔在《受众分析》中提出的受众类型为我们提供了一个理解和分析听障受众的框架。作为大众的受众，听障群体与一般大众一样，需要获取信息、享受娱乐和接受教育。作为群体的受众，听障人士往往拥有共同的身份认同和群体利益，这要求传播内容能够反映和满足他们的特定需求。作为市场的受众，听障人士同样具有消费需求和购买力，传播者需要考虑如何通过媒介满足这些需求。重新定义受众类型首先要认识到受众的多样性。听障受众并非单一的群体，他们有着不同的年龄、文化、教育背景和个人兴趣。这种多样性要求传播者在设计媒介内容时，考虑到不同听障受众的特定需求和偏好。作为大众的受众，听障群体的基本需求与普通大众相似，包括获取信息、享受娱乐和接受教育。然而，由于听力的限制，他们获取这些内容的途径和方式可能有所不同。传播者需要通过创新的媒介形式，如视频配手语、字幕或视觉故事叙述，来满足听障受众的这些基本需求。作为群体的受众，听障人士共享一种身份认同和群体利益。这种认同感促使他们在媒介使用上寻求能够反映自己文化和生活经验的内容。传播者应致力于创造和提供这样的内容，以增强听障受众的归属感，提高他们的满意度。

在重新定义受众类型时，需要考虑不同类型受众之间的融合和互动。例如，听障群体中的个体可能同时具有大众受众、群体受众和市场受众的特征。传播者应探索如何通过媒介内容和形式促进这些不同类型的受众之间的交流和互动。深入的受众分析有助于传播者更好地理解听障受众的复杂性，并应用于媒介内容的创新和改进。通过分析听障受众的行为模式、偏好和反馈，传播者可以调整和优化传播策略，以提高信息传播的有效性和吸引力。重新定义受众类型为传播者提供了更全面的视角来理解和满足听障受众的需求。传播者应采取多元化的传播策略，包括创造包容性的内容，采用无障碍技术，开展针对性的调研和营销活动。通过这些策略，可以促进听障受众的媒介参与，提高他们的生活质量，并增强他们作为社会成员的归属感和价值感。

2. 社会背景对媒介使用的影响

社会因素对听障受众的媒介使用行为有着显著影响。社会对残障人士的态度直接影响听障受众的媒介接触机会。一个包容和尊重的社会环境能够鼓励媒介制作者和提供者创造更多适合听障人士的内容，同时也能够增强听障人士使用媒介的自信，提高积极性。例如，社会对残障人士的态度、可获得的无障碍技术和服务，以及社会支持系统的发展水平，都会影响听障人士接触和使用媒介的机会和方式。可获得的无障碍技术和服务是听障受众媒介使用的关键。随着技术的发展，如字幕、手语翻译、声音识别软件等，为听障人士提供了更多接触和理解媒介内容的手段。社会应加大对这些技术的投入和普及力度，以缩小信息获取上的差距。社会支持系统的发展水平高低决定了听障人士能否获得必要的帮助和资源，以便更好地使用媒介。这包括特殊教育服务、社区支持团体和政府援助项目等。一个完善的社会支持系统能够为听障人士提供必要的指导和帮助，使他们能够充分利用媒介资源。

此外，听障受众的社会经济地位、教育水平和文化背景也会影响他们对媒介内容的偏好和理解。听障受众的社会经济地位对其媒介使用行为有着显著影响。社会经济地位较高的听障人士更有可能获得高质量的媒介资源和技术支持。因此，需要关注社会经济地位较低的听障群体，确保他们也能够获得必要的媒介资源。教育水平对听障受众的媒介内容偏好和理解能力有着重要影响。受过更好教育的听障人士可能对媒介内容有更深入的理解，并且更倾向于寻求高质量的信息和知识。因此，提高听障群体的教育水平是提升其媒介素养的关键。听障受众的文化背景多样性要求媒介内容具有文化敏感性。不同文化背景的听障人士可能对媒介内容有不同的期望和偏好。媒介制作者需要考虑到这些差异，创造具有文化包容性的内容。

基于听障受众的社会经济地位、教育水平和文化背景，媒介内容的定制化变得尤为重要。定制化的内容能够更好地满足不同听障受众的具体需求，提高他们的媒介使用满意度和参与度。社会背景对听障受众的媒介使用行为有着显著影响，这要求我们在设计和提供媒介内容时，考虑到社会因素的综合作用。建议包括社会充分尊重和包容残障人士，加大对无障碍技术的投入，完善社会支持系统，关注听障群体的教育和经济状况，以及创造文化多样性的媒介内容。

3. 受众的群体归属感

听障受众的群体归属感首先源自人类天生的心理需求——对群体认同的渴望。这种认同感为他们提供了一种安全感和归属感，有助于他们在社会中找到自己的位置。媒介作为信息传递的工具，能够满足这种心理需求，让听障人士感受到自己是一个更大社群的一部分。

听障受众作为具有共同特征的群体，他们的群体归属感对其媒介使用行为有着重要影响。媒介不仅仅是传递信息的渠道，它还能够构建社群，促进群体内部的交流和团结。对于听障受众来说，特定的媒介平台可以成为他们分享个人经验、讨论共同关心的问题和构建社会联系的空间。

通过媒介，听障受众能够分享自己的经验和故事，与拥有相似生活经历的其他人产生共鸣。这种经验的共享有助于营造相互理解和支持的社群氛围，增强群体内部的联结和归属感。媒介为听障受众提供了表达和倡导自己群体利益的平台。他们可以利用媒介来提升公众对听障社群的认识和理解，争取平等权利和机会，以及推动社会变革和进步。听障受众通过媒介的使用，能够形成和强化自己的社区。这个社区不仅为他们提供了信息交流的场所，还成为他们相互支持和帮助的网络，有助于他们在面对生活中的挑战时获得必要的资源和力量。此外，为了满足听障受众的群体归属感，媒介内容需要更加定制化和多样化。这意味着媒介制作者需要深入了解听障社群的文化、价值观和需求，以创造能够引起共鸣和认同的内容。媒介的互动性和参与度对于增强听障受众的群体归属感至关重要。通过提供评论、讨论和反馈的机会，媒介平台可以让听障受众感到自己的声音被听到和重视，从而加深他们与社群的联系。

重视听障受众的群体归属感对于媒介的设计和使用具有重要意义。媒介制作者和政策制定者应当认识到这一点，并采取措施来满足听障受众的这一需求。建议包括开发更多无障碍媒介技术，创造包容性强的媒介内容，以及提供促进社群交流和参与的平台。

4. 受众分析在无障碍传播中的应用

受众分析为无障碍传播提供了理论基础和方法论指导。受众分析提供了理解和预测听障受众行为的理论基础。通过应用社会学、心理学和传播学的理论，研究者能够深入探讨听障受众如何与媒介互动，以及这些互动如何受到个体特征和社会环境的影响。

在无障碍传播实践中，受众分析的方法论需要创新以适应听障受众的特殊需求。这可能包括定性研究方法，如深度访谈和焦点小组，以及定量方法，如调查问卷，旨在全面收集听障受众的反馈和数据。通过分析听障受众的媒介使用行为、社会背景和群体特征，研究者可以更深入地理解听障受众的需求和偏好，为传播实践提供科学依据。受众分析使传播者能够识别听障受众的具体需求和偏好。了解这些需求和偏好对于设计和实施有效的传播策略至关重要，确保传播内容和形式能够满足听障受众的期望。受众分析有助于识别听障受众在接触和使用媒介时遇到的障碍。这些障碍可能包括技术限制、信息可访问性不足或缺乏文化敏感性。通过识别这些障碍，传播者可以采取措施予以解决，如改进无障碍技术或调整内容设计。

此外，受众分析的结果为传播实践提供了指导。传播者可以根据分析结果调整传播策略，确保信息的有效传递。这可能包括使用更适合听障受众的媒介渠道，采用更吸引人的叙事手法或提供更多的视觉和文本支持。受众分析强调了在传播活动中促进平等和包容的重要性。通过确保听障受众能够无障碍地获取信息，传播者可以为所有受众提供平等的参与机会，从而增强社会的整体包容性。受众分析还可以帮助传播者识别和解决听障受众在媒介接触和使用中遇到的障碍，促进信息传播的平等和包容。

受众分析是一个持续的过程，需要定期评估和改进。随着社会环境和技术的变化，听障受众的需求和偏好也可能发生变化。传播者需要不断收集反馈，评估传播效果，并根据评估结果进行必要的调整。受众分析在无障碍传播中的应用不仅提高了传播活动的有效性，也为听障受众提供了更好的媒介体验。

5. 传播策略的定制化

针对听障受众的特点，传播者需要采取定制化的传播策略。定制化传播策略的首要任务是提供无障碍格式的内容。这包括提供无障碍格式的内容，如手语翻译、字幕和音频描述；使用适合听障受众的媒介渠道，如视频、文本和图像；听障受众由于听力的限制，需要特殊的信息传递方式。例如，手语翻译能够让听障人士更直观地理解信息；字幕和音频描述则提供了另一种选择，使他们能够在没有声音的情况下获取内容。传播者需要考虑使用听障受众更易接触和使用的媒介渠道。视频媒介通过视觉元素传递信息，适合听障人士的认知习惯；文本和图像则提供了静态的信息展示，有助于听障人士深入理解复杂概念。定制化的传播策略还要求内容设计能够吸引听障受众的兴趣。这可能意味着在内容中融入他们关心的话题，使用引人入胜的视觉元素，或者通过故事情节和角色塑造来增强内容的吸引力。

同时，传播策略的定制化还需要考虑到文化敏感性。听障社群拥有自己独特的文化特征和价值观，传播内容应当尊重并体现这些文化特征，以增强听障受众的认同感。定制化的传播策略应当是一个动态的过程，不断地根据受众的反馈进行调整。通过收集听障受众的意见和建议，传播者可以更好地理解他们的需求，并据此优化传播内容和方式。技术的进步为定制化传播策略提供了新的可能性。例如，通过使用先进的视频播放软件，可以提供更精准的字幕同步和音频描述；利用人工智能技术，可以开发更自然的手语翻译应用。

四、传播学理论

1. 受众的多维分类与听障群体的特殊性

麦奎尔的受众分类理论为我们提供了一个全面的视角来理解听障群体在媒介使用上的特殊性。作为大众的受众，听障人士同样渴求信息、知识和娱乐，但他们获取这些内容的方式可能与听力正常的人群有所不同。他们可能更依赖于视觉信息，如手语和文字，而不是语音。作为群体的受众，听障人士拥有独特的文化和社会身份，这要求传播内容不仅要传递普遍价值，还要体现对他们特殊身份的认同和尊重。例如，媒介内容可以包含听障角色和故事，展现他们的生活经验和挑战。作为市场的受众，听障人士具有特定的消费模式和偏好，这要求广告和市场营销策略能够考虑到他们的需求和能力。传播者需要深入了解听障受众的生活习惯、偏好和购买行为，以设计更有针对性的广告和产品。此外，听障受众的媒介使用行为受到社会结构和群体关系的深刻影响，传播者需要考虑如何在更广阔的社会背景中促进听障受众的媒介接触和使用。

2. 社会背景对听障受众的媒介使用的影响

社会背景对听障受众的媒介使用行为有着显著的影响。社会对残障人士的态度和认知，往往决定了听障人士在社会中的融入程度和媒介接触机会。一个开放和包容的社会环境，能够提供更多的无障碍技术和服务，如字幕、手语翻译和音频描述，从而增加听障人士接触媒介的机会。相反，一个缺乏这些服务的社会可能会限制听障人士的媒介使用。此外，社会支持系统的发展水平，如特殊教育、社区服务和法律保护，也会影响听障人士的媒介使用行为。一个完善的社会支持系统能够为听障人士提供必要的资源和帮助，使他们能够更有效地使用媒介。听障受众的社会经济地位、教育水平和文化背景也会影响他们对媒介内容的偏好和理解。例如，受过良好教育的听障人士可能更倾向于使用高质量的媒介内容，而具有不同文化背景的听障人士可能对特定类型的媒介内容有更高的需求。因此，传播者需要深入了解这些社会因素，并设计更有效的传播策略来满足听障受众的需求。

3. 听障受众的群体归属感与媒介使用

听障受众的群体归属感对其媒介使用行为有着重要的影响。媒介不仅是信息传递的工具，也是构建和维护群体认同、分享经验和表达群体利益的平台。听障人士通过媒介可以找到与自己有相似经历和挑战的人，这种共鸣和归属感可以增强他们对媒介内容的接受度和忠诚度。例如，专门为听障人士设计的社交媒体群组和论坛，可以让他们分享个人故事、交流信息和提供支持。这种群体归属感还可以促进听障人士之间的互助和合作，形成一个互助的社区。传播者应该考虑如何通过媒介内容和形式增强听障受众的群体归属感，例如，通过创造包含听障角色和故事的内容，或者通过提供平台让听障人士能够表达自己的观点。此外，传播者还可以通过组织线上线下活动，加强听障受众之间的联系和交流，进一步增强他们的群体归属感。

4. 针对听障受众的传播策略

针对听障受众的特点，传播者需要采取创新和多样化的传播策略。首先，提供无障碍格式的内容是至关重要的。这包括为视频提供手语翻译和字幕，为音频内容提供文字描述，以及为印刷材料提供音频版本。这些无障碍格式的内容可以确保听障受众能够无障碍地接收和理解信息。其次，使用适合听障受众的媒介渠道也是关键。传播者应该利用多种媒介渠道，如视频、文本、图像和手语，来满足听障受众的不同偏好和需求。此外，设计能够引起听障受众兴趣和共鸣的内容也是传播策略的重要组成部分。这要求传播者深入了解听障受众的生活经验、兴趣和需求，并在内容创作中反映这些元素。例如，可以制作关于听障人士成功故事的视频，或者开发关于听障文化和历史的教育内容。最后，传播者还应该考虑如何通过媒介与听障受众建立互动，收集他们的反馈，以不断优化传播效果。这可以通过在线调查、社交媒体互动和用户反馈机制来实现。通过这些互动，传播者可以更好地了解听障受众的需求和偏好，从而设计更有效的传播策略。

5. 听障受众在无障碍传播中的重要性

听障受众在无障碍传播过程中扮演着至关重要的角色。他们的接受和反馈是评估传播效果的关键指标。传播者需要认识到，只有当听障受众能够无障碍地接收和理解信息时，传播才真正达到了目的。这意味着传播者需要将听障受众的需求和特点放在首位，确保传播内容对他们来说是可访问和有意义的。例如，传播者可以与听障社区合作，了解他们对无障碍传播的具体需求和期望。此外，传播者还可以通过用户测试和评估，确保传播内容的有效性和可访问性。在设计传播策略时，传播者应该考虑到听障受众的多样性，包括他们的语言偏好、技术能力和社会经济背景。通过这种方式，传播者可以确保传播内容能够满足不同听障受众的需求，促进信息传播的平等和包容。

6. 受众分析在听障传播研究中的应用

受众分析在听障传播研究中发挥着至关重要的作用。通过深入分析听障受众的媒介使用行为、社会背景和群体特征，研究者可以更全面地理解听障受众的需求和偏好。这种理解为传播实践提供了科学依据，帮助传播者设计更有效的传播策略。例如，受众分析可以帮助传播者识别听障受众在使用媒介时遇到的障碍，如技术限制、信息不可达性和社会偏见。通过这些分析，传播者可以采取针对性的措施来解决这些问题，如开发更先进的无障碍技术，提供更多的无障碍内容，提高社会对听障群体的认识，培养人们的尊重意识。此外，受众分析还可以揭示听障受众的媒介使用模式和偏好，为传播者提供有关如何吸引和保持听障受众的见解。例如，研究可能发现听障受众更倾向于使用视觉和文本媒介，而不是音频媒介。基于这些发现，传播者可以调整内容格式和传播渠道，以更好地满足听障受众的需求。总之，受众分析为听障传播研究提供了宝贵的信息和指导，促进了信息传播的平等、有效和包容。

五、潜能开发、个性化教育理论

1. 潜能开发的教育意义

潜能开发在听障儿童的教育中扮演着至关重要的角色。它不仅关注弥补听力损失带来的障碍，更着眼于激发和培养孩子们的整体能力。在婴幼儿时期，大脑的发展尤为关键，这一阶段的丰富刺激可以促进神经网络的形成和优化。教育视频资源以其独特的视觉和触觉元素，为听障儿童提供了一个多感官的学习环境。这种环境有助于激活大脑的多个智能区块，如视觉空间能力、逻辑推理能力和创造力等，从而促进认知、情感和社交技能的全面发展。此外，通过视频资源中的故事叙述、角色扮演和情景模拟，听障儿童可以更好地理解复杂概念，培养批判性思维，并提高解决问题的能力。教育者和家长应认识到，每个孩子都是独一无二的，他们的潜能开发需要个性化的方法和支持。

2. 个性化视频资源的设计原则

个性化视频资源的设计需要深入理解听障儿童的个体差异和需求。首先，差异化原则要求我们识别每个孩子的特定需求和偏好，从而提供定制化的学习内容。例如，对于依赖视觉学习的孩子，可以增加手语和视觉辅助工具的使用；对于喜欢动手操作的孩子，可以设计更多互动和实践环节。其次，互动性原则强调通过游戏化学习、角色扮演和实时反馈等手段，提高孩子的参与度和学习动机。再次，可访问性原则确保视频资源的语言、图像和声音设计都考虑到听障儿童的特殊需求，使他们能够轻松理解和吸收信息。最后，文化敏感性原则要求我们在设计视频资源时，尊重并融入听障儿童的文化背景和价值观，使学习内容更具吸引力和相关性。通过这些设计原则的实施，我们可以为听障儿童创造一个更加包容、有效和愉悦的学习环境。

3. 吸引力法则在视频资源中的应用

吸引力法则提供了一个有利的视角，帮助我们理解如何通过视频资源激发听障儿童的内在动力。这一法则认为，具有相似振动频率的事物会相互吸引并产生共鸣。在教育视频资源的设计中，我们可以利用这一点来营造一个积极、鼓舞人心的学习氛围。例如，通过展示克服困难、实现目标的听障儿童或成人的故事，我们可以激发孩子们的自信心和自我效能感。此外，使用积极的语言、鼓舞人心的图像和音乐，可以进一步增强视频资源的吸引力，使孩子们更愿意参与学习过程。通过这种方式，视频资源不仅传递知识和技能，还成为激发孩子们潜能、培养积极态度的重要工具。

4. 奥图博士观点的启发与实践

奥图博士的观点提醒我们，人类的大脑潜力巨大，而我们往往只利用了其中的一小部分。在听障儿童的教育中，这一观点鼓励我们设计能够激发孩子们大脑潜力的视频资源。这些资源应该包含富有挑战性的内容，如复杂的问题解决任务、创新思维训练和批判性分析练习，以促进孩子们的认知发展。同时，通过提供多样化的学习材料和活动，我们可以激发孩子们的创造力、想象力和探索精神。例如，通过设计模拟实验、艺术创作和社会实践等活动，我们可以鼓励孩子们主动探索世界，发现新知识，形成自己的见解。此外，通过与同伴和教师的互动，孩子们可以学习合作、沟通和领导等社交技能，为未来的社会生活打下坚实的基础。

六、协同学理论

1. 协同学理论概述及其在教育领域的应用

协同学理论由赫尔曼·哈肯提出，它深刻地揭示了系统内部个体之间相互作用的重要性，以及这种相互作用如何推动系统向有序状态的转变。在教育领域，这一理论的应用强调了教育过程是一个多方面互动、协同发展的过程。教育不仅仅是知识的单向传递，更是教师、学生、家长以及社会各方面因素相互作用、共同促进学习者全面发展的复杂系统。特别是在特殊教育领域，如听障儿童教育，协同学理论提供了一个全新的视角，强调了不同角色之间的合作对于教育系统有序发展的重要性。教育者需要与学生、家长、专业医疗人员以及其他教育工作者协同合作，共同为听障儿童创造一个支持性、包容性的学习环境。这种协同合作不仅有助于满足听障儿童的特殊教育需求，也有助于促进教育系统的整体优化和发展。

2. 聋人与健听人的协同建构机制

聋人与健听人在听障儿童教育视频资源研发中的协同建构机制，是实现教育创新和提高教育质量的关键。这一机制要求我们超越传统的教育模式，建立一个开放的、多元的协作平台，让聋人和健听人能够共同参与到教育内容的创造和完善过程中。这不仅涉及跨文化交流和沟通技巧的培养，更包括了对聋人文化的深入理解和尊重。通过这种协同建构机制，聋人和健听人可以共享知识、经验和视角，共同创造出更适合听障儿童的教育内容。这种协同合作有助于打破传统教育中的障碍，促进不同背景人群之间的相互理解和学习，实现教育资源的多样化和个性化。

3. 聋健协同中的平等交流与参与机会

在聋健协同的过程中，平等的交流和参与机会是实现有效协作的基础。协同学理论强调系统中每个个体的贡献都是不可或缺的，这要求我们在教育视频资源的研发过程中，确保每个参与者，无论是聋人还是健听人，都有平等的机会表达自己的意见和需求。这需要我们提供必要的支持和便利，如手语翻译、文字记录等，以消除沟通障碍，让聋人能够充分参与到教育内容的讨论和决策中。通过这种方式，可以确保教育视频资源能够真实反映听障儿童的需求和特点，同时也能够促进聋人和健听人之间的相互理解和尊重。

4. 聋人文化与健听文化的互动交流

聋人文化与健听文化的互动交流是协同学理论中促进系统有序发展的重要因素。在教育视频资源的研发过程中，我们需要认识到聋人文化的独特性和价值，尊重和欣赏聋人的语言、艺术和生活方式。通过这种文化的互动和交流，健听成员可以增进对聋人文化的理解，同时也为聋人提供了展示自己文化和价值观的机会。这种文化的互动和交流有助于打破刻板印象，促进不同文化背景人群之间的相互尊重和学习。通过教育视频资源，可以展示聋人和健听人共同生活、学习和工作的场景，强调团结协作的重要性，鼓励健听儿童学习和理解聋人文化，促进社会的包容性和多样性。

5. 协同学视角下的教育视频资源创新

协同学理论提供了一个全新的视角来思考教育视频资源的创新。在听障儿童教育视频资源研发中，聋人与健听人的协同合作可以激发新的创意和方法。这种协同作用不仅可以促进教育资源的多样化和个性化，也可以推动教育技术的创新和发展。例如，可以开发结合手语、图像和文字的多模态教学资源，以适应听障儿童的学习特点。同时，也可以利用虚拟现实、增强现实等新兴技术，为听障儿童创造更加生动、互动的学习体验。通过协同合作，可以不断优化和更新教育资源，以满足听障儿童不断变化的学习需求，同时也为教育创新提供了新的可能性。

6. 协同学理论在教育实践中的挑战与机遇

在将协同学理论应用于教育实践的过程中，面临着诸多挑战，如沟通障碍、文化差异和社会偏见等。这些挑战可能会影响聋人与健听人之间的有效协同，限制教育视频资源的质量和效果。然而，协同学理论也提供了克服这些挑战的机遇。通过创新的协作机制和交流平台，可以促进聋人与健听人之间的沟通和理解，消除文化差异和社会偏见的影响。例如，可以建立专门的协作平台，提供手语翻译、文字记录等服务，确保聋人和健听人能够平等地参与到教育视频资源的研发过程中。同时，也可以开展跨文化培训和交流活动，增进健听人对聋人文化的理解和尊重。通过这些措施，可以克服协同学理论在教育实践中的挑战，实现聋人与健听人之间的有效协同，提高教育视频资源的质量，促进社会的包容性和多样性。

第三章　听障儿童优质教育视频资源
建设研究程序

第一节　研究设计

本研究将结合听障儿童特殊的认知特点，定向对听障儿童、聋教专家和一线聋校教师开展关于视频资源利用现状与需求的调研，从而构建面向听障儿童的优质视频资源建设机制和效果评价体系；并在相关教学领域进行推广检验与实证反思，强化过程研究和循环改进，逐级深入开展专项研究，直至完善总结，达成研究目标。本研究思路清晰，将结合"现状研究—案例调研—模式构建（评价指标体系建构/策略制定）—实证应用—优化完善"的技术路线，在借鉴和创新国内外文献研究成果的基础上，选取典型的面向听障群体的视频案例进行比较分析，结合聋教课程标准及听障儿童的学习特征等，建构面向听障儿童的视频资源评价指标体系，从而明确面向听障儿童的视频制作目标、内容（选题/选型）、模式（结构/选材），制定面向听障儿童的视频资源编制策略，并进行效果检验与修订完善，达成研究目标。以文献研究为基础，依托面向听障儿童的教育视频资源建设现状及需求团队，开展调研个案，探索开展听障儿童教育视频资源促进聋健协同的优秀策略和模式。研究内容主要包括：

（1）通过梳理文献，分析国内外关于听障儿童教育视频资源的研究现状，尤其是对国内外在开展听障儿童教育视频资源中的典型个案和优秀经验进行分析、总结、提取。

（2）在文献分析的基础上，总结听障儿童教育视频资源的开展内容、形式、存在问题及解决策略等，以及通过听障儿童教育视频资源促进聋健协同的优秀策略和经验。

（3）选定调研对象，结合其目前正在开展的听障儿童教育视频资源团队优势，调研分析其在促进聋健协同方面的实际效用，探讨总结其开展听障儿童教育视频资源促进聋健协同的优秀策略和实践模式。

第二节　研究对象

很多学者从各年龄组听障儿童五项认知能力评估发现，听障儿童在目标辨认、空间次序、逻辑类比、图形推理、动作系列等各项能力得分均低于文献报道的健听儿童，[①] 在自我意识情绪的认知发展方面也存在发展缓慢的问题。[②] 并且很多康复后的听障儿童后续教育也存在听觉言语能力不足，社会适应能力弱而导致的入学难、学习难、就业难等实际问题。[③] 因此，本研究围绕听障儿童认知需求和身心发展，尊重听障儿童的缺陷和个性差异，课题组依据听障儿童身心发展特点，确定听障儿童各阶段生理、心理发展水平的指标和听力损失程度，依托听障儿童视频学习电子档案有效鉴别出不同发展水平的个体；针对每个听障儿童在知、情、意、行等薄弱环节，研究提供可以有效促进其发展的视频设计与制作方案；开发校本视频课程，针对聋校教师教学，研究提供课程视频资源，在对样本班学生跟踪调查的基础上，不断完善视频资源建设质量和模式，探讨构建面向听障儿童优质资源建设机制，以促进听障儿童全面素质的提高。

本研究是在年龄维度上对听障儿童视频节目进行划分，婴幼儿言语康复类视频（三岁之前）、学前期视频（三岁至六岁）、儿童期视频（六七岁至十一二岁）、青少年期视频（十一二岁至十七八岁），这样便于听障儿童视频节目制作者有针对性的选材及选型。同时，收视对象相对固定，有利于他们有选择地收看视频。

另一方面，由于听障儿童认知能力与实际年龄应具备的认知水平会因为听力残缺而导致不一致的现象存在，在视频资源建设中我们可辅助采用第二个维度，即听障儿童的听力损失级别。听力障碍缺失导致语言信息输入的不完整一直是听障儿童理解视频内容的制约因素，为解决这个问题必须从听障儿童自身的学习特点出发，在视频内容设计中需要注意听障儿童听力程度，区分轻度、

①　陈彦，孙喜斌，杜晓新等．学龄前听障儿童五项认知能力的研究 [J]．听力学及言语疾病杂志，2011（5）：29－32．
②　祝一靖．听障儿童自我意识情绪的认知发展研究 [D]．云南师范大学，2018．
③　郭翠瑛．489 例听障儿童后续教育的调查与分析 [J]．中国听力语言康复科学杂志，2012，10（4）：291－293．

中重度、重度、全聋四个等级，加大视频内容和形式的设计力度。如当面向的研究对象有残余听力时，着重从提出声音发音的原理、听力中声韵、语感等方面进行内容设计。可以进行一定的重点声音文字归纳，在视频设计时，在不同的场景和活动中使用。当面向的研究对象为全聋时，则通过"出声旁推类，声韵拼合法、手势引导法"等帮助聋生收看字幕，更有效地干预听障儿童的学习。

第三节　研究内容

依托特殊教育研究者和传媒领域人士的聋健协作，建设促进听障儿童认知发展、身心发展的优质教育视频资源。依照研究目标，探索新技术、新理念、新方法驱动下的面向听障儿童优质视频资源建设与效果评价模式，细分为以下四点：

（1）对面向听障儿童的视频资源特征进行界定，通过文献调查及问卷发放了解面向听障儿童视频资源的开发现状及质量分析，从系统论视角，分析面向听障儿童教育视频的内容要素及制作过程，并提出了"基于功能补偿、重视潜能开发、优化听障情境学习环境"指导下的视频资源建设思路。

界定面向听障儿童的视频资源特征，首先要考虑的是无障碍设计。视频应包含清晰的手语翻译、字幕和视觉辅助，确保听障儿童能够无障碍地接收信息。此外，视频内容应符合听障儿童的认知发展水平，使用直观、形象的教学方法，并考虑到他们特殊的学习需求和偏好。通过文献调查和问卷发放，可以了解当前面向听障儿童视频资源的开发现状和质量。这一步骤涉及评估现有资源的多样性、可访问性、教育价值和文化敏感性。分析结果将揭示资源的优势和不足，为改进和优化提供依据。

从系统论视角分析，教育视频的内容要素和制作过程可以被视为一个整体系统。这意味着在设计视频资源时，需要考虑各个要素之间的相互作用和整体协调性。内容创作、技术实现、用户界面设计和反馈循环等都是这一系统中不可或缺的部分。基于功能补偿理念，视频资源应旨在补偿听障儿童的听力限制，同时重视他们的潜能开发。这意味着视频不仅要传递知识，还要激发听障儿童的创造力、批判性思维和解决问题的能力。优化听障情境学习环境是提升视频资源效果的关键。这包括创造一个支持性和包容性的环境，让听障儿童能够在社交互动和实践中学习。视频资源可以作为情境学习的一部分，提供模拟真实世界的情境和角色扮演的机会。提出的视频资源建设思路强调了功能补偿、潜能开发和学习环境的优化。这一思路要求视频资源开发者深入理解听障儿童的需求，采用用户中心的设计方法，并在整个开发过程中持续收集用户反馈。在内容创新方面，视频资源应包含多样化的教学方法和丰富的教育主题，以适应听障儿童的多样化兴趣和学习风格。通过整合游戏化学习、互动模块和故事叙述，视频资源可以提供更加吸引人和有效的学习体验。面向听障儿童的视频资源开发需要综合考虑特征界定、现状分析、系统论视角下的规划、功能补偿、潜能开发和学习环境的优化。通过提出并实施这些定制化的视频资源建设思路，我们可以为听障儿童提供更加丰富、有效和包容的教育体验。

（2）理清面向听障儿童的视频资源的特点及设计模式。分析国内外已有的面向听障儿童的视频资源的节目形态、种类与特征。通过咨询特殊教育领域专家、影视制作专家，整合我国全日制聋校义务教育课程标准与视频资源质量评价基本原则，构建面向听障儿童的视频资源评价指标体系。面向听障儿童的视频资源应具备易于理解的视觉表现、清晰的手语翻译、准确的字幕以及适当的视觉节奏。这些特点有助于听障儿童更好地接收和理解信息，从而提高学习效果。

设计模式应考虑到听障儿童的特殊需求，采用创新的叙事技巧和视觉呈现方式。例如，使用符号和图表来辅助解释复杂概念，或者通过角色扮演和情景模拟来增强学习的互动性和实践性。通过分析国内外已有的面向听障儿童的视频资源，可以发现节目形态、种类与特征上的差异。国外资源可能在技术应用和内容创新方面更为先进，而国内资源则可能更贴近本土文化和教育需求。通过咨询特殊教育领域专家和影视制作专家，可以获取宝贵的意见和建议，以指导视频资源的设计和制作。专家的专业知识和经验对于确保资源的教育价值和视听质量至关重要。同时，整合我国全日制聋校义务教育课程标准与视频资源质量评价基本原则，可以构建一个全面的视频资源评价指标体系。这一体系将确保视频资源既符合教育目标，又满足听障儿童的学习需求。构建面向听障儿童的视频资源评价指标体系，需要考虑内容的适宜性、教学的有效性、技术的可访问性和文化的敏感性等多个维度。这一体系将为视频资源的开发和评估提供明确的标准和指导。在此基础上，基于评价指标体系的持续评估和反馈，可以不断改进视频资源的质量。这种持续改进的过程有助于提升资源的教育效果，满足听障儿童不断变化的学习需求。探讨如何通过明确视频资源特点、创新设计模式、整合教育课程与评价体系，以及持续改进质量评价，来提升面向听障儿童的视频资源开发水平，为特殊教育领域提供宝贵的经验和策略。

（3）寻找电视制作部门、聋校、特殊教育研究所、地方高校特殊教育专业等在面向特殊群体视频资源建设中的新关系；提出促进面向听障儿童的配套视频资源的设计方案。针对听障儿童认知特点在认知、情感、人际沟通、社会规范理解等薄弱环节，在视频资源创作上提出创新策略，使其选题内容、视频形态、包装都能凸显听障儿童教育视频的特殊性。

电视制作部门、聋校、特殊教育研究所和地方高校特殊教育专业等机构在面向听障儿童的视频资源建设中扮演着不同但互补的角色。电视制作部门拥有技术和制作经验，聋校和特殊教育研究所了解听障儿童的具体需求和特点，而地方高校特殊教育专业则提供理论研究和人才培养。建立这些机构之间的合作关系，可以实现资源共享和优势互补，共同推动听障儿童视频资源的发展。为了促进面向听障儿童的配套视频资源建设，需要提出创新的设计方案。这些方案应包括但不限于：开发适合听障儿童认知特点的教育内容，设计易于理解的视觉呈现方式，以及制定无障碍技术标准。同时，设计方案还应考虑到视频资源的可持续性和扩展性，确保资源能够随着听障儿童的成长而不断更新和完善。

针对听障儿童在认知、情感、人际沟通和社会规范理解等环节比较薄弱的问题，视频资源创作上需要提出创新策略。例如，在认知方面，可以通过故事化和情境化的方式呈现复杂概念；在情感方面，可以通过角色的情感表达和互动来引导听障儿童理解和表达情感；在人际沟通方面，可以设计角色交流和合作的场景，教授沟通技巧；在社会规范理解方面，可以通过模拟社会情境和讨论道德问题来培养听障儿童的社会责任感。视频资源的选题内容应凸显听障儿童教育的特殊性。这意味着选题不仅要涵盖听障儿童感兴趣的主题，还要针对他们的特定需求和优势。例如，可以选择与听障文化和历史相关的主题，或者探讨听障儿童在日常生活中可能遇到的挑战和解决方案。视频形态和包装也应体现听障儿童教育视频的特殊性。在视频形态上，可以采用动画、纪录片、访谈和情景剧等多种类型，以适应不同年龄段和兴趣的听障儿童。在包装上，可以使用鲜明的色彩、直观的图标和清晰的布局，使视频内容易于识别和理解。

寻找和建立跨领域合作的新关系，提出创新的设计方案和策略，对于面向听障儿童的视频资源建设具有重要意义。通过这些努力，我们可以为听障儿童提供更加丰富、适宜和高质量的教育视频资源，帮助他们在认知、情感和社会化方面取得全面进步。

（4）对面向听障儿童的视频资源效果进行评价。本部分通过模糊综合评判法，深入聋校，利用调查问卷的形式收集信息和资料，评价制作面向听障儿童的教育视频资源的质量。在分析听障儿童认知特点的同时，从满足功能补偿的角度，提出符合其需求的视频资源效果评价策略。在传播方式和机制上创新，提高研究成果的示范推广性。

模糊综合评判法提供了一种系统的评价方法，允许在评价过程中考虑多个因素和变量。在评价面向听障儿童的视频资源时，这种方法能够综合考虑视频内容的质量、教学效果、技术可访问性以及听障儿童的接受度等多个维度。

通过深入聋校，研究者可以更直接地了解听障儿童对视频资源的实际反应和需求。利用调查问卷的形式收集信息和资料，可以为评价提供第一手的数据和反馈，确保评价结果的真实性和可靠性。在评价过程中，需要特别关注视频资源是否能够满足听障儿童的功能补偿需求。这意味着视频资源不仅要传递知识，还要考虑到听障儿童的特殊认知特点，如视觉信息处理能力和非语言交流能力。基于听障儿童的认知特点，提出符合其需求的视频资源效果评价策略。评价策略应包括对视频内容的准确性、清晰性、互动性和教育价值的评估，以及对视频资源在实际教学中的应用效果的考察。

为了提高研究成果的示范推广性，需要在传播方式和机制上进行创新。这可能包括开发易于使用的在线平台，利用社交媒体进行宣传，与教育机构合作推广，以及举办研讨会和培训活动。评价结果应用于指导教育视频资源的持续改进。通过收集听障儿童、教师和家长的反馈，不断调整和优化视频内容和形式，以更好地满足听障儿童的教育需求。评价面向听障儿童的视频资源效果，需要跨学科合作。特殊教育专家、语言学家、心理学家和媒体制作专家等，都应参与到评价过程中，为视频资源的设计和改进提供专业意见和建议。对面向听障儿童的视频资源效果进行评价，是确保资源质量和提高教育质量的重要步骤。通过采用模糊综合评判法，深入实地调查，满足功能补偿需求，创新传播方式和机制，以及持续改进和跨学科合作，可以为听障儿童提供更高质量、更具教育价值的视频资源。

第四节　研究方法

一、文献研究法

文献研究法[①]主要是指收集、鉴别、整理文献，本研究通过对文献研

---

　① 　孟庆茂. 教育科学研究方法［M］. 北京：中央广播电视大学出版社，2001.

究，形成对事实科学认识的方法。文献研究法一般过程包括提出问题或假设、研究设计、搜集文献、整理文献和进行文献综述五个基本环节。本研究中，文献研究法主要运用于研究的准备阶段，通过对国内外有关学术刊物，如《中国特殊教育》《现代特殊教育》《中国听力语言康复杂志》《中国电视》《现代传播》《电化教育研究》《中国电化教育》等；教育网站，如中国期刊网，中国特殊教育资源（听障），American Speech-Language-Hearing Association，Journal of Deaf Studies and Education 等查找相关文献进行分析，以了解国内外面向听障儿童电视视频资源建设研究的现状，以借鉴有益经验、发现不足及可再深入研究之处。同时，从听障儿童认知理论、缺陷补偿理论、"受众分析"理论、传播学理论、系统学理论、潜能开发理论中总结和提炼对面向听障儿童教育视频资源建设机制的理论指导和相关要素分析。分析资源建设机制发展现状及其存在问题、解决策略等，对典型个案和经验进行总结，为学校和相关教育部门开展听障儿童教育视频资源建设促进聋健协同机制提供参考。

在研究的准备阶段，首先需要明确研究的问题或提出初步的假设。这些问题或假设通常涉及听障儿童对视频资源的需求、现有资源的质量和效果，以及改进的潜在方向。例如，假设可能提出现有的视频资源在功能补偿方面存在不足，需要进一步探索如何更好地满足听障儿童的特殊需求。研究设计环节需要确定研究的范围、目的和方法。在本研究中，研究设计将聚焦于国内外面向听障儿童的视频资源建设，包括资源的种类、内容、制作标准和使用效果。搜集文献是文献研究法的核心环节。研究者需要广泛搜集与听障儿童视频资源相关的学术刊物、教育网站和专业机构发布的资料。这包括国内外的期刊、会议论文、学位论文、政策文件、教育指南和案例研究等。文献综述是对搜集和整理的文献进行深入分析和综合的过程。研究者需要评估文献的质量、相关性和贡献，并在此基础上形成对现有研究的全面认识。这一过程有助于揭示研究领域的现状、趋势和潜在的空白点。

通过对听障儿童认知理论、缺陷补偿理论、受众分析理论、传播学理论、系统学理论和潜能开发理论的文献综述，研究者可以总结和提炼出对面向听障儿童教育视频资源建设的理论指导和相关要素。这些理论为资源建设提供了多维度的视角和分析框架。文献研究法的应用有助于分析面向听障儿童的视频资源建设机制的发展现状及其存在的问题。研究者可以基于文献综述提出解决策略，并对典型个案和经验进行总结。最终，文献研究法的应用将为学校和相关教育部门开展听障儿童教育视频资源建设提供参考。研究者可以提出针对性的建议，如改进资源设计、提高资源质量和增强资源的可访问性等，以促进聋健协同机制的发展。

二、问卷调查法

本研究将精心设计调研方案，并运用 TEC（the Test of Emotion Comprehension）方法对听障儿童情绪理解问卷进行编制，获取真实可信的研究资料，以进一步了解听障教育中对视频资源的应用需求；利用问卷调查法向听障教育领域专家及聋校教师为"面向听障儿童优质教育视频资源建设"评价指标体系加权，获取评价指标体系的权重。利用里克特量表收集听障儿童及聋校教师对电视教材个案的态度评价，并依据华东师范大学李娜《听力障碍儿童情绪理解研究》中对听障儿童情绪理解问卷的编制，为了解听障儿童对面向听障儿童的资源个案应用效果态度分析提供辅助。听障儿童由于听力受损，无法有效获得语调等由听觉信息传达的意义，即时交流信息的缺失，使他们较难理解并掌握常态的沟通技能。因此，在问卷设计上要符合听障儿童理解认知特点。听障儿童情绪最明显的特征便在于它明显的外在表现即表情，因而对表情的识别是情绪理解的基础。面部表情识别能力反映出儿童通过情绪表情推测他人内部心理状态的能力。在本研究中，参考 TEC 的研究 1，通过听障儿童对面部表情的图片（高兴、平静、难过、生气等情绪表情的图片）的识别再认，且 TEC 研究所用图片识别率很高，适合反映听障儿童对电视教材基本态度的理解，并在问卷收集过程中配合聋校语文老师翻译评价维度时使用，有助于听障儿童理解调查问卷内容及评价等级。如图 3 - 1 所示，将评价等级由图像表情来进行解释。

| 完全同意 | 同意 | 不一定 | 不同意 | 完全不同意 |

图 3 - 1　评价等级对应情绪识别图（参考 TEC 改编）

通过抽样选择部分参与聋健合作的人员，包括传媒专业视频策划与制作人员、聋人、特殊教育教师等作为调查对象，围绕"面向听障儿童的教育视频资源建设现状、需求与成效"这一调研目标，向不同人员了解其对听障儿童教育视频资源的建设意见及参与情况、对已有听障儿童教育视频资源的态度与评价等；对面向听障儿童教育视频建设开展的所有相关人员着重了解目前资源建设开展的具体措施和在促进聋健协同方面的策略，以期为后续研究立论提供数据支撑。

三、访谈法

作为质性研究方法的一种，访谈调查旨在描述性资料的收集。在本研究中，对聋校一线教师的访谈及听障教育专家的访谈对于充分了解听障儿童认知特点、学习特征至关重要。本研究通过与听障教育专家张宁生教授、北京联合大学肖阳梅老师、聋人博士郑璇老师、厦门特殊教育学校校长等多名聋教专家进行交流，了解国内外听障教育电视和应用的现状，获得有关面向听障儿童的电视视频资源建设的第一手资料，获得有关听障儿童视频资源建设机制的定位、目标、重点难点突破的建议。研究还通过 QQ 群"指尖上的舞者"、"爱心手语 NO.1"、"聋康机构通讯"、聋人社区"声活"等进行访谈调查，多方了解听障人士的特征及对视频资源的需求，以此作为听障儿童视频资源建设要素确定和系统构建的重要依据。研究通过网络调研，随机抽取聋校一线教师、聋儿康复中心相关负责人以及聋人家长、传媒机构和社会教育机构负责人进行访谈，旨在收集他们参与听障儿童教育视频资源过程中的行为表现和感受，为推进听障儿童教育视频资源所采取的机制构建建议，为进一步探讨开展听障儿童教育视频资源聋健协同建设机制研究提供支持材料。

访谈调查为研究者提供了深入了解听障儿童认知特点和学习特征的机会。通过与聋校一线教师和听障教育专家的深入交流，研究者能够获得宝贵的第一手资料，这对于理解听障儿童的特殊需求和优化视频资源建设至关重要。本研究中的专家访谈不仅仅是信息收集的过程，更是一个深度学习的过程。通过与张宁生教授、肖阳梅老师、郑璇老师以及厦门特殊教育学校校长等多名聋教专家的交流，研究者能够获得关于听障教育电视和应用现状的深刻见解，以及关于视频资源建设机制的定位、目标和重点难点的突破建议。研究者通过多个渠道进行访谈调查，包括 QQ 群、聋人社区和网络调研等，以确保获得全面和多元的视角。这些渠道不仅覆盖了听障教育的专业人士，也包括了聋人家长、传媒机构和社会教育机构负责人，他们的意见和建议对于视频资源的建设和改进具有重要价值。

通过访谈调查，研究者能够深入了解听障人士的特征及对视频资源的需求。这些需求分析是确定听障儿童视频资源建设要素和系统构建的重要依据。了解听障儿童及其家庭的实际需求，有助于制作更加贴心、有效的教育视频资源。研究者通过网络调研，随机抽取聋校一线教师、聋儿康复中心相关负责人、聋人家长等进行访谈，收集他们在参与听障儿童教育视频资源过程中的行为表现和感受。这些信息有助于揭示现有视频资源的优势和不足，为进一步的资源优化提供依据。访谈调查的结果将为推进听障儿童教育视频资源所采取的机制构建提供建议。这些建议可能涉及资源开发、内容设计、技术应用、评估反馈等多个方面，旨在构建一个更加系统、高效的视频资源建设机制。

通过访谈调查收集的支持材料，研究者将进一步探讨开展听障儿童教育视频资源聋健协同建设机制。这种协同机制将促进聋人和健听人的合作，共同推动听障儿童教育视频资源的发展。访谈调查在本研究中的应用，为充分了解听障儿童的需求和优化视频资源建设提供了重要信息和建议。通过这些深入的访谈和广泛的调研，研究者能够为听障儿童教育视频资源的建设和改进提供有力的支持和指导。

四、案例分析法

"个案研究法"是根据研究对象的数量多少而命名的（如研究对象较多的称为成组研究，研究对象一个或较少的称为个案研究）。个案研究法是对单一研究对象进行具体而深入研究的方法，听障儿童的个性化特征更为多样，一般班级人数较少，1993年原国家教育委员会颁发的《全日制聋校课程计划》（试行）规定，教学组织上实行小班制，班额以10—14人为宜。"个案研究法"在选择研究对象上讲究个别性与典型性，且不同区域由于经济发展情况和各地教育基础水平条件差异，面向听障儿童这一特殊群体的教育视频资源建设模式也有所不同。本研究运用该研究方法选取典型资源建设的个案进行描述和探索，并结合文献研究结果进行检验、发展或修改，总结提取其促进聋健协同的听障儿童教育视频资源建设模式。

个案研究法起源于对研究对象数量的考量，它侧重于对单一或少数研究对象的深入分析。这种方法特别适合于探索具有独特性和复杂性的问题，如听障儿童的教育需求和学习特征。听障儿童因其个性化特征的多样性，对教育视频资源有着特殊的需求。由于班级人数较少，教学可以更加注重个体差异，提供更加个性化的教学支持。个案研究法能够揭示每个听障儿童的具体需求和偏好，为视频资源的定制化提供依据。在个案研究中，选择具有个别性和典型性的个案至关重要。研究者应选择那些能够代表特定问题或现象的个案，以便深入探讨并从中提炼出普遍性的规律和模式。不同区域的经济发展和教育基础水平条件差异，导致面向听障儿童的教育视频资源建设模式也存在差异。个案研究法可以帮助研究者理解这些差异如何影响资源的建设、分配和使用，以及如何根据特定区域的实际情况调整和优化资源建设策略。

本研究运用个案研究法选取典型资源建设的个案进行描述和探索。通过对这些个案的深入分析，研究者可以揭示成功建设听障儿童教育视频资源的关键因素和策略。个案研究的结果需要与文献研究结果相结合进行检验。这种结合有助于确保研究的全面性和深度，同时也可以为研究者提供更多的视角和思路。通过个案研究，研究者可以总结和提炼出促进聋健协同的听障儿童教育视频资源建设模式。这些模式可以为学校和相关教育部门提供参考和指导，帮助他们更有效地开展听障儿童教育视频资源的建设工作。个案研究法在本研究中的应用，为深入理解听障儿童教育视频资源建设的特殊性和复杂性提供了重要视角。通过个案研究，能够为听障儿童教育视频资源的建设和改进提供有力的支持和指导。

五、研究技术路线

本书以文献分析与实地调研相结合的方法，根据课题的研究目标和研究思路构思本书的基本架构，从以下四部分进行研究。

主要的研究方法及其应用如下：（1）文献调查法。文献调查法是研究的基础，通过对近年来国内外期刊、论著及网络资源的广泛搜集和深入阅读，研究者能够掌握面向听障儿童视频资源建设机制与应用效果研究的现状和趋势。这一过程不仅涉及对现有文献的梳理，还包括对研究方法、理论框架和研究结果的批判性分析。（2）调查研究法。调查研究法通过精心设计的调研方案，运用情感理解测试（TEC）方法编制听障儿童情绪理解问卷。这种方法能够帮助研究者获取关于听障儿童情绪理解能力的真实可信资料，从而深入了解听障教育中对视频资源的应用需求和效果。（3）案例比较法。案例比较法通过对国内外听障儿童视频教育应用的典型案例进行比较研究，分析不同案例的开发特征和应用过程。通过比较，研究者可以识别和吸取不同案例中的可借鉴因素，为构建优化的视频资源建设机制与应用策略提供实证基础。（4）个案研究法。个案研究法在本研究中的应用是对提出的面向听障儿童教育视频建设与应用进行效果验证的过程。通过对具体个案的深入分析，研究者能够对视频建设质量与应用效果进行实证研究，并根据研究结果进一步优化所构建的视频资源建设与应用模式。本研究将综合运用跨学科的方法，结合特殊教育学、心理学、传播学和信息科学等多学科的理论和方法，以全面分析和解决面向听障儿童视频资源建设中的问题。在研究过程中，将关注新兴技术在视频资源建设中的应用，如增强现实（AR）、虚拟现实（VR）和人工智能（AI），探索这些技术如何提升视频资源的互动性和教育效果。研究将注重理论与实践的结合，确保研究成果不仅具有理论深度，也具有实践价值。通过与教育实践者的合作，研究者能够确保研究成果可以满足实际需求，并在教育实践中得到有效应用。对上一阶段研究所提出的视频建设质量与应用效果进行实证研究，并进一步优化所构建的视频资源建设与应用模式。通过综合运用文献调查法、调查研究法、案例比较法和个案研究法，本研究将为面向听障儿童的视频资源建设提供深入的分析和优化建议。研究结果将有助于提升听障儿童教育视频资源的质量和效果，促进听障儿童教育的发展。本课题研究的技术路线如图 3－2 所示：

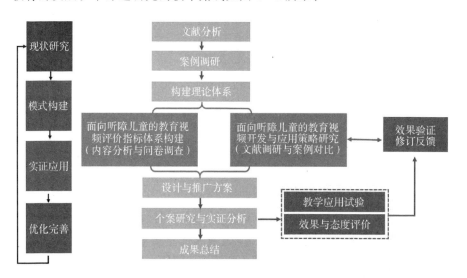

图 3－2　本研究的技术路线

本研究的研究过程如图 3－3 所示：

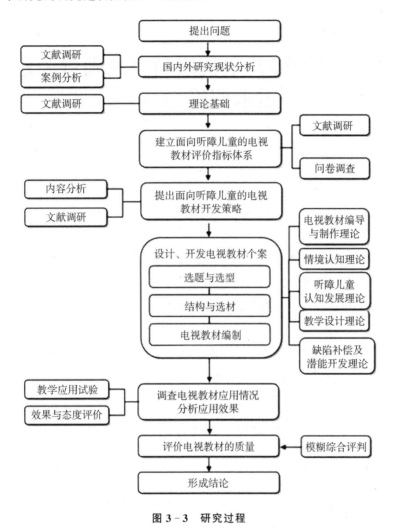

图 3－3　研究过程

第四章　听障儿童优质教育视频资源建设
需求调研与分析

第一节　调研阶段

现阶段我国正致力于构建和谐社会，其中以人为本，促进人的全面发展是和谐社会的重要原则之一。目前我国有聋人 2780 多万，他们作为社会中的一部分，也必然要参与到整个社会的经济生活中来。第二期特殊教育提升计划（2017—2020 年）已经开始实施，这是进一步提升残疾人受教育水平的必然要求，是推进教育公平、实现教育现代化的重要任务，应有计划地了解残疾人接受无障碍资源建设的需求。

第二节　调研方案设计

为了进一步了解面向听障儿童的教育视频资源建设现状及需求的开展现状，以便于把握总体情况，分析其在促进聋健协同方面的实际效用，总结学习其优秀经验和策略，本研究主要通过调研的方法，选择聋健（聋人与健听人）合作开展研究工作，旨在获取真实有效的数据。

一、调研目的

本研究通过对面向听障儿童的教育视频资源建设现状及需求案例的分析，对其模式进行描述和探索，并结合文献研究结果进行检验与修改，最后总结出促进听障儿童教育视频资源研发的聋健协同建设模式，有助于为关注听障儿童的政策制定者和资源者提供一定的参考与借鉴经验。具体目标包括：

（1）了解目标听障儿童运用视频资源进行学习的需求程度，对已有视频资源的满意程度和需求特征。

（2）了解听障儿童接受教育视频资源的认知特征及收看视频时所遇障碍。

（3）了解听障儿童教育视频资源"听障补偿"设计需求、障碍及建设困难。

（4）了解面向听障儿童的教育视频资源共建共享中存在的问题及相关经验、组织策划、机制策略等，还包括人员参与态度意愿的调查。

二、调研意义

本调研探索我国听障儿童教育视频资源建设现状，并探寻促进聋健协同的机制和模式。其重要的调研意义体现在以下几方面。

调研首先有助于准确把握当前面向听障儿童教育视频资源的建设现状。通过深入了解现有资源的种类、质量和可获取性，调研能够揭示听障儿童对教育视频资源的实际需求度。这种需求度的评估对于识别资源缺口、优化资源配置和指导未来资源开发至关重要。有助于把握面向听障儿童教育视频资源建设的现状和听障儿童对教育视频资源的需求度，咨询总结。

发现不足，通过咨询和总结，调研能够发现现有视频资源建设的不足之处，如内容的适宜性、技术的可访问性和教学的有效性等。这些发现为后续工作提供了改进的方向，确保资源建设能够更好地满足听障儿童的教育需求。为后继工作做准备。

调研还有助于了解听障儿童教育视频资源的建设路线，包括资源开发、内容设计、技术实现和评估反馈等各个环节。同时，调研能够探索聋健多元合作的可能性，如跨学科团队的组建、社区资源的整合和政策支持的争取等，为后续研究工作提供实践基础。有助于了解听障儿童教育视频资源建设路线和了解聋健多元合作的可能性，为后继研究工作打好基础。

调研为课题研究提供了有效的数据和可靠的质性材料支撑。这些数据和材料不仅包括定量的统计数据，如资源使用频率和满意度等，还包括定性的案例分析、专家访谈和用户反馈等。这些丰富的数据和材料为研究提供了多维度的视角和深入的见解。

有助于为大规模开展听障儿童教育视频资源建设，促进聋健协同提供实践经验和指导帮助。调研为大规模开展听障儿童教育视频资源建设提供了宝贵的实践经验和指导帮助。通过分析成功案例和总结经验教训，调研能够为教育工作者、政策制定者和资源开发者提供实用的指导和建议，促进聋健协同和资源建设的优化。

调研的意义还体现在促进听障儿童教育的公平性和有效性。通过深入了解听障儿童的特殊需求和教育视频资源的潜在影响，调研有助于推动教育实践和政策制定更加关注听障儿童的教育权益，提高教育资源的可及性和教育过程的有效性。调研还有助于提升社会对听障儿童教育问题的认识和参与度。通过调研结果的传播和推广，可以增强公众对听障儿童教育需求和挑战的理解，鼓励更多的社会力量参与到听障儿童教育视频资源的建设和改进中来。

三、调研对象

调研工作以面向听障儿童教育视频资源建设现状及需求团队为依托，该团队由特殊教育专家、听障教育工作者、视频资源开发者和研究人员组成。团队成员具有丰富的专业知识和实践经验，能够确保调研工作的专业性和实效性。通过问卷调查、访谈等多种形式，以聋人群体、听障儿童家长（替听障儿童签写）、聋校教师及社会公益机构人员为调研对象，开展了有计划的调研。调研内容重点分析了听障儿童教育视频资源建设的开展形式和内容、合作机制分析及优秀经验总结。通过深入了解这些方面，调研能够揭示当前视频资源建设的优势和不足，为后续改进提供依据。调研工作结合了文献研究，通过查阅相关文献，了解国内外听障儿童教育视频资源建设的研究现状和发展趋势。文献研究为调研提供了理论支持和参考框架，有助于更系统、科学地开展调研工作。

有利于获悉我国听障儿童教育视频资源建设的开展情况，在调研的基础上，研究提出了开展听障儿童教育视频资源建设促进聋健协同的优秀策略。这些策略的提出基于调研数据和文献研究的深入分析，保证了策略的有效性和实用性。研究不仅提出了策略，还关注了策略的实施和评估。通过与相关教育部门、学校和社会组织的合作，研究将优秀策略付诸实践，并对其实施效果进行跟踪评估，以确保策略能够真正发挥作用。重点分析了听障儿童教育视频资源建设的开展形式和内容、合作机制分析及优秀经验总结，并结合文献研究提出开展听障儿童教育视频资源建设促进聋健协同的优秀策略，在一定程度上保证了所提出策略的有效性与实用性。

四、调研内容与方法

问卷调查法是教育研究中广泛采用的一种调查方法，其质量高低对调查结果的真实性、适用性等具有决定性的作用。为了保证问卷具有较高的可靠性和有效性，在形成正式问卷之前，对问卷进行测试，并对试测结果进行信度和效度分析。本问卷采用 α 信度系数法，其 Cronbach 信度系数为 0.958，说明是一份信度非常好的问卷。然后，通过调研材料（问卷＋访谈稿）和调研方案设计，获取有关面向听障儿童的教育视频资源建设现状及需求开展情况的相关数据，为开展后续工作提供数据支持。本调研紧密围绕调研目标开展调研工作。本调研包括问卷调查（网络）和访谈（面对面）两部分，并面向不同调查对象分别设计问卷和访谈稿。具体情况如下：

表 4 - 1　调研方法与内容安排

调研方法	调研内容
问卷调查（网络）	与听障儿童关系密切人员卷：调查听障儿童对教育视频资源的需求程度和满意度，聋校教师、听障儿童家属、听障大学生、特殊教育专业人员等参与听障儿童教育视频资源建设的态度和对目前资源建设的评价和建议等。
	传媒专业人士问卷：调查目前传媒系统组织和管理听障儿童教育视频资源建设的实际情况。问卷调查主要包括听障儿童教育视频资源建设项目的设计、实施，采取的机制策略以及取得的成效等，对参与人员、参与方式及对听障儿童教育视频资源建设现在机制的看法和评价，以及目前参与听障儿童教育视频资源建设存在的困难和看法建议等。
访谈（面对面）	与听障儿童关系密切人员卷：了解聋校人员、特殊教育专业人员、听障大学生等参与听障儿童教育视频资源建设的感受与动机。访谈稿主要包括参与听障儿童教育视频资源建设的态度、感受、动机，参与听障儿童教育视频资源建设的表现、遇到的问题，影响参与听障儿童教育视频资源建设因素和参与听障儿童教育视频资源建设对自身的帮助等。
	传媒专业人员卷：了解传媒专业相关人员有关听障儿童教育视频资源建设活动的策划、组织和管理应采取的策略，访谈稿及目前听障儿童教育视频资源建设活动的实际情况、实践经验和遇到的困难等。访谈稿主要包括听障儿童教育视频资源建设活动中对听障儿童认知状况的理解、听障补偿设计的需求和目前的基本情况、操作模式、实施与管理、视频效果评价以及问题与建议等。

第三节　调研材料设计

　　本调研采用文献分析法、案例分析法及运用教育技术学研究方法变量分析的方法，先将调研问题细化为若干自变量、因变量和无关变量；然后紧紧围绕调研目标，采用目标倒推（导向）法，设计调研问卷和访谈稿，以期保证调研质量。

一、与听障儿童关系密切人员的问卷和访谈材料设计

　　由于听障儿童对问卷的理解程度和调查范围较受限制，在研究过程中需要实地考察，且每个学校听障儿童样本情况不同，有的特殊教育学校仅有 3 名聋生，样本量较小不具备代表性，并且受到时空、人员限制，无法大范围开展调研，另外，后续参与听障儿童视频资源开发组织筹备和设计的人员也多为成年人，因此，为了扩大普查范围和后期视频资源可持续建设，选择与听障儿童关系密切的人员进行调研。一方面他们长期与听障儿童接触，了解听障儿童的认知心理特征，另外一方面他们能够较好地表达态度和意见。通过调查了解听障儿童对教育视频资源的需求情况和满意程度，及对视频资源听障补偿性设计的建议和态度，对听障教育视频资源共建共享的影响因素及参与意愿、所遇困难等方面展开调查。访谈作为本次调研的辅助手段，侧重于通过访谈了解与听障儿童关系密切的人员参与视频建设的意愿或体验，对听障儿童教育视频资源建设与聋健协同的认知，参与听障儿童教育视频资源建设过程中遇到的困难及其解决的方法等。

二、传媒专业人员问卷和访谈材料设计

　　本调研的听障儿童教育视频资源建设传媒专业问卷设计围绕"了解听障儿童教育视频资源建设的实际情况、听障儿童教育视频补偿性设计已有措施以及存在问题"这一调研目标，主要从机制保障、政策制定、经费投入、组织实施和过程管理、人员配备以及其他影响听障儿童教育视频资源建设开展的主要因素等方面切入，展开问卷设计工作。访谈是要了解目前面向听障儿童的教育视频资源建设现状及需求的内容选择、技术操作、具体实施流程与机制保障等方面情况。访谈内容相比于问卷内容，则侧重于了解两方面内

容：一是负责人在策划设计听障儿童教育视频资源建设活动中的体验、成功经验和遇到的问题；二是了解聋健合作在听障儿童教育视频资源建设实施过程中的推进策略和合作机制、遇到的问题及解决的策略、有无成功的经验或遇到的困难等。

三、调查问卷和访谈稿（详见附录）

• 面向听障儿童的教育视频资源建设现状及需求开展情况调查问卷（与听障儿童关系密切人员卷）

• 面向听障儿童的教育视频资源建设现状及需求开展情况调查问卷（传媒专业人员卷）

• 面向听障儿童的教育视频资源建设现状及需求开展情况调查访谈提纲（与听障儿童关系密切人员卷）

• 面向听障儿童的教育视频资源建设现状及需求开展情况调查访谈提纲（传媒专业人员卷）

第四节　调研结果分析

通过设计面向不同对象的调查问卷，分别从听障儿童教育视频资源建设的组织者（视频资源建设者）和参与者（特教专业教师、家长等）的不同角度了解面向听障儿童的教育视频资源建设现状及需求的基本情况（包括各传媒专业领域人员对听障儿童教育视频资源建设的了解程度、参与情况和参与的内容与形式等），听障儿童教育视频资源建设相关机制，在促进聋健协同方面的成效、优秀策略与模式等，以期全面把握听障儿童教育视频资源建设的整体情况。

本次调查共回收问卷 285 份，有效问卷 285 份，调研对象与听障儿童关系密切，其中，调研对象与听障儿童存在师生关系（42 人，占比 15%）、家属关系（40 人，占比 14%）和公益服务关系，还有 4% 的调研对象接触的听障儿童是朋友的孩子，问卷有效率达 100%。调研对象的年龄大多处于13～25 岁（占比 57%），一部分调研对象的年龄在 26～35 岁之间（占比20%），36 岁以上的调研对象占比 20%，仅有 1% 的调研对象小于 12 岁。

一、调研对象分布在全国各地，具有代表性。

本次调研在全国不同区域开展，调研对象覆盖全国不同区域的群体。由下图可知，填写问卷的对象主要来自广东（34.39%）、黑龙江（15.44%）和江西（11.93%）三个地区，除此之外，本调研还回收了我国其他省份不同调研对象的问卷，问卷数据充足丰富，确保调研分析具有代表性和说服力。

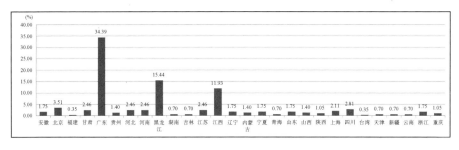

图 4-1　问卷分布来源

二、听障儿童愿意并能完整地进行视频学习，但理解和知识接受能力有待提高

从调研结果可以看出听障儿童愿意参与视频制作并能够专注地观看完整视频，这表明视频内容能够吸引他们的注意力，并且他们能够通过视觉信息有效地接受知识。这种积极的学习态度为教育者提供了一个重要的启示，即通过视频媒介可以有效地促进听障儿童的学习兴趣和参与度。尽管听障儿童对视频学习持开放态度，但他们在理解视频内容和记忆知识点方面可能面临挑战。这些挑战可能源于视频内容的复杂性、信息密度或缺乏适当的辅助解释。因此，教育者需要考虑如何优化视频内容，使其更加易于理解，并通过适当的教学策略帮助听障儿童更好地记忆和消化信息。需要帮助听障儿童理解并记忆视频中的内容，促使他们能清楚地用语言表达收看视频的感悟。听障儿童在观看视频后，需要有机会表达自己的感悟和理解。这不仅是对他们学习成果的一种检验，也是对他们语言能力和思维能力的一种锻炼。教育者可以通过讨论、写作或其他创造性活动来鼓励听障儿童表达自己的观点和感受。

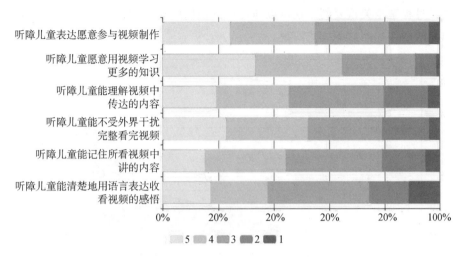

图 4-2 听障儿童观看视频认知特征

三、过八成认为听障儿童非常需要教育视频资源，但目前视频资源并不满足其需求

从图 4-3 可以看出，数据显示，绝大多数听障儿童对视频学习资源有着显著的需求，其中 64.56％的儿童非常需要视频资源来辅助学习。这一比例不仅凸显了视频资源在听障儿童教育中的重要作用，也表明了视频媒介在传递知识方面的有效性。视频资源作为一种丰富的信息载体，能够通过视觉和动作展示复杂的概念和过程，特别适合听障儿童的学习特点。视频的动态特性可以帮助他们更好地理解和记忆知识点，从而提高学习效果。部分听障儿童（19.65％）表示对视频资源有一定程度的需求，这说明视频资源可以作为传统教学方法的有力补充。视频资源可以提供多样化的学习材料和方法，满足不同学习风格的需要。此外，只有很少一部分调研者认为听障儿童不是很需要（2.46％）甚至完全不需要（1.40％）运用视频进行学习。尽管只有少数调研者认为听障儿童对视频学习资源的需求不高，但这些观点也值得关注。这可能反映了一些听障儿童对视频内容的可访问性、适宜性或个性化需求尚未得到充分满足。调研结果强调了为听障儿童建设教育视频资源的必要性。资源建设应针对听障儿童的具体需求，包括内容的适宜性、形式的多样性和获取的便利性，以确保资源能够真正满足他们的学习需求。由此可知，为听障儿童建设教育视频资源很有必要，资源建设能够满足听障儿童的学习需求。为了更好地满足听障儿童的学习需求，鼓励他们参与视频资源的

建设过程是至关重要的。这可以通过征询他们的意见和建议、邀请他们参与内容的创作和测试等方式实现。

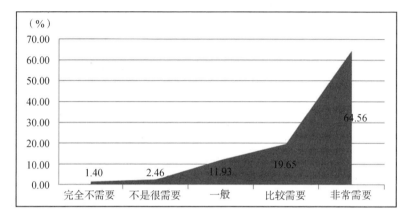

图 4 - 3　听障儿童运用视频进行学习的需求程度图

访谈中，有不少听障儿童的授课教师表示，视频是他们日常教学工作的一种常规资源，寻找优质的视频资源已经成为他们的一种习惯，但找到合适的资源目前还是比较困难。

> 现在，视频可以说是我们为听障儿童提供的常用的一类资源，所有聋校老师都会自发地去找，去搜集，而且根据学生的学习进度，为其提供合适的视频。学生们通过视频进行预习，还可以反复播放视频进行复习。但是现在的视频来源都比较分散，我们要到不同的地方去找，找到的资源有时又不适合聋生看。
>
> ——访谈广州市启聪学校语文教师候苑英

1. 听障儿童视频资源较少，资源服务不足以满足听障儿童的需求

从调研结果可以看出，听障儿童的教育视频资源服务建设面临困境，教育视频资源较少，难以找到（74.39%），部分资源无法下载或上传（35.44%），同时，视频内容过于复杂，不利于听障儿童理解（57.54%）。此外，听障儿童的听力损失将导致收看困难（56.14%），现有的教育视频缺乏字幕设计（54.74%），部分教育资源缺乏手语（66.32%）。因此，需要重视资源建设过程中存在的障碍，满足听障儿童的需求。如图 4 - 4。

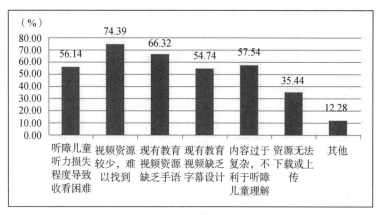

图 4 - 4　听障儿童资源服务遇到的障碍

2. 听障儿童喜欢的教育视频类型多样，需要丰富视频资源的种类

听障儿童喜欢各种类型的教育视频，尤其喜欢动画类（77.54%）、手语类（72.63%）和科普类（65.96%）的教育视频。此外，艺术类（62.11%）、传统文化类（52.63%）和竞赛类（35.44%）的教育视频同样受到部分听障儿童的欢迎。因此，听障儿童教育视频资源的建设需要立足听障儿童具有的不同类型的教育视频需求，不断丰富和完善视频资源种类。如图 4 - 5。

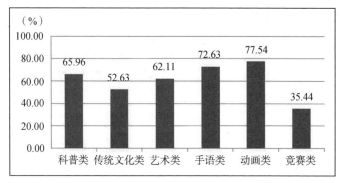

图 4 - 5　听障儿童喜欢的教育视频资源类型

3. 听障儿童教育视频需要提供多样化的补偿性服务，弥补听障儿童的先天不足

从图 4 - 6 可以看出，听障儿童的教育视频需要为听障儿童提供多样化的补偿性服务。首先，可以增加提示（字幕或其他符号），教育视频需要为听障儿童提供多样化的补偿性服务，以满足他们特殊的学习需求。这包括在视频中增加字幕或其他视觉符号，这些提示应设计得既清晰又易于理解，以

帮助听障儿童更好地跟随和理解视频内容。其次，保证字幕的大小适中，字幕的设计应保证大小适中，既不会被画面内容所淹没，也不会过于突兀，分散观众的注意力。此外，字幕的字体、颜色和位置都应考虑到易读性和观看的舒适性。还需要增加表情丰富的手语主持人，在视频中，手语翻译的位置范围需要扩大，不拘泥于小窗口。节目中的手语主持人应具备丰富的表情和准确的手语表达能力。手语主持人不仅传递语言信息，还通过面部表情和身体语言传达情感和语境，这对听障儿童理解视频内容至关重要。手语翻译在视频中的位置不应局限于一个小窗口，而应扩大其显示范围，确保手语翻译能够清晰地呈现在观众视野中。这样可以避免观众在观看视频时频繁转移视线，优化观看体验。此外，视频资源需要个性化定制，视频资源的个性化定制是满足听障儿童缺陷补偿需求的关键。这意味着视频内容应根据听障儿童的认知水平、兴趣和学习风格进行定制，以激发他们的学习动机，增强学习效果。满足缺陷补偿，还可以资助听障儿童佩戴助听器进行矫正，资助听障儿童佩戴助听器进行矫正，可以帮助他们更好地利用残余听力，增强对视频内容的理解。这不仅是对听障儿童的一种支持，也是提高视频教育效果的重要措施。在内容方面，部分难以理解的地方可以多场景重复呈现，对于难以理解的部分，可以通过多场景重复呈现的方式进行强调。这种重复不仅帮助听障儿童加深记忆，也提供了从不同角度理解问题的机会。

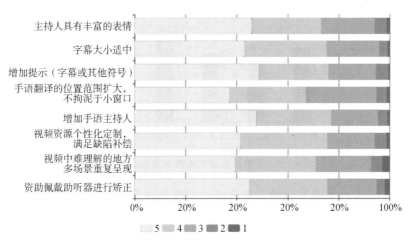

图 4－6　听障儿童补偿性服务评价

4. 调研对象认为视频学习直观生动、通俗易懂，支持视频学习方式

从图 4－7 可以看出，听障儿童教育视频的建设需要满足聋人和健听人

的多样化需求，面向听障儿童的教育视频需要加强直观性（78.95％），视频中传达的信息应该易于理解（74.04％），视频画面需要生动，让人身临其境（68.77％），视频应具备丰富且有吸引力的情节（68.42％），此外，视频设计者还需要加强教育视频的冲击力和感染力（66.32％），运用多种表现手法（65.26％），总而言之，听障儿童教育视频资源的建设需要充分考虑听障儿童的特点，保证视频直观生动，通俗易懂。

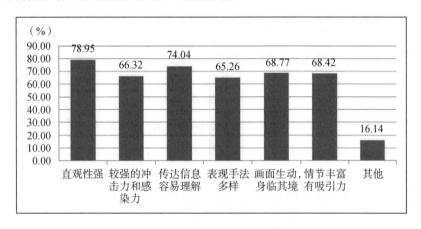

图 4 - 7　聋人和健听人对视频的态度

5. 被调研对象大多能理解听障儿童，支持多渠道建设听障儿童教育视频资源

由图 4 - 8 可以看出，调研结果表明，大多数调研对象能够理解听障儿童除了听力障碍外，拥有与常人无异的学习能力和潜力。这种认知的进步是推动听障儿童教育视频资源建设的重要基础，有助于消除社会偏见，促进听障儿童的全面发展。大部分调研对象能够理解听障儿童的学习需求，他们认为聋人除了听，其他事情都能做，他们愿意尽自己的力量为听障儿童的教育视频资源建设提供支持。调研对象普遍表达了愿意为听障儿童的教育视频资源建设提供支持的态度。他们认识到聋人在社会中的潜力和贡献，愿意尽自己的力量参与到资源建设中来，这体现了社会对听障儿童教育的重视和支持。

另外，大多数调研对象认为听障儿童的教育资源开发需要更多具有学科背景的人员共同参与，大多数调研对象认为听障儿童教育资源的开发需要更多具有学科背景的人员共同参与。这表明在视频资源建设中，需要组建一个跨学科的团队，包括教育专家、学科教师、手语翻译、视频制作人员等，以确保资源的科学性、教育性和可访问性。

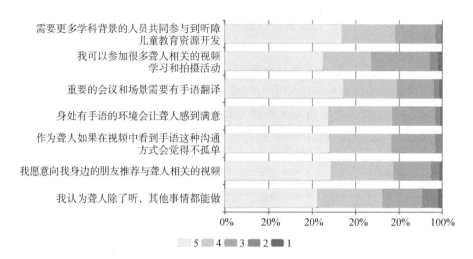

图 4-8　被调研对象理解听障儿童的程度情况

调研结果强调了在重要会议和场景中提供手语翻译的重要性。手语翻译不仅能够帮助听障儿童更好地理解和参与，还能够为他们创造一个有手语的环境，使他们感到被接纳和尊重，消除孤独感。在重要的会议和场景需要提供手语翻译，让听障儿童身处于有手语的环境，从而感到满意，消除孤独感。对于调研对象自身来说，他们大多愿意参加与聋人相关的视频学习和拍摄活动，也愿意向身边的朋友推荐与聋人相关的视频。调研对象不仅自己愿意参与聋人相关的视频学习和拍摄活动，还愿意向身边的朋友推荐与聋人相关的视频。这种个人参与和推荐意愿有助于扩大听障儿童教育视频资源的影响力和覆盖面。调研结果表明，社会对听障儿童教育视频资源建设的支持具有积极的作用。这种支持不仅能够为资源建设提供必要的人力和物力资源，还能够为听障儿童创造一个更加包容和友好的社会环境。综上可知，大多数调研对象大力支持听障儿童教育视频资源的建设，能够配合并积极为资源建设奉献力量。

6. 跨行业跨学科人员具备协作进行听障儿童教育视频资源建设优势

通过调研发现，调研对象具备较强的听障儿童教育视频的参与建设优势，在能力方面，他们沟通能力强，愿意与其他专业人士配合（60.35%），具备手语表达的沟通能力（44.56%），也具备较强的学习能力，对制作听障儿童的教育视频感兴趣，愿意学习相关知识（49.82%），部分调研对象熟悉影视视听语言理论及其相应的拍摄手法（29.82%），具备摄影摄像技术能力（30.88%）和摄影后期制作能力（33.33%）。在性格方面，调研对象有耐心用文字或其他语音转换软件与他人沟通（50.18％），能够了解听障儿童的学习需求和认知特点，因而能够有针对性地参与资源建设。如图 4-9。

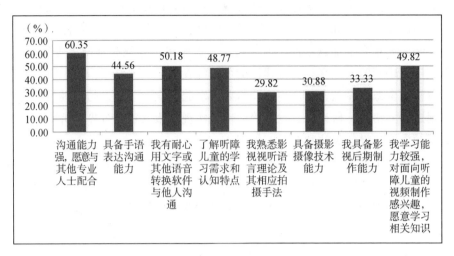

图 4-9　参与听障儿童资源建设的优势

四、虽具备上述资源建设优势，但参与视频资源设计与建设的人员参与度不高

调研中发现，听障儿童教育视频资源建设作为一种具有融合思想的资源共建方式，得到了广大聋人家长和传媒工作者的支持。这表明社会对特殊教育的重视和对融合教育的需求正在增长。作为一种具有融合思想的资源共建方式，在调查中，听障儿童教育视频资源建设被广大聋人家长和传媒工作者所支持，但实际上由于多重原因，并没有具体的实践行动支持单独为听障儿童进行教育视频资源的设计与建设。尽管在理念上得到了支持，但在实际操作中，为听障儿童单独进行教育视频资源的设计与建设的行动并不普遍。75％的人员表示并没有亲自参与过听障儿童的视频资源建设，这反映出在理念与实践之间存在差距。调研显示，特殊教育理念和视频资源建设之间并没有形成很好的交叉融合渠道。这表明在教育视频资源的建设过程中，需要更多地考虑特殊教育的需求，将特殊教育理念融入视频资源的设计和制作中。特殊教育理念和视频资源建设并没有很好的交叉融合渠道；23％的人员表示在视频资源建设中，可以通过增设字幕、增设手语主持人等方式作为必要补充，以满足听障儿童的需求。这种补充融合式的设计不仅需要在观念上得到

重视，而且在成本上也只需在原有视频基础上少量增加，具有较高的可行性和效益。为了促进听障儿童视频资源建设的可持续发展，需要采取有效的策略。这包括提高大众对听障儿童教育视频资源建设重要性的认识，鼓励和支持更多的专业人员和机构参与到资源建设中来。因而作为补充融合式的设计，是需要观念上加以重视，拍摄制作成本仅在原有视频基础上少量增加，有利于促进听障儿童视频资源建设的可持续发展。调研结果指出，听障儿童教育视频资源建设的参与度不高，需要调动起大众参与建设的积极性。这可以通过举办培训、研讨会、竞赛等活动来实现，激发社会各界对听障儿童教育视频资源建设的关注和参与。如图 4－10。

　　调研结果强调了听障儿童教育视频资源建设的重要性和紧迫性。为了缩小理念与实践之间的差距，需要加强特殊教育理念与视频资源建设的融合，提高大众的参与度，并采取有效措施促进资源建设的可持续发展。

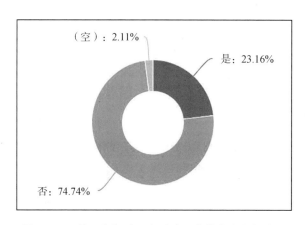

图 4－10　是否参与过面向听障儿童的教育视频建设

　　综合上述调查，本研究继续探索参与度不高的原因，调查结果如下：

　　原因一：听障儿童资源服务建设缺乏理论、技术、资金和平台的支持

　　从调研结果可以看出，听障儿童教育视频资源建设支持服务面临突出的问题，主要体现在缺乏理论、技术、资金和平台的支持四个方面。在理论支持方面，资源建设缺乏听障儿童教育理论（65.26%）和影视制作理论（42.46%）的支持，缺乏教育视频资源设计思路（57.54%）。在技术支撑方面，视频资源建设缺乏视频拍摄技术（52.28%）和影视后期制作技术（49.47%）的支持。此外，视频制作成本高（44.91%）、缺乏聋健合作平台（58.95%）也是资源建设过程中遇到的突出问题，还需要考虑听障儿童配合能力弱（53.33%）

的问题。如图 4－11。

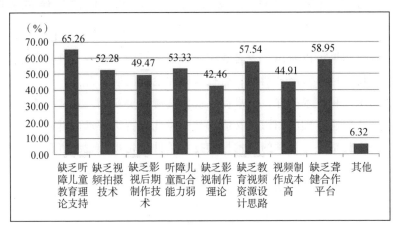

图 4－11 听障儿童资源建设支持服务遇到的突出问题

原因二：听障儿童教育视频建设缺乏政策、平台、组织、机制和理念的支持

从图 4－12 可以看出，影响听障儿童教育视频资源共建共享的原因有多方面，其中，大多数调研对象认为听障儿童视频共建平台缺乏（71.23％）。也有调研者认为资源建设缺少关注听障儿童教育视频资源开发的专业团队（63.51％）、缺乏政策支持（60.70％）和缺乏专门的听障儿童教育视频资源建设管理机构（60.70％），此外，视频资源缺乏相应的共享管理机制（58.95％）。总而言之，资源共建共享需要着眼于政策、平台、管理、人才和理念建设等方面。

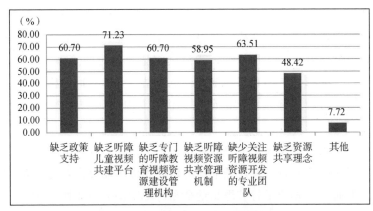

图 4－12 影响面向听障儿童教育视频建设的原因

五、调查关注视频资源的教育性、科学性、听障补偿性和版权问题

从调研结果可以看出，大多数调研者认为听障儿童教育视频应重点考虑教与学、科学性、听障补偿性、版权问题和伦理问题。此外，还需要着眼于视频的艺术性和技术条件，力求促进视频资源精美实用。这些要素是确保视频资源既能传递准确的知识，又能满足听障儿童特殊需求的基础。除了教育内容的核心要素外，视频的艺术性和技术条件也是提升视频资源吸引力和实用性的关键。艺术性可以增加视频的观赏性，而先进的技术条件则确保视频的高质量和易用性，如图 4-13 所示：

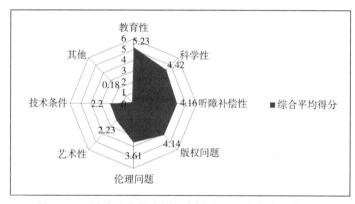

图 4-13 听障儿童教育视频资源建设与共享需求雷达图

调研过程中考虑了来自不同领域专业人员的观点，这种综合考虑有助于获得更全面的视角。通过验证不同的观点，可以确保视频资源建设能够满足不同利益相关者的需求和期望，获得了综合各专业人员优势支持聋健融合进行资源建设共建共享的支持依据，为后续实施聋健协同策略，打破专业间、学科间、行业间思想壁垒和行动壁垒，也为结合聋健共同体愿望，建立面向听障儿童视频资源的建设机制的研发提供了佐证，调查问卷具体设计请看附录。

调研结果为后续实施聋健协同策略提供了佐证，这有助于实现实时的协同工作，确保听障儿童教育视频资源的建设和应用能够更好地服务于听障儿童群体。调研结果强调了打破思想壁垒和行动壁垒的重要性，这对于推动聋健共同体愿望的实现至关重要。通过制定有效的机制和策略，可以促进不同

群体之间的合作和交流。调研结果为制定和建立面向听障儿童视频资源的建设机制提供了研发基础。这种机制的研发需要综合考虑教育、技术、艺术、法律和伦理等多方面的因素。

总之，此次调研为探索听障儿童资源建设提供可参考路径，具体建议如下：

1. 需要充分考虑各方面的问题，满足听障儿童的学习需求

通过调研可以看出，听障儿童教育视频资源建设需要突破难题，解决建设过程中存在的问题。当前，优质教育视频资源缺乏（70.18%），资源建设缺乏政策支持，顶层设计薄弱（67.02%），同时，听障视频的制作专业人才缺乏（66.32%），听障儿童教育视频宣传力度不足，缺乏理念，普及率低（65.61%），视频针对性补偿效果较差（60.35%）。此外，听障儿童视频资源服务建设中存在组织、运维、人才等机制不健全（54.04%）、资金投入不足（48.07%）和缺乏定位、建设标准不清晰（49.82%）等问题。在资源建设的过程中，建设者需要着眼于资源建设存在的问题，寻找切实可行的建设路径。如图4-14。

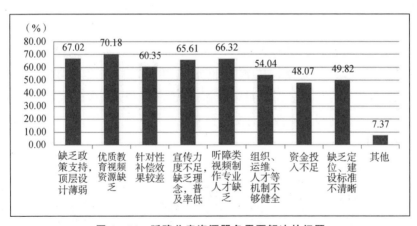

图4-14　听障儿童资源服务需要解决的问题

2. 为资源建设提供全方位支持，鼓励各领域专业人士参与资源建设

调研结果显示，调研对象通过多种方式参与听障儿童教育视频资源建设，主要采用帮忙分享和传播的方式，例如分享听障类视频（60.35%）和在线分享视频设计方案（58.60%）。另外，部分调研对象曾经参加听障儿童教育视频的拍摄工作，例如线下参与视频后期制作（48.07%），让手语演员参与视频拍摄（51.93%），进入摄制组提供摄影摄像及其他技术服务

（44.56%）以及参与摄制组进行手语翻译（45.26%）等。由此看出，调研对象参加听障儿童教育视频资源建设的方式多种多样，他们能够积极参与，在建设过程中提供有效的帮助。如图4-15。

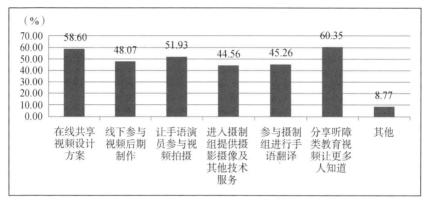

图4-15　听障儿童教育视频资源建设参与方式

3. 被调研对象期待资源建设参与人员更加多元，包括研究人员、传媒人士等

由图4-16可知，听障儿童视频资源建设的参与人员以特殊教育专业研究人员（79.30%）、聋校教师（78.95%）、听障儿童（65.61%）和聋人大学生（67.37%）为主，传媒人也加入其中，包括传媒类专业人员（60%）、电视台、传媒公司等视频制作团队（61.40%）等，汇集多身份的建设人员，保证建设的资源具有实用性和科学性。

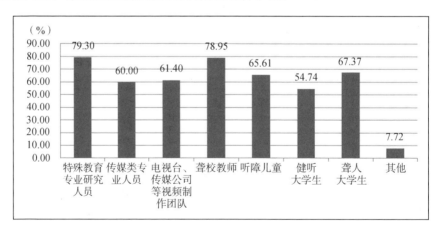

图4-16　聋健协作建设面向听障儿童视频资源参与人员

4. 调研对象关注听障儿童教育视频资源的建设情况，积极提出建设建议

在资源建设方面，调研对象积极建言献策，从不同角度提出建议。对于社会大众来说，部分调研者提出应让社会多关注听障生，还应该增加手语视频，积极鼓励社会大众广泛参与到听障儿童教育视频资源的共建共享中；站在政府的角度，政府应该培训教师，争取政策支持，建立全国范围内的共享平台；对于视频制作者来说，他们应丰富听障儿童教育视频资源的类别，视频内容可以考虑结合相关教育的活动，视频设计应简单易懂，注重使用反馈，建设者还应该根据使用者的反馈做研究后期的改进。如图 4 - 17。

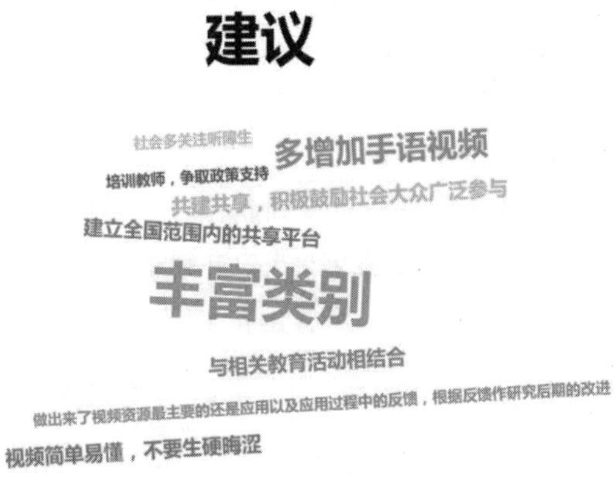

图 4 - 17 听障儿童教育视频资源建设建议

第五节 调研结论和反思

一、应促进聋健协同共融的理念推行

"协同"一词来自协同学，协同学是由德国著名理论物理学家哈肯（Hakan）创立的一门系统科学的分支理论，运用到教育当中的协同教育理论认为，人类社会有三大教育系统：家庭教育系统、学校教育系统和社会教育系统。每个系统都有组成自身系统的要素，要素间的相互联系与作用，产生各自的教育功能，系统要素间既保持各自独立又可以相互联系与作用，产生协同效应，影响该教育系统的功能。我国张宁生学者分析了聋健沟通障碍产生的原因：语言能力、沟通技巧及文化交融三个方面。从调研中得出，视频资源已

经成为聋人学习与生活中的必要组成部分，利用视频资源教育也是听障儿童学习和获取信息的重要途径。应为听障人士和传媒专业领域人士的沟通和学习提供所必需的信息资源与环境。伴随着网络条件的方便、快捷，移动终端的普及，也有越来越多聋人愿意参与到视频的策划、设计、制作当中，由此，应多营造聋健协同共融的氛围。

二、正视聋人特点，探索聋健融合方式

鲁玲、陈静等学者指出聋人特殊的心理特点，如认知偏差、缺乏信任等导致容易出现焦虑、自卑等心理问题，影响了良好人际关系的建立。如聋生在接受事物的过程中要受到很多限制，沟通障碍导致其社会适应发展迟缓，所以和同专业、同学历层次的健听学生之间缺少应有的沟通。但通过调查表明，聋人与健听人有沟通意愿，因此，应正视聋人特点，探究促进聋人与社会融合的教育资源机制改革。在教育视频制作目标和视频组织结构、制作流程等方面摸索出符合聋人特点的建设方式，并提供相应的技术支持和物质基础保障。

三、多开展聋健协作的面向听障儿童教育视频资源建设活动

通过调研及问卷访谈，得出开展视频资源建设活动可具体包括：听障儿童视频需求调研、成立聋健协作共建视频资源 QQ 群、线下场景拍摄、视频成果发布会、资源共建共享、聋健沟通渠道扩充、聋健协同共建专业引领、聋健协同共建视频制作知识库共建等活动设计。

• 听障儿童视频需求调研：听障儿童教育视频需求反馈，通过聋校教师、听障儿童家长或其他渠道反馈在听障儿童学习过程中遇到的障碍和所需的资源素材，发表意见，提出需求信息。

• 聋健协作共建视频资源：传媒专业人员与聋人教育人员合作，共同研究听障儿童所需视频资源并拍摄制作，线上线下互动交流，创设基于听障视频资源建设聋健协作视频研发组。在网上向团队所有成员布置拍摄计划内容的相关资源链接，通过学习相关拍摄理论、方法及实践共建知识库，提高视频资源建设的适应度和效度。

• QQ 群、线下场景拍摄、视频成果发布会：聋健合作团队定期组织在线或线下会议，及时沟通交流，在视频拍摄与制作过程中面对面互相探讨、有效交流，视频制作示范流程及成果及时分享。

• 面向听障儿童资源共建共享：建立听障儿童视频聋健协同共建平台，将传媒机构或聋健协作制作的优质教育视频资源上传到网上，共建共享。聋校教师利用互联网在获取资源和进行交流等方面的优势，集中众人的智慧和力量，提出面向听障儿童的教育视频资源的开发、利用和共享。

• 聋健沟通渠道扩充：留言板、QQ 群（微信群）、BBS 论坛、公众号、听障 APP 等。在各沟通渠道中发布面向听障儿童视频制作活动的通知；在公众号中及时发布教育视频资源建设计划和进程并交流视频制作技巧等问题。

• 聋健协同共建专业引领：对于聋人来说，通过聋健协作视频制作网站提供摄影摄像相关知识学习的手语视频，将优秀影视制作经验通过手语翻译传达给聋人群体；对于传媒工作者来说，收集特殊教育专家讲座和聋校特级教师的课例，了解听障儿童认知风格，通过理论指导掌握听障教育原理。

• 聋健协同共建知识库共建：特殊教育机构通过网络将听障儿童学习的各种教育视频资源建设资料进行系统梳理和管理，有利于参与聋健协同共建的人员将自己的各种视频建设经验进行系统管理，并通过网络传递给他人，便于查找、提取、加工和利用。

四、听障儿童视频资源供需双方双向评估，促进资源配置的科学化

在国家传媒机构通过手语培训、听障教育理念宣传、无障碍视频管理、法律普及等方式集中整合视频资源，利用已有视频制作优势，实现各个资源之间可以相互打通和实现交流，按需获取，从而降低视频开发成本，提高效率。未来，随着大数据、云教育资源以双向型、去中心化的契机出现，很多聋人群体也会加入视频资源供给。让任何对公益教育事业有兴趣的、关注聋人全面和谐发展的群体都可以对视频资源进行搜索、选择、加工、处理、重构，使之生成适合聋教的资源。建立聋人移动平台，为其提供"发声"的机会，通过"相互理解"和"沟通"形成平等、互助的交流互动空间。以听障儿童为中心，根据其知识背景、学习兴趣和潜在能力，科学供给其最需要的视频资源。

第五章　面向听障儿童的优质教育视频资源建设机制研究

机制是能够与事物的各个部分联系起来，使它们协调运行而发挥作用的运作方式，具备激励、制约和保障作用。从机制运作形式划分，一般分为行政—计划式、指导—服务式、监督—服务式运行机制，在实际运行过程中，上述机制类型是相互联系和相互渗透的。从管理学视角来看，20世纪80年代以来，西方国家以胡德（Christopher Hood）为代表的公共行政改革实践，形成"新公共管理理论"（New Public Management，NPM），其包括提供职业专业化管理、明确管理目标和绩效评估、重视产出控制（OBE）、建立网络型组织、引入竞争机制、强调运用私营部门管理风格和方法、强调资源节约和有效利用微观经济学问题等七项学理特征。① 从公共服务供给机制角度来看，正如威廉姆·怀特科所说社会提供的福利不仅要帮助人们维持日常生存，更重要的功能是使每一个人取得发展。② 机制作用在一定程度上可保障人的发展供给的稳定性、有效性和可持续性。③

第一节　面向听障儿童的优质教育视频资源建设机制研究的必要性

一、听障儿童的优质教育视频资源匮乏，需要政策的引导与支持

国家颁发了多个促进教育资源建设的政策文件，但出台有关特殊教育资

---

① 张序. 公共服务供给的理论基础：体系梳理与框架构建［J］. 四川大学学报（哲学社会科学版），2015（4）：135−140.

② 威廉姆·怀特科著，解俊杰译. 当今世界的社会福利［M］. 北京：法律出版社，2003：89.

③ 王列生，郭全中，肖庆. 国家公共文化服务体系论［M］. 北京：文化艺术出版社，2009：227.

源建设的相关政策较少。部分文件提出了有关特殊教育资源建设的要求，但无具体操作办法等实质性内容。如在国家政策层面，国家在《国家中长期教育改革和发展规划纲要（2010—2020年)》提出建立开放灵活的教育资源公共服务平台，[①] 促进优质教育资源普及共享。在《教育信息化十年发展规划（2011—2020年)》提出针对学前教育、义务教育、高中教育、职业教育、高等教育、继续教育、民族教育和特殊教育的不同需求，[②] 涉及建设20000门优质网络课程及其资源，遴选和开发500个学科工具、应用平台和1500套虚拟仿真实训实验系统。在这些政策纲领中，对特殊教育信息化资源引领性建设指引仍较为薄弱。而特殊教育是基础教育的重要组成部分，有其特殊性。只有政策的引导与支持，才能引起社会关注与研究，解决面向特殊群体的优质教育资源建设中的领域失衡、地域失衡、学科失衡、发展失衡等问题。

因此，政策的引导和支持对于改善听障儿童教育资源的匮乏至关重要。特殊教育需求的多样性和复杂性要求政策制定者提供更为具体和针对性的支持措施，包括资金投入、技术研发、人员培训和政策激励等。目前，虽然一些政策文件提出了特殊教育资源建设的宏观要求，但缺乏明确的操作办法和实施细则。这导致了在实际执行过程中，相关政策难以落地，听障儿童教育视频资源的建设和普及受到限制。特殊教育信息化资源的引领性建设在现有政策中指引较为薄弱。需要通过政策引导，鼓励和支持教育机构、科研单位和企业等多方参与，共同推动特殊教育信息化资源的创新和发展。政策的引导和支持能够引起社会各界对听障儿童教育问题的关注和研究。通过政策的宣传和普及，可以提高公众对特殊教育重要性的认识，促进更多的社会资源投入到听障儿童教育视频资源的建设中。

二、目前大多数资源属于个体独立建设，需要统一标准便于共享

在2004年，教育部基础教育司与相关部门、院校联合开发"中国特教教育资源网"，平台中的资源分为"听障资源""智障资源"和"视障资源"。但其形式侧重于素材库的建设，资源更新少，还停留在刚建成时的状态，资

---

① 中华人民共和国教育部. 国家中长期教育改革和发展规划纲要（2010—2020年）[EB/OL]. (2010 - 07 - 29) [2019 - 12 - 21]. http：//www. gov. cn/jrzg/2010—07/29/content_1667143. htm.

② 中华人民共和国教育部. 教育信息化十年发展规划（2011—2020年）[EB/OL]. [2019 - 12 - 21]. http：//www. moe. gov. cn/srcsite/A16/s3342/201203/t20120313_133322. html.

源的学习性、开放性不够。各个地方或院校也建设了特殊教育的资源平台，如上海开放大学、徐州市特殊教育学校等，但校际、区域之间的交流互通不够，资源规模较小、缺乏统一的资源标准和统筹合作规划，导致资源重复建设并且兼容性较差，缺乏有效的管理和维护。与国家组织的三通两平台建设相对比，特殊教育资源，包括面向听障儿童的教育视频资源质量不一，缺少必要的建设标准和统筹规划，需要统一规划、形成标准，以建设具有优质资源的、开放有效共享的面向听障儿童的优质教育视频资源平台。

当前听障儿童教育视频资源的建设各自为政，缺乏统一标准，这导致了资源质量参差不齐，难以实现跨平台、跨区域的共享。制定统一的标准，可以提高资源的兼容性和互操作性，促进资源的广泛传播和应用。特殊教育资源平台应当具备高度的开放性，允许不同地区、不同院校的教师和学生访问和使用。开放的资源分享机制有助于汇聚多方智慧，共同推动听障儿童教育的发展。定期更新和维护资源，确保内容的时效性和教学的适用性，是提升资源平台服务质量的关键。加强校际与区域之间的交流互通，可以促进资源的共享和经验的交流。通过建立合作机制，不同院校和地区可以互相学习、借鉴，共同提升特殊教育资源的建设水平。

此外，目前特殊教育资源规模较小，缺乏有效的统筹合作规划。通过扩大资源规模和加强统筹规划，可以避免资源的重复建设，提高资源建设的效率和效益。制定必要的建设标准，统筹规划，对于提升特殊教育资源的质量至关重要。这些标准应涵盖资源的内容、形式、技术要求等方面，确保资源的科学性、系统性和实用性。有效地管理和维护是保证资源平台长期稳定运行的前提。建立专业的管理团队，制订完善的维护计划，可以确保资源平台的持续发展和服务质量。

三、激励与反馈机制建设保障资源建设共同愿景设定和有效实现

目前我国面向听障人士进行视频资源建设的单位包括三个层次：一是国家单位，主要包括以中央电视台为主的各级电视台，国内部分电影制片厂及相关单位，主要以手语新闻栏目为主；[1] 二是部分企业单位，投资制作对特殊群体进行康复类型教育的影视及动画作品；三是部分传媒公司，投资制作面向听障儿童的影视及动画作品，有一定的公益特色，也争取采取市场运作

---

[1]　高原. 听障人士公共电视服务研究 [J]. 东南传播，2014 (5)：1—5.

的方式收回成本。但三个层面依然存在内部潜力发掘不够，民间力量参与不足的现象。因此，应从政策层面上规定国家级单位有责任引领对听障人士的视频供给服务，并提倡鼓励相关企业单位在政策允许的范围内参与其中，借助政府和民间双重力量来加大对听障人士的服务力度，只有予以政策、资金等方面的支持和鼓励，方能激励出他们的参与热情。

　　缺乏对资源建设效果的反馈是导致面向听障儿童的优质教育视频资源建设在数量上匮乏和质量上不足的原因之一。由于听障儿童特殊群体相对发声机会较少，政府部门对面向听障儿童的优质教育视频资源建设的关注度不够，区域内的资源开发面临诸多问题，导致资源建设的积极性不高，资源建设的质量不高，资源在教学过程中的融合度不高，未能发挥面向听障儿童的优质教育视频资源在创新教学方法、教学模式上的作用。因此，通过建立面向听障儿童的优质教育视频资源建设的协作共同体，设定共同愿景，协同各方，对资源建设进行必要的激励，并通过聋健协作网络平台和提供可反馈渠道，定期对视频资源的应用情况进行反馈，提高面向听障儿童的优质教育视频资源建设的积极性和有效性。

　　1. 有助于促进医教结合，多方协同培养听障儿童的能力发展

　　面向听障儿童的优质教育视频资源建设中，需要关注听障儿童特殊性，倡导有助于听障儿童康复与认知共同发展的"医教结合"。"医教结合"指的是现代康复医学和特殊教育的理念、原则、形式与方法的有机整合，并提倡以"教"为主，"医"为"教"用。[①] 如听障儿童的发音障碍、听力损失程度与社会交往障碍、认知障碍、文化认同等问题息息相关。这些障碍的产生导致对他人情感的认知，对社会关系和社会情境的认知，对社会道德的认知等方面都面临着多个因素的干扰，具有复杂性和特殊性。[②] 因此，一方面要求视频资源开发者能够从聋人文化的角度出发，为其创造可以使听障儿童加强自我认同意识的情境，学会自我肯定与接纳，慢慢提高对听障群体和文化的认同；另外一方面，对有言语康复需求的听障儿童进行科学的评估，如针对语音练习、构音、发声等方面的康复需求进行视频资源设计。用"医教结合"理念指导视频资源建设设计与实践对于拓展听障儿童视频资源的有效性

---

　　① 朱文倩."医教结合"背景下特殊儿童言语康复的现状调查及绩效研究［D］.华东师范大学，2014.

　　② 唐世明.听障生的身份认同及其与心理健康的关系［D］.杭州：杭州师范大学硕士论文，2011.

方面和多方协同培养听障儿童能力方面有较大意义。

2. 教育资源内容的建设要直观教学和补偿教学相结合

"补偿"是指机体失去某种器官或某种机能受到损害时的一种适应，[①]是一种与正常发展过程不全相同的有特殊性的发展过程，在这种有特殊性的适应和发展过程中，被损害的机能可以被不同程度地恢复、弥补、改善或替代。听障儿童先天或后天引发的听力缺陷，则会通过视觉、嗅觉等多种途径获取替代、促进、改善或恢复因障碍而造成的功能性损伤。[②] 所以，通过直观教学和补偿教学相结合，运用双语对听障儿童教育，其特点在于：（1）满足教学中的补偿教学；（2）承认手语的独立语言地位，并承认听障文化的存在。认为听障儿童应该成长为以手语为第一语言，以本国主流语言书面语为第二语言，并同时适应两种语言背后文化的平衡的双语双文化者。[③] 因此，在教学中，邀请听障教师入课堂，与健听教师一起参与课程准备与课堂教学，强调听障教师和健听教师的协同教学。在教育资源的设计中，邀请听障教师和健听教师共同设计、制作教育资源，同时在教育资源的呈现方式上，利用双语呈现教学内容，满足直观教学和补偿教学的需求。

3. 实行聋健合一，为面向听障儿童的教育资源建设机制提供聋健协同支持服务

在对听障儿童资源的建设机制上，应以接纳的态度接受特殊群体"回归主流"，树立"全纳教育"基本理念，[④] 由聋人和健听人共同制订听障儿童的个别教学计划，共同参与听障儿童教育视频研发和建设方式与流程的制定，共同决定听障儿童学习的内容和视频资源应用形式。强调为听障儿童提供的环境，非完全由健听人进行设计的隔离环境，而是切实兼顾听障儿童需求，由聋人和健听人根据自己的优势相互支持共建的协同发展环境。但聋健协同目前仍是一项新探索，是对传统听障类视频资源建设的一种突破，如何打破旧思维的束缚，如何消弭健听人对聋人及手语的顾虑与偏见

---

① 李秀，张文京. 试论缺陷补偿与潜能开发 [J]. 现代特殊教育. 2005（3）：19—20.

② 吕晓. 学前听障儿童个别化教学设计研究 [D]. 重庆：西南大学博士论文，2012：21.

③ 余敦清. 世界特教史上的又一次新浪潮——"聋人双语教学" [J]. 中国听力语言康复科学杂志，2005（6）：40—43.

④ Sanyin，C.，Kuen，F. S. Conceptions of learning and quality of university life among deaf, hard of hearing，and hearing university students [J]. *International Journal of Inclusive Education*，2018.

都需要进一步探究。① 因此，在面向听障儿童的优质教育视频资源建设机制研究中，需要借鉴融合教育的思想，为听障儿童资源聋健协同共建提供必要的支持服务。

由此可见，面向听障儿童教育视频资源机制的建设不仅是实现硬件设施的建设和完善，只有结合教育理念和资源建设机制等变革和投资，才能使得面向听障儿童的视频资源建设产生实质性的促进作用，才能保障视频资源建设的持久性和有效性。

第二节　面向听障儿童的优质教育视频资源建设机制构建

由于听障儿童教育的特殊性，我国面向听障儿童的优质教育视频资源建设机制研究呈现起步晚、起点低、基础差、发展不平衡等现状。本研究通过对面向听障儿童的优质教育视频资源建设机制的现状进行研究，分析了该资源建设的特点。根据对面向听障儿童的优质教育视频资源建设现状分析，结合其建设的特点，本研究从政策导向机制、资源标准机制、协同创新机制、内容生产机制、支持服务机制、激励反馈机制六个方面建构其建设机制，如图 5-1 所示。政策导向机制指向建设全过程，解决资源建设的宏观政策问题；资源标准机制、协同创新机制、内容生产机制和支持服务机制指向内容建设本身，分别解决内容规划问题、内容有效问题、内容质量问题和内容应用问题；激励反馈机制指向过程的检测，解决持续发展问题。

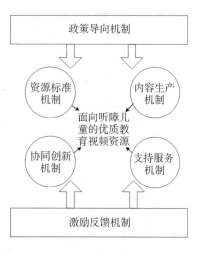

图 5-1　面向听障儿童的优质教育视频资源建设机制

---

　　① 姚勤敏. 香港手语双语共融教育（SLCO）：一个聋健皆得益的教育方案［J］. 北京联合大学学报，2017，31（2）：29-35.

一、政策导向机制，保障资源建设的宏观政策

从国家政策上来看，面向听障群体的优质教育资源建设的持续发展指向产生积极的战略导向和宏观调控，准确把握社会公益事业建设规律和特点，同时，也对相应机构共同参与面向听障儿童的资源提出了供应保障。事实上，我国政府部门一直高度重视特殊教育工作，比较关注信息技术对特殊教育的重大影响，《"十三五"加快残疾人小康进程规划纲要》（国发〔2016〕47号）、《第二期特殊教育提升计划（2017—2020年）》《国务院办公厅关于推进社会公益事业建设领域政府信息公开的意见》，启动实施了加强"政府和公共服务机构网站无障碍改造"，开展国家通用手语研究与推广，建立"国家通用手语标准化协同工作平台"。明确加大推动无障碍信息化环境建设的政策扶持力度，为视频技术突破传统听障儿童资源建设模式带来了新的战略契机。

政策的导向是面向听障儿童的优质教育视频资源建设机制的指挥棒，对其建设具有先行指导作用。特殊教育资源与普通教育资源有不对称发展的特点，更需要以政策导向机制为面向听障儿童的优质教育视频资源建设提供政策支持。通过发挥行政机构的宏观调控和战略指导作用，立足面向听障儿童的优质教育视频资源的现状和发展条件，探索并提出其发展路径，为面向听障儿童的优质教育视频资源的建设提供政策保障及方向引导。如制定全国性的面向听障儿童的优质教育视频资源政策，联合各科研机构为各地方提出针对性的建设指引政策，规划资源建设的框架和内容，指向资源的有效应用，提高面向听障儿童的优质教育视频资源建设的合理性和科学性。

二、资源标准机制，保障资源建设的内容规划

很多国家都重视特殊群体公共资源的建设与发展，出台很多教育政策或有利于资源无障碍标准化推广的机制，如1998年，美国政府补充修订了康复法案（Rehabilitation Act），补充包含了电子和在线内容的可及性规则508条款并通过了网站内容可及性指南（Web Content Accessibility Guidelines），要求软件、硬件产品开发者，包括网页设计师在内，都需要依据无障碍资源建设的标准。我国于2016年制定《"十三五"加快残疾人小康进程规划纲要》，提出要大力推进互联网和移动互联网无障碍信息服务，鼓励支持开发服务残疾人的电子产品、移动应用软件等开发应用。2018年7月24日，由国家相关机构参考万维网联盟（W3C）WCAG2.0和我国《网站设计

无障碍技术要求》的相关规范编制的《Web 信息无障碍通用设计规范》,[1]
通过中国互联网协会标准工作委员会立项审核,使得残障人士利用网络信息
服务更便捷、更高效。

但对于听障儿童这一类颗粒度更细的群体的资源建设的指导相对来说过
于笼统,无法有针对性地深入满足听障儿童的具体需求。因此,在资源标准
机制方面,应注重面向听障儿童的缺陷补偿需求。国外学者对面向听障观
众的电视节目制作都有明确的规范,从字幕到内容组织安排都较有经验,对听
障儿童认知技能发展、沟通交流等方面能力促进作用的研究。如 Margaret
S[2] 等人认为对电视字幕的立法行为使得电视节目更为广泛地传播,尤其是
有利于聋人。Denis Burnham[3] 等人认为聋人对电视内容的理解不仅仅与字
幕变换的速度有关,同时依赖于听障儿童的听力水平及已有阅读基础。目
前,面向听障儿童的优质教育视频资源建设缺乏标准和统筹规划。通过制定
资源标准机制,对资源的建设进行统一规划、形成标准,以建设具有优质资
源的、开放有效共享的面向听障儿童的优质教育视频资源平台。如制定资源
建设的标准,为各级资源的建设提供资源开放与共享的基础性技术保障机
制;制定资源质量监督的机制,通过构建资源质量的评估体系,对其质量和
应用成效进行评估、筛选,确保优质资源共建的总体质量和可持续发展性;
制定资源服务标准,充分利用大数据技术、学习分析技术,分析学习者的特
征需求,实现资源的有效推送,为学习者提供更加精准的服务。

三、协同创新机制,保障资源建设的内容有效

在协同建设方面,注重听障儿童的参与协作能力的发展。如宾夕法尼亚
西部聋哑学校的 Edward R. Schatz 学习中心认为听障儿童会在成长过程中呈
现出独特的教育需求,成长的变化会影响认知发展、体育发展、社会意识和
道德、伦理的发展。因此,在设置普通课程的同时,学生也有机会参与其他
选修课,通过了解听障儿童成长的变化特征,而有针对性地规划学生的学

① W3C. Accessibility Principles [EB/OL]. (2018-8-10). https://www.w3.org/WAI/fundame-ntals/accessibility-principles/.
② Margaret S., Jelinek Lewis, Dorothy W. Jackson. Television Literacy: Comprehension of Program Content Using Closed Captions for the Deaf [J]. *Deaf Stud. Deaf Educ*, 2001, 6 (1): 43—53.
③ Denis Burnham, Greg Leigh, William Noble. Parameters in Television Captioning for Deaf and Hard-of-Hearing Adults: Effects of Caption Rate Versus Text Reduction on Comprehension [J]. *Deaf Student and Deaf Education*, 2008, 13 (3): 391—404.

业，促进学生的学业成功和健康的自我认同。

在面向听障儿童的优质教育视频资源开发中，教育技术专家协同其他专业背景的专家完成资源的教学设计、资源的应用设计；视频技术专家协同其他专业背景的专家完成资源的编导与制作；特殊教育专家协同其他专业背景的专家完成资源的内容、教育应用设计；神经认知学科专家协同其他专业背景的专家完成对学习的特征分析，提高面向听障儿童的优质教育视频资源质量，实现医教结合。

然而，我国面向特殊群体的教育视频资源建设的组织机制和人才培养机制仍不健全。各级管理与决策部门，如各级电视台、残疾人联合会、特殊教育学校及各级教育装备部门，各级各类电视台及相关传播机构具有视频制作的专业优势。在听障类视频资源建设方面，尽管有些经济发展较好的地方有专门的字幕翻译或配备手语主持人，但大多数经济欠发达的地区存在着重视程度不够、职能不清、缺乏沟通与合作的情况。且由于公益类节目缺乏收视率，受众较少等现象存在，面向特殊群体的教育视频资源建设长期面临受重视不够、地位不高、研发队伍不强等问题，或在建设中缺乏合理的组织和维护，离实现"高质量，大规模，可推广"的目标还有一定的困难。所以，需要构建组织机制和人才培养机制，使得面向听障儿童的优质教育视频资源需要根据特殊儿童的认知特点与需要进行开发，以实现医教结合。在人才培养中要协同教育技术、视频技术、特殊教育、神经认知等跨学科的人员共同开发资源，以实现资源开发的科学性。如：利用功能性磁共振成像、事件相关电位、眼动仪等现代化的行为实验技术对特殊儿童的语言、视觉认知规律进行揭示，以此作为特殊教育资源建设的依据。

如上所述，在面向听障儿童的优质教育视频资源开发中，教育技术专家协同其他专业背景的专家完成资源的教学设计、资源的应用设计，视频技术专家协同其他专业背景的专家完成资源的编导与制作，特殊教育专家协同其他专业背景的专家完成资源的内容、教育应用设计，神经认知学科专家协同其他专业背景的专家完成对学习的特征分析，提高面向听障儿童的优质教育视频资源质量，实现医教结合。

四、内容生产机制，保障资源建设的内容质量

1. 在内容生产方面，要注重听障儿童认知理解能力发展需求

如有些学者认为适合正常儿童的电视节目也可以适合听障儿童观看，认

为适合正常儿童看的教育电视 Sesame Street，① Between the Lions，② 和 Blue's Clues，③ 同样也可以促进听障儿童的语言、文学、认知技能发展，教育视频对听障儿童来说是一个很有利的学习工具。

2. 侧重视频资源传达的内容与听障儿童信息接收的相互关系

例如考虑观众个体的特征及学习能力，研究如何使电视媒体适应听障儿童的认知加工过程，而不只是研究视频内容本身。例如，面向听障儿童的优质教育视频资源的内容生产要满足直观教学和补偿教学的需要。听障儿童的沟通与教学方法主要有口语法、手语法综合沟通法。④ 这样在不增加听障儿童认知负荷的前提下，使设置的内容更加满足听障儿童生理、心理、情感、认知等诸多方面的补偿。

3. 充分考虑听障儿童所具备的媒介素养能力

在资源内容建设中渗透听障儿童的媒介素养教育。伴随听障儿童接触手机、电视、电脑的机会增多，加之听障儿童模仿记忆能力较强，听障儿童很容易受到低质视频的影响。而与此同时，在面对特殊儿童时，尤其是听障儿童，媒介素养教育显得更为乏力与疲软。加之，听障儿童由于接触真实社会的机会有限，其分析、评价、判断的经验难以积累，⑤ 容易误入歧途。因此，需要有专门机构对面向听障儿童的视频内容严格把关和设计，这样有利于提升听障儿童媒介素养，拓宽其正确的媒介视野。

由此可见，在听障儿童视频资源内容生产方面要从听障儿童的实际出发，充分运用手语、直观教学方法及现代化的手段，调动他们的视觉、触觉等多种感官，努力弥补学生听力方面的缺陷，稳步提升听障儿童媒介素养。这也是面向听障儿童的优质教育资源建设机制中的重要环节。

---

① Rice M. L., Huston A. C., Truglio R., et al. Words from "Sesame Street"：Learning vocabulary while viewing [J]. *Developmental psychology*，1990，26（3）：421.

② Rath，L. K.，Get wild about reading：Using Between the Lions to support early literacy [J]. *Young Children*，2002（57）：8—87.

③ Crawley，A. M.，Anderson，D. R.，Wilder，A. et al. Effects of repeated exposures to a single episode of the television program Blue's Clues on the viewing behaviors and comprehension of preschool children [J]. *Journal of Educational Psychology*，1999（91）：630—637.

④ 申仁洪. 美国聋人文化与聋人教育的发展 [J]. 比较教育研究，2014（3）：55—61.

⑤ 王海峰，曹宇星. 当代媒介素养教育的五个关键问题 [J]. 青年记者，2018（18）：100—101.

五、支持服务机制，保障资源建设的内容应用

在支持服务方面，要注重视觉资源的平台建设。国外面向听障群体的视频资源的平台建设较完善，如视觉语言与视觉学习科学中心的建立为听障和言语障碍学生学习提供了很好的以视觉为基础的学习平台。视觉语言与视觉学习中心，其依托单位为哥劳德特大学，研究的宗旨就是从不同学科的角度，共同探索聋或听障学生是如何获得和使用语言，并发展其读写能力的。在面向听障儿童的优质教育视频资源建设上，需要借鉴融合教育的思想，创建一种聋健协同的学习资源和学习环境，为听障儿童提供融合教育的支持服务，促进听障儿童全面和谐的发展。且在面向听障儿童的优质教育视频资源的设计与制作中，需要充分考虑支持服务机制。此外，作为听障儿童的密切接触者，聋校教师应该掌握如何录制手语视频，这样可以根据学生的理解程度和反馈信息，评估差距，然后适当地调整视频讲解速度。再者，如果老师掌握一定的视频剪辑技术，并且能在技术的支持下，给予学生充足的时间来练习，就可以采用小组分享的方式，允许全员参与视频录制，使学生获得陪伴感和信心。总之，服务机制可以扩展为聋校教师的视频资源建设能力的培训，使得更多教师掌握剪辑技术，可以更加自如地对已有视频资源进行二次改造，使之更符合听障儿童的学习情况。

1. 视觉资源平台建设的重要性

建设以视觉资源为核心的平台对于听障儿童至关重要，因为视觉通道是他们最主要的信息接收方式。这样的平台不仅需要提供丰富的视觉学习材料，还应该具备易于导航的用户界面，确保听障儿童能够轻松找到所需资源。此外，平台的建设还应考虑包括家长和教师在内的多用户需求，提供相应的指导和支持工具，以提升听障儿童的学习效果。例如，平台可以提供在线教程、家长指导手册和教师资源包，以帮助他们更好地支持听障儿童的学习。

2. 跨学科探索聋或听障学生的语言发展

跨学科的研究方法为理解听障儿童的语言和读写能力发展提供了多角度的视野。通过语言学、心理学和教育学等学科的交叉合作，研究者可以更深入地探索听障儿童的认知过程和语言习得机制。这种综合性的研究不仅有助于揭示听障儿童学习语言的特殊需求，还能够为开发有效的教育干预措施提供科学依据。例如，通过分析听障儿童的视觉语言处理能力，可以设计出更符合他们学习特点的语言教学方法。

3. 融合教育理念的融入

融合教育理念强调为所有学生，包括听障儿童，提供平等的教育机会。在视频资源建设中融入这一理念，意味着要创造一个既满足听障儿童特殊需求，又能让他们与健听同伴共同学习的包容性环境。这可以通过开发包含手语和字幕的视频材料来实现，确保听障儿童能够获得与健听儿童相同的学习体验。此外，融合教育还鼓励在视频内容中展现多样性和包容性，如通过展示不同背景和能力的听障儿童的成功故事，来激励和鼓舞更多听障儿童。

4. 支持服务机制的设计与制作

在设计和制作面向听障儿童的教育视频资源时，支持服务机制的考虑至关重要。这不仅涉及视频内容的可访问性，还包括提供必要的学习支持工具，如字幕、手语翻译和视觉辅助。此外，支持服务还应涵盖对听障儿童学习进度的跟踪和评估，以及根据评估结果提供个性化的学习建议。例如，可以开发一个在线学习管理系统，让教师和家长能够监控听障儿童的学习进度，并根据需要调整教学计划。

5. 聋校教师的视频资源建设能力

聋校教师在听障儿童教育视频资源建设中扮演着关键角色。他们不仅需要掌握录制手语视频的技能，还应该具备评估和改进视频内容的能力。这可以通过定期的专业培训和发展研讨会来实现，以确保教师们能够了解和掌握最新的教育技术和教学方法。此外，教师们还应该有机会与其他教育工作者交流经验，分享最佳实践，并从其他领域的专家那里获得灵感。

6. 视频剪辑技术在教学中的应用

视频剪辑技术为教师提供了强大的工具，以创造更加动态和吸引人的教学视频。通过剪辑，教师可以调整视频的节奏，添加视觉效果和动画，以及整合来自不同来源的视觉材料，从而提高视频的教育效果。此外，视频剪辑技术还可以帮助教师根据听障儿童的学习进度和理解能力，定制个性化的视频内容。例如，教师可以创建一系列逐步增加难度的视频教程，以适应不同学习阶段的听障儿童。

7. 情感培养与小组分享的方式

情感培养是听障儿童教育的重要组成部分。通过小组分享的方式，听障儿童可以在一个安全和支持性的环境中表达自己的感受和想法。这种互动不仅有助于建立他们的自信心，提高社交技能，还能够促进他们的情感发展。为了进一步增强这种小组分享体验，可以采用角色扮演、情景模拟和团队合作等活动，让听障儿童在实践中学习和成长。

8. 服务机制与教师培训

服务机制应包括为聋校教师提供全面的视频资源建设能力培训。这不仅包括视频录制和剪辑技术，还应涵盖视频内容的创意开发、学习理论的应用以及多媒体教学策略。通过这种培训，教师们将能够更有效地利用视频资源来支持听障儿童的学习，同时也能够为学校和社区提供专业的技术支持和咨询服务。

六、激励反馈机制，保障资源建设的持续发展

要实现这一听障儿童教育视频公益事业的持续发展，需要国家及相关教育行政部门优化视频资源建设的各项投入的方法和投入偏向，按科学比例投入到视频平台建设、视频资源内容、聋校教师培训、视频应用推广上，以提高听障儿童学习效益、社会融入度为核心完善投入水平，并设计好经费和相关技术服务支持的良性运转机制，强化国家公益事业服务的政策性保障，探索企业、传媒业、社会等多方筹措资金的新渠道，也可以鼓励众筹模式进行听障儿童视频资源的整合、共享与开发。同时，结合某些团队自身特色，形成好做法，对优势进行宣传，提升示范辐射作用。在面向听障儿童的优质教育视频资源建设上，通过建立全国性和区域性的共同体，设定共同愿景，协同各方，建立激励表彰制度，鼓励多方主体积极参与到教育资源的共建中。此外，定期举行视频资源开发研讨会、听障类教育视频资源应用示范交流会、资源应用情况反馈会等，提高面向听障儿童的优质教育视频资源建设人员的积极性和制作能力。

1. 优化投入方法和偏向

优化投入方法和偏向要求教育决策者深入分析听障儿童教育视频资源的实际需求和发展趋势。这不仅涉及资金的分配，还包括技术、人才和时间等多方面的投入。例如，可以设立专项基金，专门用于支持视频内容的创新和教学方法的改进。同时，还需要建立评估和监管机制，确保投入的资源能够被有效利用，并达到预期的教育效果。

2. 提高学习效益和社会融入度

提高听障儿童的学习效益和社会融入度是资源建设的终极目标。为此，可以开发与国家课程标准相一致的视频资源，确保听障儿童能够接受与普通儿童同等质量的教育。此外，还可以通过视频资源教授听障儿童必要的社会

技能，如沟通、合作和解决问题等，帮助他们更好地融入社会。

3. 设计良性运转机制

良性运转机制的设计需要考虑到资源建设的长期性和可持续性。这包括建立开放的反馈系统，收集来自教师、家长和听障儿童的意见和建议，以便不断改进视频资源。同时，还需要建立合作机制，鼓励教育机构、企业、非政府组织等多方参与资源建设，形成合力。

4. 强化政策性保障

政策性保障的强化需要从国家层面制定和实施相关政策，为听障儿童教育视频资源建设提供稳定的支持。这可能包括制定特殊教育法、提供财政补贴、建立特殊教育基金等。此外，还需要加强对政策执行情况的监督，确保政策能够真正落到实处。

5. 探索资金筹措新渠道

探索资金筹措新渠道需要创新思维和多元化策略。除了与企业合作和利用媒体宣传外，还可以考虑与国际组织合作，争取外援资金。同时，还可以通过举办公益活动、开展慈善捐赠等方式，动员社会各界参与到资金筹措中来。

5. 鼓励众筹模式

众筹模式的鼓励需要通过各种渠道进行宣传和推广，让更多人了解听障儿童教育视频资源的重要性和紧迫性。可以利用社交媒体、网络平台等工具，发起众筹项目，吸引公众的关注和支持。此外，还可以通过成功案例的分享，激发更多人的参与热情。

6. 形成好做法和提升示范作用

形成好做法和提升示范作用需要通过多种方式进行宣传和推广。可以通过举办优秀案例展示、编写成功故事集、开展经验交流会等方式，让更多的人了解和学习好的做法。同时，还可以通过媒体宣传、网络推广等方式，扩大好做法的影响力和覆盖范围。

7. 建立全国性和区域性共同体

建立全国性和区域性共同体需要通过有效的组织和协调机制，将各方力量汇聚起来。可以设立共同体秘书处，负责协调各方资源、组织活动和推动合作。此外，还可以通过建立共同体网站、论坛等平台，加强成员之间的交流和互动。

8. 定期举行相关会议和活动

定期举行的会议和活动需要有明确的目标和计划，确保每次活动都能达到预期的效果。可以设立会议筹备小组，负责会议的主题策划、议程设置和组织协调。同时，还可以通过线上线下相结合的方式，扩大会议的参与范围和影响力。

第三节　制定面向听障儿童优质教育视频资源建设评价指标体系

我国面向听障儿童教育视频资源无论是在数量上、质量上都略显不足。面向听障儿童的视频资源有的是手语歌曲形式，有些是教师录制的手语故事，质量参差不齐，缺乏理论与科学性指导。选择主题偏成人化，反映听障儿童生活的题材和话题少之又少，而听障儿童业余生活更多的伙伴是电视，资源上的缺失限制了听障儿童享受媒体的权利，更谈不上参与度和选择权了。对听障儿童教育视频资源这一特殊视频资源所必备的质量要求的评价的研究尚不多见。基于面向听障儿童的视频资源的评价研究未能形成体系。

因此，本研究主要是指以学龄听障儿童为研究对象，充分发挥电视可视化强、形象生动的优势，发挥听障儿童视觉优势，注重潜能开发和缺陷补偿，为此结合视频资源编导与制作理论、缺陷补偿及潜能开发理论、教学设计理论、情境学习理论，开发面向听障儿童的视频资源的评价指标体系，其中一级指标包括教育性、科学性、情境性、听障补偿性、艺术性、技术性等。提出了面向听障儿童的教育视频资源要符合教育性、科学性的原则，符合影视艺术的表现规律，做到"严格的科学性、艺术性要为科学性、教育性服务"，在保障所传授的知识准确无误、真实可靠，在遵守科学性的基础上，寻求符合听障儿童的身心发展规律的视频资源开发途径。

面向听障儿童的视频资源的测定是有其特殊性的，建立科学量化的听障类教育视频资源质量评价体系是实施视频资源质量评价的前提。该评价指标体系是指在策划制作或使用视频时可以根据一定的目标和标准对其进行审定、评价或教学试用、效果的研究，从而对视频资源的价值做出判断或进行评质定级的一种手段。[1] 对视频资源进行有效的评价，可以提高视频资源质

---

[1]　李运林，徐福荫. 电视教材编导与制作 [M] 北京 高等教育出版社，2004：12-19.

量和使用效果。

一、设计思路

参考评价指标体系设计的一般方法，本研究采用调查归纳和系统分析方法来设计面向听障儿童教育的视频资源的评价指标体系，具体实施思路如下：

1. 收集相关评价体系并对其进行资料分析

在构建面向听障儿童的视频资源评价指标体系之前，首要任务是收集现有的相关评价体系。这包括国内外特殊教育领域的评价标准、视频资源评估模型以及无障碍媒体评价工具等。通过文献回顾、数据库检索和专业组织咨询，广泛搜集这些评价体系的资料。随后，对收集到的资料进行深入分析，识别各评价体系的特点、优势和局限性，以及它们在不同教育环境和应用场景中的适用性。这一过程不仅涉及对评价体系结构和内容的分析，还包括对评价方法、工具和过程的考察，确保所选评价体系能够满足听障儿童视频资源的特定需求。

2. 运用因素分析，初步确立评价指标项

因素分析是一种统计技术，用于识别和确定评价指标项。在确立评价指标项时，首先需要基于收集到的资料和评价体系，列出可能的评价指标。然后，运用因素分析方法，如主成分分析或因子分析，对这些指标进行筛选和归纳，以减少指标数量并提取关键因素。通过因素分析，可以识别出对听障儿童视频资源质量影响最大的关键指标，如内容的可访问性、教学有效性、技术质量、用户满意度等。这些指标将作为评价指标体系的基础，为后续的权重分配和评价模型构建提供依据。

3. 通过专家意见调查确定各指标项权重的分配

在初步确立评价指标项后，需要确定各指标项的权重分配。这一步骤对于构建科学、合理的评价指标体系至关重要。通过专家意见调查，可以收集来自特殊教育专家、视频制作专家、听障教育工作者以及听障儿童家长等多方的意见和反馈。通过问卷调查、访谈或研讨会等形式，征询专家对各指标项重要性的看法，并根据专家意见对指标项进行权重分配。权重分配应考虑指标项在听障儿童教育视频资源中的作用和影响力，确保评价指标体系能够全面、客观地反映视频资源的质量。

4. 面向听障儿童的视频资源评价指标体系的确立

确立面向听障儿童的视频资源评价指标体系是整个评价工作的核心。在完成上述步骤后，将形成一个综合考虑了多方面因素和专家意见的评价指标体系。该体系应包括一系列评价指标，如画面质量、学习需求、提示引导、问题反馈等，每个指标都配有相应的权重，以反映其在评价过程中的重要性。此外，评价指标体系还应包括评价方法和工具，如评价量表、观察指南和数据分析方法等，以确保评价工作的标准化和可操作性。确立的评价指标体系将为听障儿童视频资源的开发、改进和评估提供科学依据和指导，促进视频资源质量的提升和教育效果的优化。如图 5 - 2 所示。

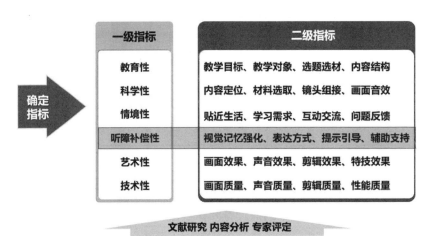

图 5 - 2   听障儿童教育视频资源评价指标体系维度确定

二、指标设置

面向听障儿童的视频资源，与其他视频资源有所不同，应当具有明确的针对性和特殊性。[①] 本研究以视频资源编导与制作理论、缺陷补偿及潜能开发理论、教学设计理论、情境学习理论为指导，设计评价指标体系，其一级指标项有：教育性、科学性、情境性、听障补偿性、艺术性、技术性等六项。在评价标准和一级指标的基础上，采用内容分析方法来确定二级指标，共 24 项。

---

① 曹宇星，吴鹏泽. 面向听障儿童的电视教材评价指标体系研究 [J]. 现代特殊教育，2017 (8)：74－80.

三、指标加权

为确定各个指标的重要性与权数，采用经验加权的方法。向聋教专家和聋校教师、教育电视方向专家及研究生发出"面向听障儿童的视频资源开发评价指标体系各因素加权意见征询表"，征求对指标权数的意见和看法。发出 31 份，回收 30 份，有效问卷 30 份，回收率 96.77%，有效率 100%。通过计算得出各项指标的权重，形成面向听障儿童的视频资源评价指标体系，如表 5-1 所示。

表 5-1　面向听障儿童的优质视频资源建设评价指标体系

一级指标（权重）	二级指标（权重）	评价标准	评价等级			
			优	良	中	差
教育性 25	教学目标 8	教学目标明确，具有丰富的视觉形象，符合聋校新课标要求、听障儿童康复原则，能够帮助听障儿童掌握基本的学科知识及技能				
	教学对象 8	教学对象定位准确清晰，符合听障儿童生理及认知特点，整个视频资源的设计与制作符合听障儿童的学习风格、年龄特征、心理认知规律及学习需求				
	选题选材 5	选题内容紧扣教学目标，主题鲜明，选材具有一定的代表性和典型性，体现聋人人文化特征，能够发挥电视手段的优越性				
	内容结构 4	结构符合听障儿童教学原则和规律，具有一定的节奏性，有较强的系统性和逻辑性，有分明的段落层次，重点突出，针对性强				
科学性 22	内容定位 8	教材内容要符合学科特点，体现学科价值理念，具有真实性、准确性特点，视频内容符合聋生教学规律，科学原理准确无误				
	材料选取 7	材料（如操作、示范等）选取具有典型性、代表性，动画、模拟实验符合科学原理				
	镜头组接 4	符合科学逻辑和生活逻辑，节奏合理，符合听障儿童视觉和审美规律。正确反映表演者规范、正确的操作流程，不违反科学常识				
	画面音效 3	画面符合主题表现内容的情境；画面色彩保持科学真实性。音响效果处理恰当，减少与视频内容无关的音乐和效果音，避免有噪音干扰听障儿童残余听力的作用发挥				

一级指标 （权重）	二级指标 （权重）	评价标准	评价等级			
			优	良	中	差
情境性 19	贴近生活 6	视频内容的选取紧扣聋校新课程标准，提供生动具体的场景，能引起学生兴趣；贴近听障儿童实际的日常生活、学习生活，符合聋人文化特征，有助于学习迁移				
	学习需求 6	内容要符合听障儿童对教学知识技能掌握的需求，对内容进行多角度的分析，多次强化教学内容，符合听障儿童的学习特点，深入体验聋人文化				
	互动交流 4	营造沟通交流的轻松氛围，注重易于沟通交流的问题设置，鼓励听障儿童产生与同伴交流、师生互动的意识				
	问题反馈 3	理解针对听障儿童认知提供个性化教学支持，对重点、难点及时补充辅助视频材料				
听障补偿性 19	视觉记忆强化 4	将难懂不易理解的内容有规律地进行重复，或以不同方式重复呈现，增强视觉记忆力				
	表达方式 6	综合运用动画、结构图、角色扮演等多种表达方式，表达方式生动活泼，易于理解掌握，视觉冲击力强，避免引起听障学习者的无意注意				
	提示引导 5	以手语、字幕、体态语、指示图等多种方式提示引导学生，发挥多种感官作用，来弥补听觉上的缺陷，恰当使用声音提示符，尽量保持手语内容和画面同步				
	辅助支持 4	视频尽量提供与听障儿童所用教材、实物及多媒体素材等资源相关的内容，则易于理解和掌握。主持人手势流畅，速度适中				
艺术性 9	画面效果 3	画面构图美观，布局合理，用光适当，层次分明，色彩鲜明，具有较强的清晰度，以特写、近景镜头为主。主持人着装得体，保证手语清晰				
	声音效果 2	使用标准普通话，声音清晰悦耳，节奏宜慢，减少无关音效				
	剪辑效果 2	镜头组接流畅，符合剪辑原则和逻辑规律，节奏合理				
	特技效果 2	美工、特技、字幕等运用恰当，合理地运用特技手法分割画面、转换场景，流畅自然				

续表

一级指标 （权重）	二级指标 （权重）	评价标准	评价等级			
			优	良	中	差
技术性 6	画面质量 2	画面清晰稳定，用光合理，有较高清晰度、亮度、色度和饱和度适中，色彩还原好，符合实际				
	声音质量 1	解说词简洁且音响清晰响亮，无显著嘈杂交流声、杂波和杂乱背景音乐				
	剪辑质量 2	镜头组接合理、无视觉跳动现象，解说效果声与画面同步，字幕准确且清晰工整；转场合理流畅；特技运用恰当，剪辑点无明显图像跳动现象				
	性能质量 1	同步性能稳定，无扭曲、晃动、抖动和失真现象				
备注	优秀：90～100 分；良好：80～89 分；中等：60～79 分；较差＜60 分					

综上研究，未来在建设面向听障儿童的教育视频资源时可以参考此评估体系，也有利于视频质量监控人员在分析听障儿童认知特点的同时，从满足功能补偿的角度，从教育性、科学性、情境性、听障补偿性、艺术性、技术性等六个维度检测听障儿童视频资源是否优质。

教育性是评估听障儿童视频资源的首要维度。评估时应关注视频内容是否符合听障儿童的学习需求，是否包含有助于他们认知和语言发展的教学元素。此外，还需确保视频内容与国家教育标准相一致，能够促进听障儿童的全面发展。科学性维度要求视频内容基于准确的事实和理论。评估时应验证视频所传达的信息是否经过科学验证，是否有助于听障儿童建立正确的知识体系和思维方式。情境性维度强调视频内容应与听障儿童的日常生活和经验相联系。评估时应考虑视频是否提供了贴近听障儿童生活实际的情境，是否能够激发他们的学习兴趣，提升参与度。听障补偿性维度是专为听障儿童设计的视频资源所特有的评估方面。评估时应检查视频是否采用了有效的补偿策略，如清晰的手语、字幕和视觉辅助，以满足听障儿童的特殊需求。艺术性维度关注视频的美学价值和表现力。评估时应考虑视频的视觉设计、色彩运用、动画效果等是否具有艺术性，是否能够提供愉悦的观看体验。技术性维度涉及视频制作的技术质量。评估时应检查视频的图像清晰度、声音质量、剪辑技巧等技术要素是否达到高标准，是否能够有效地传递教育内容。

综合这些维度的评估结果，可以全面判断听障儿童视频资源的质量。这一综合评估不仅有助于视频制作人员在制作过程中不断优化视频内容，也为教育工作者和家长提供了选择和使用高质量视频资源的依据。通过定期应用这一评估体系，可以推动听障儿童教育视频资源的持续改进。评估结果可以反馈给视频制作团队，指导他们根据听障儿童的需求和反馈进行内容和形式上的调整。

第六章 面向听障儿童的优质视频资源建设策略研究

依据国内外面向听障儿童视频资源的设计开发策略等方面的研究和视频资源编导与制作理论,结合听障儿童认知特点及国内外听障儿童视频资源开发经验对面向听障儿童教育视频资源的开发策略进行梳理,可以得到用于面向听障儿童的视频资源的开发和应用的启示如下:(1)听障儿童为本位,目标导向,确定主题;(2)创设情境,贴近生活,激发听障儿童的学习动机;(3)依据缺陷补偿原则,巧妙运用视听思维,引导探究;(4)融入亲切的手语表达,营造环境鼓励听障儿童参与;(5)善用视音频包装,画面美观,注重可视性。

第一节 听障儿童为本位,目标导向,确定主题

要以听障儿童为中心选择主题,听力障碍儿童的认知从其感知觉、注意、记忆、想象力和思维方面来说都有其特殊性。如在聋校语文教学中"字不离词,随词识字"的教学特点也为视频资源设计制作提供依据。例如,学习"开"这个字,不能单讲"开"的一般意义,否则就会先入为主。一旦见到"开"字就理解成"把隐蔽的东西露出来"。有了这个强烈的第一印象,以后接触到"开心""开动脑筋",听障儿童就会产生误解,理解成是劈开的意思。因此在设计视频内容时,注意所选素材要围绕主题,适可而止,不要轻易扩展到课文之外,否则不利于听障儿童消化理解。

一、听障儿童为中心的设计原则

教育视频资源的设计必须遵循以听障儿童为中心的原则。这意味着设计

者需要深入了解听障儿童的学习风格、沟通方式和认知能力。例如，视频应使用清晰的手语和视觉辅助，以便听障儿童能够轻松跟随和理解教学内容。此外，设计者还应考虑视频的节奏和速度，确保听障儿童有足够的时间处理和吸收信息。

二、认知特点的适应性教学

听障儿童的认知特点要求教学内容和方法具有高度的适应性。视频资源应充分利用听障儿童的视觉优势，采用图像、图表、颜色编码等视觉工具来增强信息的传递。同时，教学活动应鼓励听障儿童运用想象力和创造性思维，通过角色扮演、故事创作等互动形式，提高他们的参与度和学习兴趣。

三、目标导向的内容开发

目标导向的内容选择确保视频资源的开发具有明确的目的性和针对性。每个视频都应针对特定的学习目标，如词汇学习、概念理解或技能掌握。通过明确的目标设定，可以帮助听障儿童更有针对性地学习，提高学习效率。

四、避免概念误解的教学策略

为了避免听障儿童形成先入为主的概念，教学视频应采用多样化的语境和例句来展示词汇和概念的多种用法。此外，视频还应鼓励听障儿童提问和讨论，以确保他们能够全面理解所学内容。

五、融入聋校教学经验

聋校的教学经验为听障儿童教育视频资源的设计提供了宝贵的参考。视频资源应借鉴聋校的教学方法，如通过手语和视觉辅助进行教学，以及通过实践活动来加强听障儿童的理解和记忆。

六、主题相关性与内容连贯性

视频内容的选材应紧密围绕主题，保持内容的连贯性和一致性。这有助于听障儿童更好地跟踪教学进度，减少因内容跳跃或不相关信息造成的理解障碍。

七、信息量的适宜性调整

在设计视频时，应注意信息量的适宜性，避免信息过载。视频应根据听障儿童的认知水平和学习速度，逐步介绍新概念和技能，确保他们能够逐步掌握学习内容。

第二节　创设情境，贴近生活，激发听障儿童的学习动机

保加利亚心理学家洛扎诺夫认为，学生的学习不仅要重视有意识的心理活动，而且要调动学生无意识心理活动的潜能，使学生在思想高度集中又精神放松、轻松愉快的情况下进行学习，取得好的学习效果。情境教学法是将学习内容放置于具体的情境之中，使学习更加生动和有意义。听障儿童在无声环境中很难得到音调、节奏、韵律等多种声音的熏陶，很难通过心理领会声音中蕴含的情感和含义。且目前聋校的教学内容大多是抽象的，脱离具体情境的，听障儿童常常无法理解所学内容。对于听障儿童而言，情境教学法可以帮助他们更好地理解抽象概念，将新知识与已有的生活经验相联系。例如，通过模拟购物场景教授数学概念，或者通过角色扮演活动教授社交技能。要激发听障儿童的学习动机，首先要依托聋校教学内容，创设情境，营造轻松的学习氛围。创设一系列的符合听障儿童视角的生活情境、问题情境，将听障儿童的注意力吸引到讲述的内容上来，充分利用听障儿童的好奇心，可依据听障儿童阅读的绘本进行选题。绘本提供了丰富的视觉和情感资源，是创设情境的有效工具。通过绘本中的图画和故事，听障儿童可以更容易地理解故事情节和角色情感，从而激发他们的想象力和创造力。教育者可以依据绘本内容设计教学活动，使听障儿童在参与和体验中学习。

一线教师可以结合适合听障儿童或引领健听儿童相互了解的绘本书籍进行相关视频的资源制作，将教学内容与听障儿童的日常生活紧密联系起来，使学习更加贴近他们的真实体验。例如，教授家庭生活中的实用技能，如烹饪、清洁等，可以帮助听障儿童将所学知识应用于实际生活中，提高他们的生活质量和自理能力。这些绘本内容丰富，贴近听障儿童的生活，且制作微视频或者以数字故事为主的视频简单易行。可以让听障儿童积极参与其中，用视频的形式理解彼此。此外，多媒体技术为听障儿童提供了多样化的学习

资源。通过使用视频、动画、图形和文字等多种媒介形式，可以创造一个丰富多维的学习环境，满足听障儿童不同的学习需求和偏好。通过应用洛扎诺夫的理论，教育者可以设计出更加符合听障儿童需求的教学方法，激发他们的学习动机，提高学习效果。随着教育技术的发展和对特殊教育需求的深入理解，未来的听障儿童教育将更加注重个性化、情感化和互动化，为听障儿童提供更加丰富、有效和愉悦的学习体验。具体体现在以下几点：

一、情境教学的重要性

情境教学法的核心在于将学习置于一个有意义的背景之中，这对于听障儿童尤其重要。由于他们无法通过听力获取信息，情境教学能够利用视觉和动作等多种感官通道，提供丰富的学习线索。例如，通过模拟真实的商店购物情境，听障儿童不仅能够学习货币使用和商品选择，还能够观察交流的非语言形式，如肢体语言和面部表情。这种教学法能够促进听障儿童的多感官学习，增强他们的社会认知和交往技能。

二、利用绘本创设情境

绘本作为一种丰富的教育资源，为听障儿童提供了一个充满想象力和视觉美感的学习平台。绘本中的图画和文字能够以简洁直观的方式传达故事和概念，使得抽象的知识变得具体易懂。通过绘本，听障儿童能够跨越语言障碍，直接通过视觉图像理解故事情境，进而激发他们的想象力和创造力。此外，绘本中的重复性语言模式和情节结构，有助于听障儿童建立语言学习的基础，促进语言能力的发展。

三、生活情境的融入

将听障儿童的日常生活情境融入教学视频，可以使学习内容更加贴近他们的真实体验，从而提高学习的吸引力和实用性。例如，通过设计家庭晚餐准备、学校活动参与等生活场景，听障儿童能够在模拟的情境中学习社交礼仪、情感表达和团队合作。这种情境的融入不仅帮助听障儿童理解社会规则和文化习俗，还能够增强他们适应社会生活的能力。

四、问题情境的创设

问题情境的创设是激发听障儿童学习动机的有效手段。通过设计具有挑战性的问题或情境，听障儿童能够在解决问题的过程中，锻炼自己的批判性思维和解决问题的能力。例如，通过设置一个丢失物品的情境，听障儿童需要观察线索、提出假设并进行逻辑推理，以找到解决方案。这种互动式学习能够提高听障儿童的参与度，培养他们的自主学习能力。

五、一线教师的参与和创新

一线教师在听障儿童教育视频资源的创设和制作中扮演着至关重要的角色。他们不仅能够根据教学经验和对听障儿童需求的深刻理解，选择合适的教学内容和方法，还能够创新教学策略，提高教学效果。例如，教师可以根据听障儿童的兴趣和特点，设计个性化的学习路径，或者开发互动式学习工具，以满足不同学习风格的需要。教师的创新思维和专业技能对于提升听障儿童教育视频资源的质量和效果至关重要。

六、微视频和数字故事的制作

微视频和数字故事作为一种新兴的教学媒介，为听障儿童提供了一种全新的学习体验。这些视频通常时长较短，内容精炼，能够快速吸引听障儿童的注意力，并提供集中的信息传递。通过动画、图表和实景拍摄等多种形式，微视频和数字故事能够以生动有趣的方式呈现复杂的概念和过程。此外，这些视频还可以结合手语、字幕和视觉辅助等无障碍设计，确保听障儿童能够无障碍地获取信息。

七、听障儿童的积极参与

鼓励听障儿童积极参与视频的制作和学习过程，是提高他们学习动机和自信心的关键。通过参与视频的策划、拍摄和编辑等环节，听障儿童不仅能够学习到新的知识和技能，还能够体验到合作和创造的乐趣。例如，听障儿童可以参与剧本创作、角色扮演和反馈讨论等活动，这些活动不仅能够提高他们的语言表达和社会交往能力，还能够增强他们的自我认同和自我价值感。

表 6-1　听障儿童绘本内容分析

书名	出版信息	简介
《我可以克服听力障碍》	珍妮弗、莫尔-玛丽诺斯著，化学工业出版社，2014 年	讲述了听障小朋友如何用手语与外界沟通、交朋友，走进大家的世界。

书名	出版信息	简介
《我的妹妹听不见》	彼得森（J. W. Peterson）著，远流出版社，1998 年	讲述"我"有一位非常特别的妹妹，就像一般的小女孩，她也喜欢跑、翻滚和攀爬。虽然妹妹听不到曲调，也不会唱歌，但是她会弹钢琴。虽然妹妹从来不知道电话在响，或是否有人敲门；但是猫咪坐在她怀里喵喵叫时，她会知道。
《听不见的小翔》	大布吉著，首部听障人士绘本（有声版）	讲述了四则听障人士的故事，从生活挫折、情感启蒙，到追求独立。有时快乐、激动，偶尔悲伤、气愤。
《听不见的声音》	皮埃尔·科朗、梅拉妮·弗洛里安著，河北教育出版社，2019 年	讲述了听障小朋友茉莉怎样与原本听力正常的小朋友多利安成为好朋友的乐趣故事。
《听不见的音乐会》	以撒·米尔曼著，大颖文化出版社，2008 年	听障儿童摩西透过双手双地板的声波来感受音乐的力道和韵律，让我们知道听障孩子的世界一样可以很丰富，只是方式不同。

第三节　依据缺陷补偿原则，巧妙运用视听思维，引导探究

依据听障儿童认知心理特点选择视听补偿方式，在视频内容设计中注重对听障儿童针对性的补偿训练，如通过情境再现和重复增加语文实践机会，或根据听障儿童该阶段认知特征降低问题难度等。人类的一般信息处理分为信息发送、编码、转移信息、接收信息、信息解码、反馈和回应七个阶段，如表 6-2 所示。信息处理环节上正常人可以很明确自己想要传达的信息内容，快速确定自己的传达信息方式对信息进行编码，健听接收者也很快接收到正确信息进行解码和反映，或在信息上有所反馈。聋人则在整个信息处理阶段都有或多或少的障碍，导致信息在任意一个阶段都有可能被歪曲或误解。

依据听障儿童的认知心理特点，教育视频内容的设计应采用缺陷补偿原则，通过视听补偿方式来强化他们的学习体验。例如，通过使用手语、图像、文字和颜色等视觉工具，帮助听障儿童更好地理解和记忆教学内容。教育视频应注重对听障儿童进行针对性的视听补偿训练。这可能包括通过情境

再现来增加他们的语言实践机会，或根据听障儿童的认知发展阶段，调整教学内容的难度，以确保他们能够跟上学习进度。人类的信息处理可以分为信息发送、编码、转移信息、接收信息、解码、反馈和回应七个阶段。在教育视频中，应考虑这些阶段，确保信息的有效传递和接收。对于听障儿童而言，每个阶段都可能面临挑战，需要特别设计以减少信息传递过程中的障碍。

如表 6-2 所示，在信息编码阶段，教育视频应采用清晰、一致的编码方式，使听障儿童能够快速准确地理解信息。例如，使用统一的手语或符号系统，以及在视频中提供清晰的文本说明和视觉提示。在信息接收与解码阶段，为了帮助听障儿童有效接收和解码信息，教育视频应提供辅助工具，如字幕、视觉辅助和重复展示关键信息。这些辅助工具可以帮助听障儿童更好地理解教学内容，并提高他们的学习效率。在反馈与回应阶段，鼓励听障儿童在学习过程中提供反馈和回应，可以帮助教育者了解他们的学习情况，并及时调整教学方法。教育视频可以设计互动环节，如提问、讨论和实践活动，以促进听障儿童的参与和反馈。总之，教育视频的设计应致力于克服听障儿童在信息传递过程中可能遇到的障碍。这可能包括简化语言，使用多种感官提示，提供详细的视觉说明，以及确保信息的清晰度和可访问性。

表 6-2　聋人信息处理环节中障碍特点

信息处理环节	主要内容	角色活动	聋人信息处理障碍特征
第一阶段	信息	发送人确定想传达的内容	聋人无法确定如何传达思想和情感
第二阶段	编码	发送人选择发送信息方法（口语、书面、非语言或视觉方式）	聋人无法选择正确方法，无法通过语言表达自己感情；信息编码有障碍。
第三阶段	转移信息	信息被有效发出	聋人讲话困难，口吃，存在发音障碍。
第四阶段	接收信息	接收人有效接收信息	聋人因看不到手势或无法完全听到声音导致内容接收障碍。
第五阶段	信息解码	信息被有效理解	聋人因词汇量、语境感知、语气信息等缺失，无法有效处理信息而出现误解。
第六阶段	反馈	接收人做出有效反应	聋人不能做出正确反应，反馈不及时。
第七阶段	回应	自行发送信息，使整个循环继续	聋人对信息无反应或需充分时间回应。

此外，"补偿"是指机体失去某种器官或某种机能受到损害时的一种

适应，① 是一种与正常发展过程不全相同的有特殊性的发展过程，在这种有特殊性的适应和发展过程中，被损害的机能可以被不同程度地恢复、弥补、改善或替代。教育学上的缺陷补偿是指在教育教学活动中，依据障碍儿童身心特点，综合使用一切有利因素，通过多种途径替代、促进、改善或恢复因障碍而造成的功能性损伤，从而促进障碍儿童充分发展的活动过程。②

通过直观教学和补偿教学相结合，运用双语对听障儿童教育，其特点在于，在满足教学中的补偿教学的同时，承认手语的独立语言地位，并承认听障文化的存在。认为听障儿童应该成长为以手语为第一语言，以本国主流语言书面语为第二语言，并同时适应两种语言背后文化的平衡的双语双文化者。③ 因此，在教学中，邀请听障教师入课堂，与健听教师一起参与课程准备与课堂教学，强调听障教师和健听教师的协同教学。④ 在教育资源的设计中，邀请听障教师和健听教师共同设计、制作教育资源，同时在教育资源的呈现方式上，利用双语呈现教学内容，满足直观教学和补偿教学的需求。

由此，需针对听障儿童的特征进行补偿，具体有以下要求，如图 6-1 所示：

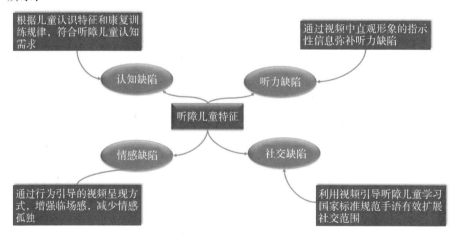

图 6-1 依据缺陷补偿原则实施要点

① 李秀，张文京 . 试论缺陷补偿与潜能开发 [J]. 现代特殊教育，2005（3）：19—20.
② 吕晓 . 学前听障儿童个别化教学设计研究 [D]. 重庆：西南大学博士论文，2012.
③ 余敦清 . 世界特教史上的又一次新浪潮——"聋人双语教学" [J]. 中国听力语言康复科学杂志，2005（6）：40—43.
④ 刘颖 . 双语聋教育中聋人教师和健听教师协同教学的个案研究 [J]. 中国特殊教育，2015（8）：23—29.

一是进行视觉补偿。可选择生动活泼，易于理解掌握的多样的表达方式，合理、综合运用手语讲授、情景、动画、结构图等，逻辑清晰，视觉冲击力强，以通俗易懂的方式让听障儿童发挥多种感官作用，来弥补听觉上的缺陷。

二是进行记忆力补偿。可以适度重复，恰当反馈加以强化，将难懂不易理解的内容有规律地进行重复，或以不同方式重复呈现，以增强记忆力。以往聋语文教学中常用的视频资源，听障儿童主要依靠字幕以及荧幕上人物的动作来理解电视情节，短时间的观看也许还可以，时间一长，听障儿童不仅会觉得很疲劳，渐渐失去兴趣，而且由于接收通道缺陷的问题，会遗忘得很快。因此要避免由动态媒体所构建的视觉情境时间过长，重点不够突出的现象。

三是进行注意力补偿。失去听力使得听障儿童在注意力分配方面与听力正常者存在明显的差异。究其原因，在于聋人的信息加工方式与听力正常者有所不同：听力正常者可以很快明确自己想要传达的信息内容，确定自己传达信息的方式对信息进行编码，接收完整信息进行解码并有所反馈；而聋人由于自身听力障碍导致信息传递与接收存在障碍，且在其信息加工的任意一个环节都有可能造成对信息的歪曲或误解。进行注意力补偿可以用提问的方式引起听障观众注意，选择可以启发和指引听障儿童从多种感官、多个方面对知识、技能、情感进行思考的问题；或以手语、字幕、体态语、指示图等多种方式提示引导听障儿童。[①] 如适当地添加字幕是辅助聋人深入理解视频信息的重要方式。国外学者对于听障类视频字幕的研究较早，从字幕设计到字幕组织都已有明确的规范。对聋人而言，字幕缺失或字幕使用不当都会造成其认知发展中关键信息的缺失。这就需要研究者针对聋人在信息处理加工方式上存在的缺陷采取补偿性措施，形成能满足聋人自适应学习需求的视频无障碍字幕设计方案。

可以引入自适应引擎技术实现听障儿童字幕风格、字幕速度、字幕导航、字幕序列等四方面无障碍呈现。无障碍字幕设计数据流程反映了字幕生成的各个环节及动态修正用户模型的一套规则，这些规则体现出满足聋人自适应阅读需求的理念，可根据自身情况适应和变化，如图 6 - 2。

---

① 曹宇星，吴鹏泽. 面向听障儿童的电视教材评价指标体系研究 [J]. 现代特殊教育，2017（8）：74-80.

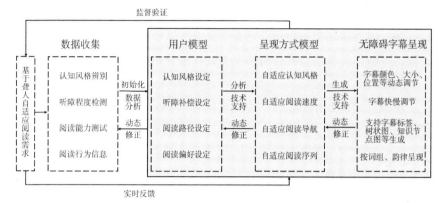

图 6-2 聋人视频无障碍字幕设计对聋人阅读注意力的补偿

四是残余听力补偿。对于有剩余听力或佩戴助听器的听障儿童而言，不能忽视对其残余听力的补偿，即除了对视觉因素的设计外，也要注重声音的设计，以充分发展听障儿童残余听力。听障儿童正处于听力语言康复的"抢救期"，应注重视频资源中声音的设计，选择标准普通话，减少干扰噪音。

第四节　融入亲切的手语表达，营造环境 鼓励听障儿童参与

面向听障儿童的优质教育视频资源建设中，需要关注听障儿童的特殊性，倡导尊重聋人文化。如听障儿童的社会交往障碍、认知障碍、文化认同问题。听障儿童自我认知，对他人情感的认知，对社会关系和社会情境的认知，对社会道德的认知等方面都面临着多个因素的干扰，具有复杂性和特殊性。要求我们尽量能够从聋人文化的角度出发，为其创造可以使其加强自我认同意识的情境，使听障儿童的自我意识开始发展，开始学会自我肯定与接纳，慢慢提高对听障群体和文化的认同，同时，注入一定的健听文化的元素，使得听障儿童也不排斥健听人群的文化。Weinberg 等发现，在自我评价、学业成就方面，能够认同双文化的成绩最好。聋校教师也认为双文化认同的听障生心理问题最少。资源设计时既要追求一般儿童正常发展的目标，又要结合听障儿童具体的认知特殊性，融入双文化的理念进行设计。[1] 因

---

① 李秀，张文京．试论缺陷补偿与潜能开发 [J]．现代特殊教育，2005（3）：19-20.

此，只有制度保障才能实现跨专业跨学科的协作，医教结合，多方协同培养听障儿童的能力发展。

一、尊重聋人文化的重要性

尊重聋人文化是构建听障儿童教育视频资源的基础。这意味着在视频内容中，不仅要使用手语，还要体现聋人社群的价值观、艺术、历史和社会互动模式。通过展示聋人文化的丰富性和多样性，可以加深听障儿童对自身文化的认识，增强自豪感。例如，视频中可以包含聋人艺术家的创作、聋人历史人物的故事，以及聋人社群的社交活动，这些都是展现聋人文化的重要元素。此外，视频中的手语表达应由专业的手语教师或聋人社群成员来完成，确保手语的准确性和自然性。

二、社会交往和认知障碍的克服

听障儿童在社会交往和认知发展方面遇到的障碍需要通过创新的教学方法来克服。教育视频可以采用角色扮演、情景模拟等互动性强的教学手段，让听障儿童在安全的环境中练习社交技能和解决问题的能力。视频中的情境设计应贴近听障儿童的实际生活，如学校、家庭和社区等，使他们能够将所学技能应用到现实生活中。同时，视频应提供多种视角和解决方案，帮助听障儿童理解不同人的情感和观点，提高他们的同理心和社会适应能力。

三、自我认知与文化认同的发展

听障儿童的自我认知和文化认同是他们成长过程中的关键因素。教育视频资源应通过讲述听障儿童的成功故事，展示他们的才能和成就，来增强他们的自信心和自我价值感。视频中的角色模型应具有多样性，包括不同年龄、性别、职业和兴趣的听障人士，以展现听障社群的广泛性和包容性。此外，视频应鼓励听障儿童探索自己的身份，表达自己的观点和感受，支持他们建立积极的自我形象。通过这种方式，听障儿童可以逐渐建立起对自己作为听障人士的认同，同时也能够接纳和欣赏自己的多样性。

四、双文化认同的融入

在教育视频资源中融入双文化理念，是为了帮助听障儿童在保持对自己文化的认同的同时，也能够理解和尊重其他文化。视频中可以展示听障儿童与健听儿童共同学习和玩耍的场景，强调他们之间的共同点。同时，视频也应展示听障儿童参与健听文化活动的情况，如参加体育比赛、艺术表演和社区服务等，以展现文化的交流和融合。通过这种双文化认同的培养，听障儿童可以更好地融入社会，同时也能够保持对自己文化的自豪感和归属感。

五、跨专业跨学科的协作

跨专业和跨学科的协作对于实现听障儿童教育视频资源的有效建设至关重要。这需要教育工作者、医疗专业人员、视频制作人员、社会工作者、心理学家、语言学家和特殊教育专家等多方的共同努力。通过建立合作机制，各方可以共享资源、交流经验和协调行动，以确保视频资源的质量和效果。例如，教育工作者可以提供教学内容和方法的建议，医疗专业人员可以提供关于听障儿童发展和需求的专业意见，视频制作人员可以负责视频的创意和技术实现，社会工作者可以协助资源的推广和应用。通过这种协作，可以充分发挥各方的优势，为听障儿童提供更加全面和有效的教育支持。

六、医教结合的模式

医教结合模式是一种将医疗和教育相结合的方法，旨在为听障儿童提供更加全面和个性化的支持。在这种模式下，医生、听力师、语言治疗师和教育工作者等专业人员共同参与听障儿童的评估、干预和教育过程。通过医教结合，可以更早地发现听障儿童的需求，提供针对性的医疗和教育服务。例如，医生可以为听障儿童提供听力评估和治疗建议，听力师可以为他们提供听力辅助设备和使用指导，语言治疗师可以帮助他们发展语言和沟通技能，教育工作者可以为他们提供适合的教育计划和学习支持。通过这种跨领域的合作，可以确保听障儿童在身体、心理和教育方面得到全面的关注和支持。

七、多方协同培养能力发展

多方协同培养听障儿童的能力发展需要家庭、学校、社会和政府等各方的共同参与和支持。家庭是听障儿童成长的第一个环境，家长的态度和行为对他们的发展有着重要影响。学校是听障儿童学习和社交的主要场所，教师的专业能力和教学方法对他们的学业和社交发展至关重要。社会和政府可以通过提供政策支持、资金投入和公共服务，为听障儿童创造更加有利的成长条件。例如，政府可以制定相关政策，保障听障儿童的教育权利和机会，提供特殊教育资源和支持服务。社会组织和志愿者可以为听障儿童提供辅导、陪伴和心理支持，帮助他们建立自信和社会联系。这种多方协同的努力，可以为听障儿童提供更加全面和多元化的发展机会。

在聋人群体中，手语是基本上能满足他们思维及交互需求的，在双语教学中，手语是第一语言，手语的作用是有声语言无法替代的。[①] 融入亲切的手语表达，视频设计中利用听障小主持人作为主题的切换与衔接者，引导听障儿童效仿和参与，创造轻松熟悉的学习情境，激发听障儿童学习兴趣。创设轻松的沟通环境要以手语为主要主持语言。手语是聋人的主要交际工具。手语在聋校各科的教学中也非常重要，有利于师生沟通，尤其是对于听力在D级~G级的听障儿童来说，手语的使用更容易创设无拘无束、轻松愉快的交流，且恰当地使用手语，可以帮助听障儿童学习书面语，从而进一步理解和记忆科学文化知识，更好地掌握健听人的语言。听障儿童在获得了丰富的手语知识以后，再学习健听人的书面语言，不仅不会妨碍书面语的学习，反而会促进书面语的掌握，有利于其理解信息，丰富对客观世界的认识，及早地促进智力的发展。在手语拍摄过程中，注意拍摄景别设计与剪辑逻辑，拍摄要以中近景别为主，如对于手语的展现适合用中景景别，中景可以表现人物与人物之间、人物与事物之间的相互关系，可以表现被摄人物的手势、体势等。对面部表情及唇语的展现则需以近景景别为主，使得听障儿童对被摄对象的面部特征和表情、唇语做仔细地观察，可以展示人物的心理活动、面部表情等细节。因此，视频资源建设采用丰富的技术手段，恰当地切换不同景别，按照逻辑顺序进行剪辑，有助于营造易于理解、赏心悦目的愉快教学氛围。

通过尊重聋人文化，克服社交认知障碍，发展自我认知与文化认同，融入双文化认同，实现跨专业跨学科的协作，采用医教结合模式以及多方协同培养能力发展，听障儿童教育视频资源建设可以为听障儿童提供更加丰富、有效和包容的教育体验。随着社会对特殊需求认识的提高和技术的发展，未来的教育视频资源将更加注重文化尊重、个性化教学和多学科协作，为听障儿童提供更加全面和有效的教育支持。这不仅有助于提高听障儿童的教育质量，也促进了信息传播的公平性和有效性。

---

① 赵祥辉. 从语言符号的象似性看中国手语 [J]. 科教导刊（中旬刊），2012（12）：121－122.

第五节　善用视音频包装，画面美观，注重可视性

目前国外面向听障儿童的节目新鲜模式层出不穷，从访谈节目、情景剧表演、智力竞赛到真人秀节目模式，从主持人选取、主题设置，再到演播室布景、场景选择、视频剪辑、字幕设计都可以贴近听障儿童的喜好，达到心灵共振。在面向听障儿童电视节目包装方面，要重视其"听障补偿性"与"技术性""艺术性"相结合的特点，采用多元化表现手法，重视内容传达过程的设计，重视用吸引人、易于理解的元素来展现过程与方法。国外很多听障儿童视频资源通过界面设计、字幕等设计营造了一个听障儿童认同的学习环境。比如有趣的元素设计引起听障儿童的注意，选择与背景颜色对比明显的字幕包装，方便听障儿童读取字幕。根据听障儿童认知特点设置故事关键点的视觉提示，提供简洁清晰的辅助资源。通过恰当使用听障补偿手段包装节目，可以尊重听障儿童身心发展的规律和学习认知特点，以听障儿童原有经验为基础，创造无障碍的收视环境。再比如利用标识（片头、片花、小标志、字幕）、色彩、提示符等视觉要素，由这些可识别元素形成统一的整体设计效果。举例说明，台湾为聋人服务的电视节目《听听看》，其节目形象标志及对应的手语动作、轻松明亮的橘色色调形成了具有吸引力的视觉识别，意图从理念、风格、元素、色系上都保持一致性，避免听障群体的视觉和心理上的跳跃，使用给听障群体以自信、乐观、坚持、自强的信息的传达。具体体现在如下方面：

一、国际节目模式的创新

国外面向听障儿童的节目模式创新，涵盖了从传统访谈到现代情景剧，再到互动性强的智力竞赛和真人秀等多种类型。这些节目模式不仅在内容上满足了听障儿童的多样化需求，而且在形式上也进行了大胆的尝试和创新。例如，情景剧通过模拟真实的生活场景和社交互动，帮助听障儿童学习社会规则和交往技巧；智力竞赛节目则通过挑战性的问题和团队合作，提高听障儿童的思维能力和竞争意识。真人秀节目则通过展示听障儿童的日常生活和成长过程，增进社会对他们的理解和接纳。这些节目模式的创新，为国内听障儿童电视节目的发展提供了宝贵的经验和启示。

二、节目包装的多元化表现手法

节目包装的多元化表现手法，是吸引听障儿童注意力的关键。色彩鲜明、形象生动的动画和图像，能够激发听障儿童的视觉兴趣，帮助他们更好地理解和记忆节目内容。富有创意的转场和特效，不仅能够增强节目的观赏性，还能够引导听障儿童的注意力，使他们能够跟随节目的节奏和思路。例如，使用手语动作的动画效果，可以使听障儿童更容易理解和模仿；使用场景变换和角色转换的特效，可以帮助听障儿童理解故事情节的发展和角色关系的变化。此外，节目包装还应注意色彩搭配和视觉平衡，避免过于复杂的视觉元素，以免分散听障儿童的注意力。

三、内容传达过程的设计

内容传达过程的设计，对于听障儿童电视节目的质量至关重要。节目制作者需要深入研究听障儿童的认知特点和学习需求，设计出适合他们的传达方式和方法。例如，使用清晰的字幕和手语翻译，确保听障儿童能够理解节目的对话和讲解；使用直观的图表和模型，帮助听障儿童理解抽象的概念和原理；使用生动的案例和故事，吸引听障儿童的兴趣和注意力。此外，节目制作者还应注意内容的逻辑性和连贯性，确保听障儿童能够跟随节目的思路和节奏，避免信息的混乱和遗漏。

四、界面设计与字幕的易读性

界面设计和字幕的易读性，是听障儿童电视节目的重要组成部分。通过选择与背景颜色对比明显的字幕，可以方便听障儿童读取字幕信息，避免视觉疲劳和误解。字幕的设计应简洁清晰，避免过于复杂的字体和颜色，以免分散听障儿童的注意力。此外，字幕的位置和大小也应考虑听障儿童的观看习惯和舒适度，确保他们能够在观看节目的同时，轻松地读取字幕信息。例如，字幕可以放置在屏幕的下方或侧面，避免遮挡重要的视觉信息；字幕的大小可以根据听障儿童的年龄和视力进行调整，确保他们能够清晰地看到每一个字。

五、视觉提示与辅助资源的提供

根据听障儿童的认知特点设置故事关键点的视觉提示，可以提供辅助资源，帮助他们更好地理解节目内容。例如，通过使用图表、时间线和关键词的突出显示，可以帮助听障儿童抓住节目的重点和逻辑结构。此外，节目中还可以使用符号、标志和颜色编码等视觉辅助工具，帮助听障儿童识别和记忆重要的信息和概念。例如，使用不同的颜色来区分不同的角色和情节，使用符号来表示情感和状态的变化，使用标志来提示节目的开始和结束。这些视觉辅助工具的使用，可以增强听障儿童的观看体验，提高他们的理解能力和学习效果。

六、听障补偿手段的恰当使用

恰当使用听障补偿手段，如手语翻译、字幕和视觉辅助，可以尊重听障儿童身心发展的规律和学习认知特点。这些补偿手段可以以听障儿童原有经验为基础，创造无障碍的收视环境，使他们能够与其他观众一样观看电视节目。例如，手语翻译可以由专业的手语教师或聋人社群成员来完成，确保手语的准确性和自然性；字幕可以使用简洁明了的语言，避免使用难以理解的术语和表达；视觉辅助可以使用直观的图像和动画，帮助听障儿童理解抽象的概念和过程。此外，节目中还可以使用声音效果和背景音乐，为听障儿童提供情感和氛围的提示，增强他们的观看体验。

七、统一整体设计效果的形成

利用标识、色彩、提示符等视觉要素，形成统一的整体设计效果，有助于建立听障儿童对节目的认同感。例如，节目的形象标志、色彩选择和视觉风格应保持一致性，以避免给听障群体带来视觉和心理上的跳跃。节目的标识可以使用具有代表性和象征意义的图案和文字，如使用手语手势的形状或聋人文化的符号；色彩选择可以使用温暖明亮的色调，传达积极向上的情感和氛围；提示符可以使用简洁明了的图形和符号，吸引听障儿童的注意力，降低理解难度。这些视觉要素的使用，可以增强节目的辨识度和吸引力，帮助听障儿童建立对节目的认知和情感联系。

由此，得出面向听障儿童的视频资源的设计与制作应注重听障儿童的收视心理和收视节奏，根据听障儿童年龄及身心发展特征，选择简洁、轻松、通俗、好看的造型，优化字幕等元素更有利于传达教学理念。善用视音频包装，注重画面美观和可视性，对于提升听障儿童电视节目的质量和吸引力具有重要意义。随着技术的发展和社会对特殊需求认识的提高，未来的听障儿童电视节目将更加注重视觉设计、内容传达和无障碍体验，为听障儿童提供更加丰富、有效和愉悦的观看体验。这不仅有助于提高听障儿童的教育质量，也促进了信息传播的公平性和有效性。

当然，随着基于网络的新技术的快速发展，以视频为基础的平台也有助于听障儿童进行沟通与交流，视频资源与新兴技术融合增强用户交互性。新媒体的引入极大颠覆了以往传统电视节目受众"被孤立"的状态。（1）视频具备在线点播、回放、检索、互动功能，这样非常有利于受众个性化体验需求。如 Signing Time! 可订阅他们的 YouTube 视频并前往他们的网站购买DVD；Deafplanet 网站内容丰富多彩，在提供视频的基础上采用多样的表达形式，听障儿童可以自主选择角色，可以模仿、演示、参与，并且通过闯关游戏获得反馈。Sign Stories 是 IOS 设备应用程序，使用美国手语或英国手语讲读最畅销的儿童故事，提倡将传统阅读、手语学习、观看视频、听力康复、游戏互动、知识学习等环节利用传统媒体和新媒体进行深度融合，凭借其内容专业化、交互性、游戏形式多元等优势在短短几年内深受听障儿童及其家庭的喜爱。（2）视频直播等技术为听障儿童提供身临其境的便利。据调查，在教育方面，很多普教学校已经开始了基于互联网的校际交流教学，可以扩宽学生的心理与交际空间。也有院校利用技术支持学生课堂学习或者校外学习。对于聋人而言，如果单纯地通过文字或网络往往让其感到缺乏人情味，也并不能很充分地与教师进行互动，而直播技术（如视频聊天室、桌面会议系统等）的产生可以实时地进行信息传递，方便听障儿童使用手语进行及时交流。最主要的是，这些视频技术方便、节省成本且"生态友好"，还有支持共享白板和文本、聊天，视频重播这些功能。教师可以利用机会开展多种学习和教学活动，如小组讨论、角色扮演和头脑风暴，也可与其他地区的教师、学生共同学习交流。结合视频会议、电脑摄像头、数码摄像等多种技术进行学习，并且在不同的学科教学中对聋校教师的教学方式也产生影响。

第七章　面向听障儿童的教育视频资源建设实践模式

　　为确保面向听障儿童的教育视频资源建设行动务实高效，并且具备可借鉴性、可推广性，本课题组先后进行了基于聋健协同理念的听障儿童视频建设模式、基于 OBE 理念的建设模式以及集合"众智"方式进行资源建设的模式探索。总体而言，首先要明确实践行动目标。明确目标是为了提高听障儿童的学习质量，及融入主流社会的能力，为听障儿童提供平等高效地接受高质量教育的机会。其次，实践行动有指南。国家为聋校组织编写了《聋校义务教育课程标准课》（2016 版）且新教材将投入使用，为听障儿童视频资源制作内容选择提供了依据和科学性保证。再次，要践行国家在通用手语方面的推进工作，进一步解决了以往视频资源建设中的手语地方差异和个体差异化突出的问题。国家相应的认证和推广，为面向听障儿童的视频资源建设中通用手语使用行动提供了保障，最终实现教育信息的互联互通。具体模式如下文介绍。

第一节　基于聋健协同理念的听障儿童教育视频资源建设模式

　　早在 1993 年，美国西部 PA 聋人学校就为学生开设了数字化视频编辑的课程，提供 Buhl 工作坊用于制作短片，比如聋人自传、实验报告记录、研究项目中的多媒体影视素材的采集等等，让聋生参与到视频编辑与制作过程，增强其自信心。如创作故事版和脚本编写、导演、根据不同的目的进行剪辑等等，参与到学校的日常公告创作、电视广告或故事短片的创作。重视提高听障生对视频资源的审美能力和制作能力。宾夕法尼亚西部为聋人学校的学生建立电视演播室和视频制作工作室（Parkervision，http：//www.wpsd.org/），该工作室包括一个完整的课程，涵盖布光、照相机控制、编辑、生活工作室和后期制作。为听障学生提供参与视频制作的机会，可以提高视觉信息的组织能力和编辑视频节目的技能，从而增强其自信心。我国香港第四届国际聋人电影节的口号为"光影聋情"，也正是让聋人真正参与电影创作，真正地融入视频资源的制作，期望让观众了解其所思所想，建立聋健协同的社会。因此，实行聋健协同项目组制，打破内部分工，让所有机构协同起来，实现视频制作资源开放共享，聋健项目组合作打造属于听障儿童的视频资源。

一、面向聋人的视频摄制技能普及的探索

促进聋健协同，需要引导聋人先具备基本的视频摄制的基础技能。总体来说国外研究比较重视聋生接触主流社会和参与社会的机会，重视依据聋人的优势特点而设计课程和就业方向的指导。[①] 在 1993 年美国西部 PA 聋人学校就为聋人学生单独开设了数字化视频编辑的课程，提供 Buhl 工作坊用于制作短片，比如聋人自传、实验报告记录、研究项目中的多媒体影视素材的采集等，设置创作故事版和脚本编写、导演、根据不同的目的进行剪辑等环节，鼓励聋人学生参与到学校的日常公告创作、电视广告或故事短片的创作。

1. 基本视频摄制技能的重要性

普及基本的视频摄制技能对聋人群体而言，是提升其社会参与度和实现自我表达的关键。视频摄制不仅是一种技术技能，更是一种沟通和表达的手段。聋人通过视频可以展示自己的想法、情感和故事，这种方式跨越了语言障碍，使得他们能够与更广泛的观众群体建立联系。此外，随着数字媒体和社交媒体的兴起，视频摄制技能为聋人提供了新的职业道路，如视频编辑、摄影、导演等。这些职业不仅能够提供就业机会，还能够促进聋人的社会经济地位提升。

2. 国外研究与实践案例

国外的研究和实践案例表明，聋人在视频摄制领域的教育和培训是可行

---

① 曹宇星，黄继青，张百慧．跨专业聋健协作：聋人大学生影视专业教学模式研究［J］．现代特殊教育，2017（14）：67—71．

且有益的。例如，美国西部 PA 聋人学校开设的数字化视频编辑课程，不仅提供了技术培训，还鼓励聋人学生进行创造性表达。这种课程的设计考虑到了聋人的视觉优势，通过实践项目让学生参与到真实的视频制作过程中。此外，国外还有许多类似的项目和工作坊，它们为聋人提供了展示自己才华的平台，同时也为他们提供了与行业专业人士交流的机会。

3. 依据聋人优势特点的课程设计

课程设计应充分利用聋人在视觉空间能力、手语表达和非语言交流方面的优势。例如，课程可以包括视觉叙事技巧的培训，教授聋人如何通过图像、色彩和构图来讲述故事。此外，课程还可以教授聋人如何运用手语和其他非语言符号来增强视频的表现力。通过这样的课程设计，聋人学生不仅能够学习到视频摄制的技术技能，还能够发挥自己的特长，创作出具有个人特色的作品。

4. 创作实践的鼓励与支持

鼓励和支持聋人学生参与创作实践，可以提高他们的技术技能和创新能力。通过组织工作坊、比赛和展览等活动，聋人学生可以在实践中学习到如何构思、计划和执行视频项目。这些活动不仅能够提供实践机会，还能够激发聋人学生的创造力和团队合作能力。此外，通过展示和分享他们的作品，聋人学生可以获得认可和鼓励，增强自信心和职业发展的动力。

5. 日常公告与广告创作的机会

聋人学生参与学校的日常公告创作和电视广告制作，可以提供实际应用所学技能的机会。这种实践不仅能够帮助他们了解视频制作在不同领域的应用，还能够增强他们的专业技能和市场意识。例如，通过参与广告制作，聋人学生可以学习到如何吸引观众的注意力、有效传达信息和创造影响力。这些经验对于他们未来的职业发展具有重要价值。

6. 多媒体影视素材的采集与应用

在学术研究和社会活动中，聋人学生可以学习如何采集和应用多媒体影视素材。这包括学习如何使用摄像机和录音设备、编辑软件和其他相关技术。通过这种方式，聋人学生可以更有效地参与到项目中，贡献自己的视角和创意。例如，他们可以参与到纪录片的制作、社会议题的探讨和文化活动的记录中，通过视频表达自己的观点和感受。

普及面向聋人的视频摄制技能，不仅能够提升他们的社会参与度，提供职业发展机会，还能够促进聋人文化的传播和交流。随着技术的不断发展和社会对多样性的日益重视，聋人在视频摄制领域的潜力将得到更广泛的认可。未来的教育和培训项目应更加注重聋人的特殊需求和优势，提供更多的机会和资源，帮助他们在视频摄制领域取得成功。

二、接纳健听人聋健融合理念，鼓励协同合作

聋人回归主流的呼声早在 1960 年就已出现，该理念提倡聋人不再在隔离的特殊环境中学习，而是回归到普通班级，与普通学生一起学习，通过聋健融合的教育模式，聋生送到相应的健听班学习、生活，与健听人交往，不但可以克服聋人的心理障碍，发展他们的语言能力，也使得他们的社会性和个性得到健康发展。然而聋健融合并不是容易的事，事实情况是，聋健从最基础的沟通都存在着鸿沟，更难以达到协同合作的层面。徐黎黎、张宁生等学者分析了聋健沟通障碍的原因源于三个方面：语言能力、沟通技巧及文化交融方面。[①] 江玉宝在《重视聋生的社会适应能力培养》中提出聋生缺乏社会交往中所必需的团队合作意识。[②] 因此要实现聋健融合的目的，帮助聋生真正回归主流，就必须为聋生提供聋健合作平台，针对聋生的合作意识、合作能力等进行精心培养。

1. 聋健融合理念的历史背景

聋健融合理念的提出，是对传统特殊教育模式的一次重大变革。20 世纪 60 年代，随着民权运动的兴起，聋人社群开始寻求平等的教育机会和社会地位。这一理念认为，聋人应该有机会与健听学生一起在普通班级中学习，而不是被隔离在特殊教育环境中。这种融合教育模式有助于聋人克服心理障碍，发展语言能力，并促进其社会性和个性的健康发展。聋健融合不仅是一种教育模式，更是一种社会价值观，强调每个人都有权利获得平等的教育和参与社会生活的机会。

2. 聋健融合的现实挑战

尽管聋健融合理念已被广泛提倡，但在实践中仍面临诸多挑战。沟通障碍是实现聋健融合的主要难题之一。聋人和健听人之间的语言差异、沟通方式的不同以及文化理解的障碍，都可能导致双方的交流困难。此外，社会对

---

① 徐黎黎，张宁生. 消除隔阂 营造和谐——谈聋人与健听人的沟通问题 [J]. 中州大学学报，2006（3）：82—85

② 江玉宝. 重视聋生的社会适应能力培养 [J]. 学园（教育科研），2013（3）：110—111.

聋人的认知和接纳程度不足，也可能影响聋人的融入。例如，一些教育机构可能缺乏为聋人提供必要支持的资源和专业知识，而一些雇主可能对聋人的工作能力持有偏见。这些挑战需要通过教育、政策和社会倡导等多方面的努力来克服。

3. 聋健沟通障碍的原因分析

聋健沟通障碍的原因是多方面的。首先，语言能力的差异是一个重要因素。由于聋人可能无法完全掌握主流语言，这可能导致他们在与健听人交流时遇到困难。其次，沟通技巧的不足也是一个问题。聋人可能需要特定的沟通策略和辅助工具，如手语和文字，而健听人可能不熟悉这些工具。最后，文化交融的缺乏也是一个障碍。聋人和健听人可能有不同的价值观、信仰和行为习惯，如果双方缺乏对彼此文化的理解和尊重，就可能导致误解和冲突。

4. 聋生社会适应能力的培养

聋生的社会适应能力培养是实现聋健融合的关键。这包括培养他们的沟通技巧、团队合作能力和跨文化交流能力。教育机构应提供专门的课程和活动，帮助聋生学习如何与健听人有效沟通和合作。例如，可以通过角色扮演和团队项目来提高聋生的沟通和协作技能。此外，聋生还需要学习如何在不同的社会环境中自我倡导和维护自己的权益。这可能需要教育者和社会工作者提供指导和支持。

5. 聋健合作平台的构建

构建聋健合作平台需要多方面的努力。首先，教育机构应为聋生和健听学生提供共同学习和交流的机会。这可能包括设置混合班级、组织联合活动和提供交流项目。其次，社区和工作场所也应提供聋健合作的机会。例如，社区组织可以举办聋健参与的活动，而企业可以提供聋人的实习和就业机会。最后，政府和非政府组织应提供支持和资源，帮助构建和维护聋健合作平台。这可能包括资金支持、政策倡导和技术援助。

6. 聋生合作意识与能力的培养

培养聋生的合作意识和能力是一个系统的过程。教育者应通过课程设计、团队活动和社会实践等方式，提高聋生的沟通技巧、团队协作能力和跨文化交流能力。例如，可以在课堂上设置小组讨论和团队项目，让聋生和健听学生一起工作，学习如何协作和解决问题。此外，教育者还可以组织社会实践活动，如社区服务和文化交流，让聋生有机会与不同背景的人交流和合作。通过这些活动，聋生可以学习到合作的重要性和技巧，并建立起自信，提高社交能力。

7. 协同合作的促进策略

促进聋健协同合作需要采取一系列策略。首先，需要提高公众对聋人文化和需求的理解。这可以通过教育、媒体宣传和社会活动来实现。其次，需要加强聋人与健听人之间的交流与互动。这可以通过建立交流平台，组织交流活动和提供语言服务来实现。最后，需要建立支持聋人参与社会活动的政策和机制。这可以通过立法、政策制定和资源分配来实现。例如，政府可以制定反歧视法律，保护聋人的权利；教育机构可以提供手语翻译服务，确保聋人能够参与教育活动；企业可以提供聋人就业机会，促进聋人的经济独立。

聋健融合理念的实施对于建设一个包容和平等的社会至关重要。通过克服沟通障碍，培养聋生的社会适应能力，构建合作平台和采取协同合作策略，可以为聋人提供更多的发展机会，帮助他们更好地融入社会。

三、提供聋健融合可借鉴案例，促进视频制作资源共建共享

国外的一些相关研究可以为我们提供借鉴，例如日本德岛大学的 Hiroaki Ogata 和 Yoneo Yano 教授提出泛在学习系统 " Computer Supposed Ubiquitous Learning "，这是一种开放协作学习的系统模型，开放式模式意味着跨专业、跨领域获得有价值的创意和优秀的人力资源，它不仅能够在需要的时间和地点为学生提供适合的信息，还可以供学习者选择学习协作交流伙伴。[①] 因此，在聋人大学生影视专业学习过程中建立聋健学习共同体不仅有助于聋生影视技能的学习，更能为培养聋人大学生对新的学习环境的适应、聋健人际关系的适应、融入未来社会的适应提供帮助。

通过文献调研，以协同教育理论、缺陷补偿理论和现代服务设计理论为指导，设计了聋人学生与传媒专业学生的跨专业聋健协作教学模式。该模式包括"聋健学习共同体设计—影视制作体验活动设计—聋健协作影视学习辅助资源与工具设计—聋健协作质量提升服务设计"，如图 7-1 所示。

---

① John Retallick，Barry Cocklin. *Learning Community in Education：Issues，Strategies and Context* ［M］. London：Routledge，1996：12

图 7 - 1　基于聋健协同理念的听障儿童教育视频资源建设模式

1. 组建聋健协作视频技能学习共同体

德国社会学家斐迪南·滕尼斯在 1887 年提出"共同体"（community）这一词语，表示任何基于协作关系的有机组织形式。1995 年博耶尔首次提出"学习共同体"这一概念。① 表明所有人因有共同的使命并朝着共同的愿景学习，愿意分享学习心得，沟通参与共同完成目标。② 本研究中的聋人大学生因学校尚未独立开设影视专业，是凭借兴趣选修传媒学院开设的"DV制作"课程及"面向听障儿童的视频资源设计与开发"开放实验室项目。因此，本课题将有着共同影视技能学习需求的在校大学生（传媒专业大学生、艺术设计专业的聋人大学生等）及助学者（传媒专业教师及社会传媒领域的业界人员）组成若干聋健协作学习共同体。由于聋人大学生和健听学习者之间存在沟通障碍，该学习共同体设置了联络员这一角色（由特殊教育教师或者特殊教育专业学生进行手语翻译）以保证有效进行多元互动。

不同专业的学生影视技能基础、手语掌握情况不同，聋健学习共同体可以在助学者和联络员的帮助下，开展影视技能培训及手语入门培训，依托课程或实验室开放项目深入实训基地学习，使得各个角色在各自领域有更专业的表现，完成凝聚共同体的过程体验。IMS－LD（全球学习联盟学习设计

　　① John Retallick，Barry Cocklin. *Learning Community in Education*：*Issues*，*Strategies and Context*［M］. London：Routledge，1996：1.

　　② 赵蒙成，付萌. 基于工作室制的学习共同体：现状、问题与策略［J］. 教育与教学研究，2015（7）：79－81.

规范）理论认为需要对各种角色、活动和环境进行设计，① 即创设具体情境使得学习者达到学习目标，② 认为"情境"对意义建构有重要的作用。根据这些理论，本课题组在设计影视技能实践体验活动时，创建了"聋健协作"示范小组。示范小组包括听障教学指导组（聋教专家及聋教优秀工作者，其中聋教工作者包含高校聋人教育专业的教师以及基层聋校、聋儿康复机构的教师）、视频策划制作组（高校传媒相关专业教师及聋健协作学习者）、传播质量监督组（传媒公司及受众）。通过三方沟通协作、相互学习、优势互补，完成一系列视频资源建设的示范作品，将经验总结传递给聋健协作学习共同体，进而充分培养聋人大学生的视频资源设计与制作能力。例如由高校传媒专业及影视传媒公司、特殊教育专业聋教方向、聋哑学校三方组建了"聋健协作"项目组，围绕聋人大学生摄影摄像技能培养及应用事宜，③ 各方均竭尽所能，相互合作，与致青春影视制作工作室共同完成《无声之汉家礼乐书》的影视任务设计与制作。让聋健学习共同体通过拍摄现场的情景体验聋健协作的方式和沟通技法，依据影视策划、剧本创作、分镜头脚本设计、手语翻译、拍摄、后期等环节进行个人角色定位，如图 7-2。

图 7-2 跨专业聋健协作影视技能学习视频截图

① IMS Global Learning Consortium. IMS Learning Design Best Practice and Implementation Guide. [OL]. http：//www. imsglobal. org/learningdesign/ldv1p0/imsld_bestv1p0. html. 2013-11-2.

② 赵蒙成. 付萌. 基于工作室制的学习共同体：现状、问题与策略 [J]. 教育与教学研究，2015（7）：79-81.

③ Marschark，M.，Edwards，L.，Peterson，C.，Crowe，K.，Walton，D. Understanding Theory of Mind in Deaf and Hearing College Students [J]. *The Journal of Deaf Studies and Deaf Education*，2018，24（2），104-118.

2. 搭建聋健协作影视技能学习服务平台设计

现代服务设计理论是由美国著名服务管理学者洛夫洛克（Christopher H. Lovelock）提出来的，该理论认为服务作业系统与服务传递系统共同组成服务系统，服务作业系统是处理与制造服务产品的地方，包括服务人员以及实体的服务设备等；服务传递系统是组合、传送服务给消费者的地方，是顾客可见的，它涉及何处、何时，以及如何将服务传送给用户。① 教育者同时也是服务者，我们的教育工作同样可以用现代服务设计理论来衡量，也就是说我们的教学应该以学生为出发点，通过一系列科学合理的设计来满足学生的需求，如图 7 - 3。

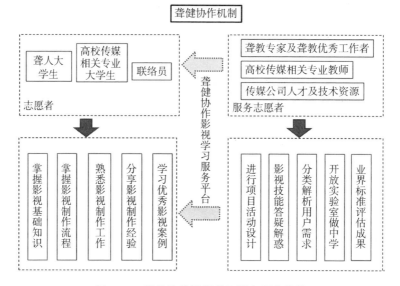

图 7 - 3 聋健协作影视学习服务平台设计

为了给聋健协作提供影视学习辅助资源和工具，创建了聋健协同影视技能学习服务平台，并命名为"让你我听见"。

"听见"是"听障人和健听人"的首字谐音，网站风格流程清晰，制作视频资源丰富，视频配有手语翻译，有利于聋人学生理解。网站下设影视基础知识学习栏目、影视制作流程栏目、影视制作工具栏目、影视制作经验分享栏目和优秀影视案例赏析栏目。在平台中可以方便地找到学校设置的各类

---

① 郑兰桢，黎卓茹，钟洪蕊. 区域数字化教育服务体系构建研究 [J]. 中国电化教育，2010 (11)：36.

实训项目，获得影视专业人员的答疑解惑。与此同时鼓励聋人学生与健听人合作参与多样的项目活动，组织"演员招募会宣讲""剧本研讨"等增强共同体学习氛围的活动。

3. 聋校及一线教师提供支持，保障聋健协作顺利实施

聋校教师及其他特殊教育学校的教师的引导和协调也在这个过程中起到必不可少的作用，聋校教师及听障儿童家长的适度引导或提供咨询服务，能够辅助聋健协作共同体明确思考和行动方向。只有征得家长及教师的同意，向其明确该项目对残疾人伦理道德的尊重，才能保障后续合作的顺利进行。如在"听障儿童节目"制作中，聋儿康复中心的刘成梅老师积极配合，与聋校老师的辅助及其对听障儿童有效的引导，可以提供给听障儿童更广阔的机会和成长空间。

四、模式应用建议

面向听障儿童的优质教育资源建设需要多方协作努力，不同领域工作人员参与的方式因其文化背景、擅长领域不同而有所差异。因此在建立协同共建机制时，面向听障儿童的优质教育资源建设需要教育工作者、技术开发人员、医疗专业人员、政策制定者以及家长等多方的共同参与和协作。这种协作不仅涉及资源的创建和分发，还包括对听障儿童需求的深入理解和满足。在建立协同共建机制时，必须考虑到不同领域工作人员的文化背景和专业特长。通过建立有效的沟通渠道和合作框架，确保各方能够充分发挥自己的优势，共同推动听障儿童教育资源的发展。

此外，要充分考虑到听障儿童优质教育视频资源的建设阶段和发展历程，根据资源建设经验，我们将视频资源协同发展分为三个层次：（1）模仿—参与层次。在模仿—参与层次，专业人员在对听障儿童的关心和责任感驱动下，遵循已有的经验和流程进行合作。这一阶段的目标是确保所有参与方都能够理解并遵循共同的目标和标准。（2）补偿—协调层次。补偿—协调层次要求专业人员进一步将关爱转化为专业化的支持，并在资源建设过程中密切配合。这一阶段的目标是通过专业化的合作，提高资源的质量和适用性。（3）创新—融合层次。创新—融合层次是协同工作的最高阶段，专业人员在此阶段继续关心听障儿童，并不断改进和创新优质视频资源。这一阶段的目标是形成常态化工作，确保资源建设的持续性和创新性。第一个层次是多专业人员在对听障儿童的关心下遵照已有的经验和流程进行合作；第二个层次是进一步将关爱转为专业化的支持，并密切配合。第三个层次是继续关心听障儿童并不断改进优质视频资源，保持对该事业的长期关注，形成常态化工作。

　　面向听障儿童的优质教育视频资源建设需要长期的投入和关注。通过建立常态化工作机制，确保资源建设能够持续进行，并不断适应听障儿童的需求变化和技术发展。具体研究历程可以参见下表：

表 7 - 1　不同专业背景人员参与面向听障儿童资源建设协作共建发展历程

层次	共建焦点	协同工作及任务	重要成果
层次一： 模仿—参与层次	√找到已有资源进行模仿 √了解听障儿童学习基础条件 √可将已有视频资源进行改造	√接受已有视频资源建设建议 √属于公益投入，结合自己的专业知识	√教科书，工作指南 √协同工作公益小组（短期）
层次二： 补偿—协调层次	√学习已有优质视频资源 √详细研究听障儿童视频学习条件 √结合自身专业背景对资源进行整理归类	√有一定的经验积累，能够将视频资源精准化 √相互协调，分工明确	√教科书，听障儿童教育视频建设工作指南。 √特殊教育教师、电视台工作人员等角色组成的工作小组和相应资源开发计划。
层次三： 创新—融合层次	√学习已有优质视频资源 √结合听障儿童教育成长需求进行资源规划 √依据听障儿童的教育成长需求重新量身定做资源	√对听障儿童教育资源建设有一定的见解，能够对相关问题做出诊断并将问题解决。 √提供更有利于听障儿童的解决方案	√教科书、跨专业跨学科人员工作计划 √灵活多样的面向听障儿童的视频资源设计开发方案 √不同专业背景人员长期稳定的视频研发工作小组

　　跨专业聋健协作的影视教学模式是为提高聋人学生影视专业水平而设计的，该模式提倡传媒业界、大学、研究机构发挥各自的能力优势，整合互补性资源，实现各方的优势互补，联合培养聋人学生。但是这种聋健协作并不是自发的过程，因为各个参与主体的利益诉求和出发点都不一样，如果缺乏顶层设计和制度安排则很难维持，因此，需要完善聋人学生影视专业教学模式的执行环境。

　　1. 政策层面：通过政策指引，完善聋健协作模式的可执行环境

　　推动聋人教育工作除了良好的社会环境和法律保证外，必须通过政策指引，构建聋人教育模式及扩充其学以致用的教育渠道。良好的社会环境和坚实的法律保障是聋人教育成功的基础。社会环境应当鼓励和支持聋人追求教

育和职业发展，而法律保障则确保聋人享有与健听人相同的权利和机会。这包括制定和执行禁止歧视的法律，以及提供必要的支持服务和便利设施。政策指引在构建聋人教育模式和扩充教育渠道方面发挥着关键作用。政府和教育部门应制定明确政策，指导聋人教育的方向和内容，确保教育体系能够满足聋人的特殊需求。政策还应鼓励创新和多样性，促进教育方法和资源的持续改进。

此外，国家应开展多层次、多学科的聋人学历教育，提供从小学到高等教育的完整教育路径。这不仅包括传统的学术领域，还应涵盖职业教育和技能培训，以满足聋人多样化的学习和职业发展需求。加强聋人职业技术教育对他们的就业和社会融合至关重要。职业学校和培训中心应提供与市场需求相符合的课程，如计算机技术、手工艺、餐饮服务等，帮助聋人掌握实用技能，提高就业竞争力。

重视发展聋人传媒专业能力培育，可以帮助聋人更好地参与信息社会和文化产业。这包括培养聋人的影视制作、新闻报道、平面设计等专业技能，以及提高他们使用新媒体和社交媒体的能力。高校要与传媒集团、企业联合培养人才，由政策引导整合用好现在各类传媒领域人才资源和服务资源，做到物尽其用、人尽其才，互联互通，交流融合，形成教学服务体系。政策引导应整合现有的传媒领域人才资源和服务资源，实现资源共享和优化配置。通过政策激励和支持，可以促进不同机构和组织之间的协作，提高教育和就业服务的效率和质量。形成完善的教学服务体系是聋人教育工作的目标之一。这需要建立包括课程开发、教学实施、评估反馈、职业指导等在内的全方位服务体系，确保聋人教育的连贯性和有效性。

2. 社会层面：营造聋健协作氛围，扶持聋人文化产品建设

国家新闻出版总署副署长阎晓宏说，"中国无障碍电影"项目已列入国家"十二五"重大音像出版工程，这是满足残疾人基本文化需求的重要举措，体现了国家对残疾人文化权益的关注和支持。通过国家出版基金等政府财政基金扶持聋人文化产品的出版，可以为聋人文化创作提供必要的资金支持和政策保障。这种扶持有助于激发聋人群体的创造力，推动聋人文化的繁荣发展。此外，更专业的传媒机构加入聋人文化产品的制作中，可以提高视频制作的技术水平和艺术质量。专业机构的参与不仅能够带来先进的制作技术和理念，还能够提供更广阔的展示平台和传播渠道。

无障碍电影为视障和听障人士提供了平等享受电影艺术的机会，增强了他们的文化参与感和社会归属感。提高聋人影视技能不仅是聋人个人的责

任，更是社会的责任。通过提供专业的培训、实践机会和就业指导，可以帮助聋人掌握影视制作的专业技能，实现自身的职业发展。用人单位应为聋人提供无障碍的工作环境，包括提供手语翻译、字幕设备、无障碍工作平台等。排除环境中的有形与无形障碍，让聋人能够在平等和尊重的环境中工作。聋人在影视制作工作中具有巨大的潜力。他们的视角独特，能够创作出与众不同的作品。通过提供适当的条件和支持，聋人可以很好地完成影视制作工作，甚至在某些方面比健听人更具优势。

社会对聋人文化的认可和尊重是推动聋人文化发展的关键。通过各种渠道宣传和推广聋人文化，提高公众对聋人群体的了解和尊重，可以为聋人创造更多的社会参与机会。建议可以通过国家出版基金等政府财政基金，扶持聋人文化产品的出版，更希望能够有更专业的传媒机构加入进来，提高视频制作质量，切实改善聋人的文化生活。提高聋人影视技能本身不是聋人个人的问题，只要为其提供一定的条件，聋人是可以很好地完成影视制作工作的。建议用人单位为聋人提供无障碍的工作环境，排除环境中各种有形与无形的障碍。

通过政府的扶持、专业机构的参与、技能培训的提供、无障碍环境的创建以及社会认可的提高，聋人的文化生活将得到切实改善，聋人群体的文化创造力将得到充分发挥。未来，我们期待看到更多高质量的聋人文化产品问世，聋人在影视制作等领域将有更多的参与和贡献。

3. 学校层面：建议有聋人学生的学校专门为聋人开设摄像课程

聋人学生摄像课程的开设对于培养他们的多元智能和创造性思维具有重要意义。在视觉艺术领域，聋人学生往往表现出独特的感知和表达能力。摄像课程应包括摄影基础、视觉叙事、后期编辑等内容，以培养学生的视觉审美和创作能力。此外，课程还应注重培养学生的批判性思维，鼓励他们通过镜头探索和表达自己的观点和情感。

另外，通过聋健协作的方式在实践中理清聋人学生认知特点。聋健协作的教学模式有助于打破传统教育中的隔阂，促进聋人学生与健听学生之间的交流与合作。在这种模式下，教师和学生共同参与课程设计和教学活动，形成一种包容和尊重的学习氛围。通过团队项目和协作学习，聋人学生能够与健听同伴一起解决问题，分享经验，提高沟通和协作能力。

手语在摄影摄像教学中的应用，不仅有助于聋人学生理解专业术语，还能够促进他们对课程内容的深入思考。教师应与聋人学生合作，开发一套系统的专业术语手语表达，包括摄影器材、拍摄技巧、构图原则等。此外，手语还可以作为一种创新的教学工具，激发聋人学生的想象力和创造力。特殊专业教师和传媒专业教师共同研发摄影摄像教学中的常用手语，如"光圈""机位""景别"等术语的手语表达。专业设置和调整策略应充分考虑聋人学生的特殊需求和职业发展目标。教育者应与行业专家合作，确保课程内容与行业标准和发展趋势保持一致。同时，课程应提供灵活的学习路径，允许学生根据自己的兴趣和能力选择不同的专业方向。通过不断调整和优化课程设置，可以为聋人学生提供更加个性化和有针对性的教育服务，并通过真实项目实践来培养聋人在摄像专业所需要的理论与技能，为在摄影摄像行业任职做准备。真实项目实践是聋人学生摄像教育的核心环节。通过参与实际的摄影摄像项目，学生可以将所学知识应用于具体情境中，解决实际问题。这种实践教学模式有助于培养学生的实际操作能力和创新能力。学校应与行业企业合作，为学生提供实习和实践机会，让他们在真实的工作环境中学习和成长。

图 7 - 4　传媒专业师生协助手语视频教材的编写

　　总之，全校总动员、跨专业协作办聋人影视教育的机制是值得借鉴的。全校总动员的协作机制要求学校各级部门和所有教职工共同参与聋人影视教育的实施。这种机制鼓励跨学科的交流与合作，整合校内外资源，为聋人学生提供全方位的支持。通过建立这样的机制，可以提高聋人学生教育的质量和效果，促进聋人学生全面发展。聋人学生摄像课程的开设是实现教育公平和促进聋人学生职业发展的重要途径。通过聋健协作、手语教学应用、专业设置调整、真实项目实践以及全校总动员的协作机制，可以为聋人学生提供高质量的教育服务，培养他们成为摄影摄像行业的专业人才。

4. 聋健群体层面：增强聋人学生学习影视制作信心，提升聋健协作质量

影视制作在宏观上要把握影视人才实践能力培养的规律，以情景体验、任务驱动、比赛激励等多种方式鼓励学生专注影视技术。增强聋人学生学习影视制作的信心是提升他们专业技能的前提。通过情景体验、任务驱动、比赛激励等多种教学方式，可以激发聋人学生的学习兴趣和参与热情，帮助他们克服心理障碍，建立起学习影视制作的信心。为了提高聋健协作质量，促进聋人学生影视制作能力的发展，项目组采取了一系列的措施。首先，需定期组织"聋健小组"进行交流汇报与成果展示，并保障活动开展得有计划、有组织、有反馈，从而促进聋健协作有序发展。提升聋健协作质量对于促进聋人学生影视制作能力的发展至关重要。通过定期组织的"聋健小组"交流汇报与成果展示，可以增进聋人学生与健听学生之间的相互理解，提升协作能力，确保活动开展得有计划、有组织、有反馈。其次，项目组可以遴选优秀的影视传媒公司或机构参与到聋健协作中，这些公司在摄像技能需求的精准把握以及摄影摄像专业人才资源和技术方面占有强大的优势，他们的参与可以提升高校教学质量，加强专业审核指导。项目组采取的措施之一是组织聋健小组进行定期交流和汇报，这有助于确保聋健协作的有序发展。通过有计划和有组织的活动，以及及时的反馈，可以促进聋健学生之间的有效沟通和协作；邀请优秀的影视传媒公司或机构参与聋健协作，可以为聋人学生提供精准的摄像技能需求把握和专业的技术指导。这些公司的参与不仅能够提升教学质量，还能够加强专业审核和指导，帮助聋人学生更好地掌握影视制作技能。再次，对于助学者和联络员，项目组要求他们应及时对学习者的提问进行反馈，如学习者之间发生矛盾时应及时加以引导，避免矛盾进一步深化。助学者和联络员在聋健协作中扮演着重要角色。他们需要及时对学习者的提问进行反馈，并在学生之间发生矛盾时及时引导，避免矛盾的进一步深化。他们的有效介入对于维护聋健协作的和谐氛围至关重要。此外学习者还可以通过微信、QQ、云班课等移动通信平台协商沟通任务类型、聋健沟通程度、任务进展情况，完善协作流程。因此，聋健协作示范项目的完成为聋健协作提供了可视化的指导，鼓励学习者各自发挥优势，增强聋人学生学习影视制作的自信心，实现聋健协作质量的提升。

总而言之，以协同教育理论、缺陷补偿理论和现代服务设计理论为指导，设计了"聋健学习共同体设计—影视制作体验活动设计—聋健协作影视

技能学习服务平台设计—聋健协作质量提升服务设计"跨专业聋健协作的教学模式。协同教育理论强调不同学科和领域之间的合作与整合。在聋健协作的教学模式中，该理论指导教育者设计跨学科的课程和活动，促进聋人学生与健听学生之间的交流与合作，共同完成学习任务。缺陷补偿理论认为，通过强化个体的优势能力，可以弥补其缺陷或不足。在聋健协作教学模式中，教育者应识别聋人学生的特殊需求和优势，提供个性化的教学支持和资源，帮助他们克服学习障碍。现代服务设计理论关注用户体验和服务流程的优化。在聋健协作教学模式中，该理论指导教育者设计以用户为中心的教学服务，确保聋人学生在学习过程中获得积极的体验和有效的支持。

聋健学习共同体的设计旨在创建一个包容和互助的学习环境。通过小组合作、共享资源和共同目标，聋人学生和健听学生可以相互学习、相互支持，共同提高影视制作技能。应用该模式，能够优化聋人学生的学习过程，提高知识掌握率及应用技能，影视制作体验活动设计注重实践和体验，鼓励学生通过实际操作来掌握影视制作技能。通过模拟真实的影视制作流程，学生可以在实践中学习技术，培养创新思维。聋健协作影视技能学习服务平台设计提供了一个在线和离线的协作环境，支持聋人学生和健听学生进行有效的沟通和协作。平台提供必要的工具和资源，促进知识的共享和技能的交流，提升情感态度与价值观等方面的素养。聋健协作质量提升服务设计关注教学过程的持续改进。通过定期的评估和反馈，教育者可以及时了解教学模式的效果，调整教学策略，提高教学质量，后续研究将通过实证研究验证该教学模式。

第二节 基于 OBE 理念的听障类教育视频资源建设模式

一、面向听障儿童 OBE 理念下微课研究缘起

OBE 教育理念[①]源于北美 20 世纪 80 年代的基础教育改革运动。[②] 它是

---

① 曹宇星，车月琴，吴鹏泽. 基于 OBE 理念的聋生微课的设计模式研究 [J]. 学理论，2018 (5)：188－189.

② Spady W. G. Choosing Outcomes of Significance [J]. *Educational Leadership Journal of the Department of Supervision & Curriculum Development N. e. a*, 1994, 51 (6)：18－22.

1981 年由斯派蒂（Spady）率先提出，它注重社会对人才的实际需求，强调围绕学习产出来合理安排教学时间和设计关键教学资源。① 美国学者斯派蒂（Spady）指出：在基于结果的教育（OBE）系统中，每个教学部分都围绕目标（成果）开展，在教育活动结束的时候，每个学生都应该达到最初设定的目标。阿查亚（Chandrama Acharya）指出实施 OBE 教育模式主要有四个步骤：定义学习产出（Defining）、实现学习产出（Realizing）、评估学习产出（Assessing）和使用学习产出（Using）。OBE 理念已广泛应用于高等教育课程资源建设，人才培养等方面，并得到广泛的认可，但是在特殊教育领域的应用较少。微课，因其以直观生动视频为主要传播载体，短小精悍，结构完整等特点，可以补偿聋生注意力集中时间不长，听觉缺失等缺陷，满足他们重复记忆，个性化教学等要求而受到聋校教育者的青睐。但目前听障类微课的设计研究仍存在教学任务目标不明确，内容结构单一，对制作的微课缺乏评价反馈和反馈后缺乏改进等问题。因此借鉴参考 OBE 理念下的微课研究，依据特殊教育领域专家顾问所描述的职业范围和听障毕业生所能做的工作，由任课教师按学习的成果设计教学单元和课程教学评价，开发 OBE 理念指导下符合社会实际需要的课程，是满足听障生对优质微课的期待，其流程如图 7 - 5 所示。

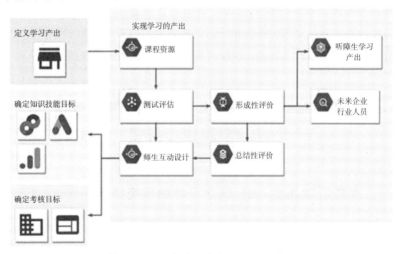

图 7 - 5　基于 OBE 理念的听障类教育视频资源建设流程

---

① Spady W. G. Outcome-Based Education：Critical Issues and Answers ［M］. *Arlington：American Association of School Administrators*，1994. 212.

1. 定义学习产出：确定知识技能目标，考核目标

定义学习的产出是确定微课的知识技能目标和考核目标。OBE 理念的核心要点是要确保每个学生都能达到教学目标，因此，定义学习的产出要明确，清晰地聚焦听障生应取得的核心技能和素养。要明确清晰聚焦听障生的学习结果，就应该满足以听障生为本位，依据教学大纲，结合行业企业的要求，通过需求分析，访谈调查研究等方法，确定听障类微课的知识技能目标和考核目标，并且注意根据听障生的个体差异，比如同一个班级的学生听障程度不同，参与语训时间不同而引起的阅读能力差异，合理调配微课目标等级。

2. 实现学习的产出：课程资源，测试评估，师生互动的设计

实现学习产出主要是指微课的反向设计、生成资源结构完整的微课，即课程的设计和生成需依据学习产出进行。微视频作为核心的课程资源，还需要配套课前的情境引入，课中的测试评估、教学互动，课后的归纳总结，以及相应的学习评价与社会性的学习支持服务，将教学设计、微视频、辅助学习资源、社会性交往平台组成一个完整的微课体系。在以视频为主的课程资源中，融入手语表达，能够吸引听障生的兴趣，是激发听障生学习动机的一种良好方式。听障生学习注意力稳定性差，视觉相对敏感，形象思维相对发达，而逻辑思维和抽象思维能力相对薄弱。有些听障生由于自身的缺陷，在生活中不善与人交往，因此更需要通过增加测试和互动的方式来设计微课，培养其主动参与性和社交能力。

3. 评估学习的产出：形成性评价，总结性评价

评估学习产出是课程学习中和课后总结中，评价学习者的学习产出。针对微课的评价学习产出，可结合课程中的测试题、学习者自评、同伴互评、教师评价等多主体、多方式开展，并且综合使用形成性评价和总结性评价。对于听障生而言，评价要注重多元方式开展评价，恰当鼓励和指引可以不断提高听障生的自信心和继续学习的动力。

4. 使用学习的产出：听障生可视化成果输出及职业技能提升

使用学习产出是指听障生在学习、工作、生活中运用学习产出的过程。该过程不仅能直接检验学习产出，也能间接促进微课视频的优化。学习者把学习所得在工作中服务于企业行业，企业行业也参与共享学校的教学成果。能够有一技之长，受到社会尊重是所有听障生及其教育者的期盼，引入行业标准，对口行业技能培训，增加业界实践机会是促进听障生学习产出的有效

途径。"互联网＋"时代，信息技术手段的应用能够帮助听障生开发潜能、弥补缺陷、健全能力结构和最终立足于社会。[①]

二、基于 OBE 理念的听障类微课视频资源核心要素分析

选取国内外典型微课平台，抽取不同类型的好评度较高的聋生的微课作为个案分析，并抽取个案的要素，其中选取个案如中国微课大赛网的"笔形代码再识记""好玩的儿童诗"及 WISE 网站的"Deaf children learn language""Sign language video book"等微课典型案例。通过分析发现，聋生的微课的资源包括课程资源、测试与评估、师生互动三大部分，其中课程资源包括课程基本信息、学习内容、课程支持者，测试与评估包括测试与评估两个要素，主要是在微课教学中的问题或测试，课程支持者包括教师、助学者等，如下表 7－2 所示：

表 7－2　聋生微课的资源要素

名称	要素	具体资源
课程资源	基本信息	课程题目、学习目标、主讲教师等
	学习资源	视频、动画、图片、参考资料链接等
	课程支持者	主讲教师、助教、协作学习者
测试与评估	测试	课前知识测试题、课中知识点测试、课后知识总结回顾测试
	评价	自评；同伴互评；教师评价；形成性评价、总结性评价
师生互动	交互	提问回答、互动游戏、评价反馈、手语讲解

1. 基本信息的呈现

在设计针对聋生的微课时，基本信息的呈现至关重要。这不仅包括课程的标题、学习目标和主讲教师等基础信息，还应涵盖课程的简介、预期成果和学习建议等内容。这些信息应以简洁明了的方式呈现，确保聋生能够迅速把握课程的核心要点。此外，基本信息的呈现还应考虑到聋生的特殊需求，如使用清晰的字体、高对比度的颜色方案和适当的视觉提示，以提高信息的可读性和易理解性。

2. 学习资源的丰富性

学习资源是微课内容的重要组成部分，对于聋生来说，这些资源应更加

丰富和多样化。动画、图片、图表和视频等视觉元素可以有效地支持聋生的学习，帮助他们更好地理解抽象概念和复杂过程。此外，学习资源还应包括互动式组件，如在线测验、模拟实验和讨论区，以促进聋生的积极参与和深入思考。为了确保资源的可访问性，所有视觉材料都应配备准确的手语翻译和字幕，确保聋生能够无障碍地获取信息。

3. 课程支持者的多元角色

课程支持者在聋生微课中扮演着多种角色，共同为聋生提供全面的支持。主讲教师负责传授知识，确保教学内容的科学性和系统性；助教则提供日常的学习辅导和技术支持，帮助聋生解决学习过程中遇到的问题；协作学习的同学则通过小组讨论和合作项目，促进聋生的社会交往和团队合作能力。此外，课程支持者还包括课程设计师、技术支持人员和行政人员等，他们共同确保课程的顺利运行和持续改进。

4. 测试与评估的多维度

测试与评估是聋生微课中不可或缺的环节，它们不仅能够检验聋生的学习成果，还能够为教学提供反馈和指导。测试环节应涵盖课前、课中和课后，以全面评估聋生对知识点的掌握程度。评估方式应多元化，包括自评、同伴互评和教师专家评价，以确保评估的公正性和全面性。形成性评价和总结性评价则从不同阶段对聋生的学习进行评价，形成性评价关注学习过程，总结性评价则关注学习成果。为了适应聋生的特殊需求，评估方式应考虑到他们的沟通方式和表达习惯，确保评估的准确性和有效性。

5. 交互手段的创新

针对聋生注意力不稳定的特点，微课的交互设计应创新多元，以激发聋生的学习兴趣，提高参与度。这包括在知识点讲解结束后设置提问环节，鼓励聋生提出问题和发表观点；设计互动教学游戏，通过游戏化学习提高聋生的学习动机；以及利用手语视频交互，使聋生能够更自然地参与课堂讨论。此外，还可以利用现代信息技术，如增强现实（AR）和虚拟现实（VR），为聋生提供沉浸式的学习体验。

6. 互动教学游戏的应用

互动教学游戏是一种有效的教学手段，尤其适用于聋生微课。通过设计富有趣味性和挑战性的游戏，可以激发聋生的学习兴趣，帮助他们在轻松愉快的氛围中掌握知识。例如，可以开发与课程内容相关的拼图游戏、角色扮演游戏和策略游戏等，让聋生在游戏过程中加深对知识点的理解和记忆。同时，教学游戏还应考虑到聋生的特殊需求，如提供清晰的手语指导和视觉反馈，确保聋生能够顺利参与游戏。

7. 手语视频交互的重要性

手语视频交互为聋生提供了一种自然且直观的沟通方式，在微课中具有重要意义。通过在视频中融入手语教学，聋生可以更准确地理解教学内容，同时也可以提高他们的手语表达能力。手语视频交互还可以促进聋生与教师、同学之间的有效沟通，增强他们的参与感和归属感。为了实现手语视频交互的最佳效果，应选择经验丰富、表达清晰的手语教师，并确保视频的画质和音质达到高标准。

总而言之，聋生在学习过程中面临的独特挑战，特别是由于听力缺失而容易受到无关视觉刺激的干扰，这可能会影响他们的注意力集中和学习效率。因此，在设计和制作微课时，需要特别考虑如何减少这些干扰，并通过教学设计提高聋生的学习动机和参与度。在应用 OBE 理念设计聋生微课时，教育者应首先确定清晰的学习目标，并确保这些目标与聋生的预期学习成果一致。微课内容应围绕这些目标进行组织，确保每个教学环节都有助于学生达成这些成果。此外，教学方法应多样化，包括互动式教学、视觉辅助和手语教学等，以适应聋生的学习风格。在微课制作过程中，OBE 理念要求教育者关注学习成果的实现，而非仅仅完成教学内容的传授。这可能意味着采用创新的教学技术，如动画、图表和模拟，以及利用视频编辑软件提高信息的视觉呈现效果。同时，微课的制作应考虑到聋生的特殊需求，如提供手语翻译、字幕和视觉提示。OBE 理念在微课评价中的应用要求教育者采用多元化的评价方式，以全面评估聋生的学习成果。这包括形成性评价和总结性评价，以及自评、同伴互评和教师评价等多种评价主体。评价内容应与学习目标紧密相关，确保评价结果能够准确反映聋生的学习进步和成就。OBE 理念支持个性化教学，鼓励教育者根据聋生的个体差异调整教学策略和内容。在微课设计中，可以通过提供不同难度级别的任务、不同风格的教学视频和多种学习路径，满足不同聋生的学习需求。OBE 理念为聋生微课的设计和制作提供了积极的启发和实践指导。通过明确学习目标、采用多样化教学方法、关注学习成果的实现和实施多元化评价，可以提高聋生微课的教育质量和效果。

第三节　基于"众智"理念的听障儿童教育视频资源建设模式

现实生活中常常存在"听障儿童认为自己由于听力问题不如早早放弃学业","自己听力不好,没有动力和信心去学习","无法融入主流社会"等一系列问题。基于"众智"理念下的项目可以采取筹集"众智"的机制,短期快速建立符合听障儿童,鼓励其继续坚持学业的优质视频资源。传统做法是依托于教育主管部门的行政努力,开设特殊教育"优课"资源评选,晒课等,快速结合地方优质教师参与到视频资源设计当中,这从政策制定、技术支持、知识产权归属等一系列问题上提供了解决方案。但依然是杯水车薪,资源数量仍然有限。在互联网时代,可以通过机制变革,选择由国家主管部门主导,辅以听障领域、学科教育领域专家引领的方式提出听障教育视频资源建设内容建设标准,然后采取政府购买服务、发放公益补贴等激励机制,鼓励各大传媒专业机构、聋人群体参与视频资源建设,创造更多优质资源。

一、明确的适用范围、适用对象、适合解决的问题

针对特定的年龄段、特定的性别、特定的阶段、特定的环境等等,有成体系的问题解决路径、有效的应用指导以及能够提升成果使用效果的综合性服务、系统的解决方案。因此,应该为更多听障儿童提供优质教育视频资源,增加他们的知识,扩展他们的眼界,使他们更有动力去融入主流生活,有信心改变自己。

1. 明确的适用范围和对象

教育视频资源的设计与开发应当针对特定的年龄段和性别,同时深入考虑听障儿童在不同发展阶段的特殊需求。在幼儿期,听障儿童的教育视频资源应聚焦于基础的语言和认知技能,例如通过手语、视觉辅助和图像来教授基础词汇和简单句子。这些资源应设计得色彩鲜明、节奏适中,以吸引幼儿的注意力,并促进他们的视觉学习和语言理解能力发展。

进入学龄前和学龄期,视频资源应进一步扩展到更复杂的语言结构、数学概念和科学知识。此外,考虑到性别差异,视频内容可以包含性别角色模型,鼓励听障儿童探索不同的职业和兴趣领域,打破性别刻板印象。

对于青少年期的听障儿童，教育视频资源应转向职业技能和社交技能的培养。这包括职业规划指导、公共演讲技巧、团队合作能力等，帮助他们为未来的学术和职业生涯做好准备。同时，视频资源还应包含情感教育和性教育内容，以支持他们的全面发展。

2. 特定环境下的问题解决

教育视频资源的设计还应考虑听障儿童所处的特定环境，如家庭、学校和社会，并为这些环境提供相应的问题解决路径。在家庭环境中，视频资源可以指导家长如何使用手语与孩子沟通，如何创造一个支持性的家庭学习环境，以及如何通过日常活动教授语言和社交技能。

在学校环境中，教育视频资源应支持听障儿童的个性化学习计划，提供与课程同步的教学辅助材料，以及促进课堂参与和互动的策略。此外，学校可以利用视频资源来培训教师，提高他们对听障学生需求的认识和教学能力。

在社会环境中，视频资源可以提供关于社区资源、公共服务和法律权益的信息，帮助听障儿童和家庭了解他们的权利，以及如何利用社区资源来支持他们的教育和生活需求。

3. 成体系的问题解决路径

为听障儿童提供优质教育视频资源，需要构建一个成体系的问题解决路径。这首先包括对听障儿童的学习需求进行深入分析，了解他们在语言、认知、情感和社会技能方面的发展特点。然后，设计符合他们认知特点的教学内容，如使用视觉优先的教学方法、手语和符号系统。

此外，视频格式的开发也应易于理解和操作，例如通过清晰的图像、简洁的文本和适当的语速来提高信息的可访问性。视频资源还应包括互动元素，如问答、练习和反馈，以促进学习者的参与和理解。

4. 有效地应用指导

教育视频资源应配备有效的应用指导，帮助听障儿童和他们的教育者充分利用这些资源。这可能包括详细的使用指南，指导如何根据孩子的年龄、能力和兴趣选择合适的视频内容。教学建议可以提供如何将视频资源融入日常教学和家庭教育的策略。

技术支持也是应用指导的重要组成部分，确保教育者和家长能够解决在使用视频资源过程中遇到的技术问题。此外，定期的培训和专业发展课程可以帮助教育者和家长更新他们的知识和技能，更好地利用视频资源支持听障儿童的学习。

5. 提升成果使用效果的综合性服务

提供综合性服务，以提升教育视频资源的使用效果。这可能包括定期的培训，教授教育者和家长如何有效地使用视频资源，以及如何根据听障儿童的反馈和进步调整教学方法。在线研讨会可以提供一个平台，让教育者和家长分享他们的经验和最佳实践，相互学习和启发。

专业发展课程可以帮助教育者深入了解听障儿童的教育需求，以及如何利用最新的教育技术和研究来提高教学效果。此外，综合性服务还可以包括对教育视频资源的持续评估和改进，确保它们始终符合听障儿童的需求和教育标准。

6. 系统的解决方案

为听障儿童提供的教育视频资源应构成一个系统的解决方案，涵盖从课程设计、教学实施到评估和反馈的各个环节。这种系统化的方法有助于确保教育视频资源的有效性和持续性。课程设计应基于听障儿童的学习需求和发展阶段，确保内容的相关性和适宜性。

教学实施应考虑到教学环境和资源的可用性，以及教育者和家长的能力。评估和反馈机制应定期进行，以监测听障儿童的学习进度和视频资源的有效性。通过这种系统化的方法，可以不断优化教育视频资源，更好地满足听障儿童的教育需求。

7. 增加知识和扩展眼界

教育视频资源应旨在增加听障儿童的知识储备和扩展他们的视野。通过提供多样化的内容，如科学、历史、文化和艺术等，激发他们的好奇心和探索欲。这些内容不仅应涵盖基础知识点，还应包括更深入的主题和概念，以促进批判性思维和创新能力的发展。

此外，视频资源应鼓励听障儿童探索不同的文化和生活方式，增进他们对多样性和包容性的理解。通过这种方式，听障儿童不仅能够获得知识和技能，还能够培养全球视野和跨文化交流的能力。

8. 融入主流生活的动力与信心

通过提供与主流教育相衔接的视频资源，帮助听障儿童更好地融入社会主流生活。这些资源应鼓励听障儿童积极参与社会活动，建立自信，为他们将来的学术和职业生涯打下坚实的基础。例如，视频资源可以展示听障人士在不同领域的成功案例，提供角色模型和灵感来源。

同时，视频资源还可以教授听障儿童如何在社会中自我倡导，如何与他人沟通和合作，以及如何利用技术和社会资源来克服障碍。通过这些内容，听障儿童可以增强他们的社会参与感和自我效能感，为融入主流生活做好准备。

二、要制定适用于特定范围的共同规则，推出内在标准

该项目中指出广泛适用于某类特定对象或者解决某种现实问题的专业标准，是引领教育创新成果走向成熟的基本准则，是发掘、培育、推广教育创新成果的重要依据。因此，听障儿童的教育成长，首先要"遵循教育基本规律与学生成长规律的教育属性"，"提供可以有效解决聋健融合现实问题的创新属性"以及"可操作、可应用、可复制、可推广的产品属性"。利用通用设计框架搭建"可访问资源"，如图7-6所示。"可访问资源"可以用这样一个类比来进行思考，比如学生有权从学校的喷泉中获得平等的水，有的学生是不用任何帮助，可以自由向上走，轻松喝到水，不必使用阶梯或任何帮助即到达喷泉。而有的学生还不够高，则意味着不借助外力将不能喝到一滴水，那他是否需要等到明年长高一两英寸再来？还是维修人员应该降低喷泉？还是给予一个吸管，直到它可以帮忙到达喷泉？总之，为学习者提供的支持或调整是有助于为其提供公平的学习环境，为每一个孩子能喝到足够的水而提供所需的支持，这就是可访问性资源的特征。总而言之，无论是哪一种教育创新成果，它都应该有明确的表现形式、针对性和适用范围。

图7-6 "可访问资源"通用设计框架

1. 制定共同规则的重要性

制定共同规则对于确保教育创新成果的质量和有效性至关重要。在听障儿童教育领域，这些规则和标准不仅为教育实践提供了指导，而且确立了教育内容和方法的一致性，确保了教育的公平性和包容性。共同规则的制定需要基于深入的研究和对听障儿童需求的全面理解，以确保教育方案能够满足他们的特定需求。

共同规则的制定还涉及教育政策的制定者、教育工作者、家长以及听障儿童本身。通过多方的参与和协商，可以确保规则的全面性和实用性。此外，共同规则还应该包含对教育创新成果的评估和反馈机制，以便于不断优化和改进教育方案。

2. 教育基本规律与学生成长规律

教育创新必须遵循教育的基本规律和学生的成长规律，特别是对于听障儿童这一特殊群体。这意味着教育内容和方法需要与他们的语言发展、认知能力和社交技能相匹配，同时也要考虑到他们的个体差异。教育者应该了解听障儿童的特殊需求，设计出能够促进他们全面发展的教育方案。

例如，教育者可以利用手语、视觉辅助工具和图像来教授听障儿童语言和概念，同时通过游戏和互动活动来提高他们的社交技能。此外，教育者还应该关注听障儿童的情感发展，通过建立积极的师生关系和提供情感支持来帮助他们建立自信。

3. 解决聋健融合现实问题

听障儿童的教育创新成果应该具备解决聋健融合现实问题的能力。这要求教育方案能够适应不同环境，如家庭、学校和社会，并考虑到听障儿童与健听儿童之间的互动和融合。教育创新应该鼓励包容性，促进听障儿童与社会的无缝连接。

为了实现这一目标，教育方案应该包括对听障儿童的个性化支持，如提供手语翻译、视觉辅助设备和特殊教育资源。同时，教育方案还应该包括对健听儿童的教育，以加深他们对听障儿童的理解。通过这种方式，可以建立一个更加包容和支持的学习环境。

4. 可操作、可应用、可复制、可推广的产品属性

教育创新成果的可操作性、可应用性、可复制性和可推广性是其成功实施的关键。这意味着教育方案不仅在理论上是可行的，而且在实践中也能够被广泛采用和实施。教育方案应该易于理解和执行，以便教育者、家长和听

障儿童都能够轻松地将其应用到实际教育过程中。教育方案的设计应该简洁明了，避免复杂的理论和技术术语。同时，教育方案还应该提供详细的实施指南和支持材料，如教学视频、手册和在线资源。此外，教育方案还应该考虑到不同地区和文化的差异，以确保其在全球范围内的适用性。

5. 通用设计框架与可访问资源

利用通用设计框架搭建的"可访问资源"是确保听障儿童教育创新成果普及的关键。这种设计框架强调了资源的普遍可访问性，确保所有学习者都能够平等地获得教育机会。通过类比喷泉的例子，我们可以理解为听障儿童提供支持或调整的重要性，以便他们能够在一个公平的学习环境中获得所需的知识。

通用设计框架包括了多个原则，如灵活性、简单性、感知性、容忍性和低耗性。这些原则可以帮助教育者设计出适合所有学习者的教育方案，包括听障儿童。例如，教育者可以利用多媒体和多感官教学方法来提高教育方案的灵活性和感知性，同时通过简化教学步骤和提供清晰的指导来提高其简单性和容忍性。

6. 教育创新成果的明确表现形式

教育创新成果应该有明确的表现形式，这包括教育内容、教学方法、评估工具等。这些成果应该清晰地展示其创新点和优势，以及如何适应听障儿童的特殊需求。明确的表现形式有助于教育者、家长和听障儿童更好地理解和接受教育创新成果。教育创新成果的展示应该包括详细的描述、示例和案例研究。此外，教育创新成果还应该包括对其有效性的评估和证明，如研究结果、用户反馈和成功案例。通过这种方式，可以增强教育创新成果的可信度和吸引力。

7. 针对性和适用范围

教育创新成果应该具有针对性，能够解决特定的教育问题或满足特定的教育需求。同时，它们也应该有明确的适用范围，指出哪些教育环境、年龄段或特定群体最为适用。这种针对性和适用范围有助于教育者和决策者选择和实施最合适的教育方案。教育者和研究人员需要进行深入的需求分析和市场调研。这包括了解听障儿童的具体需求、教育环境的特点和教育目标。此外，教育创新成果的实施还应该考虑到资源的可用性和可行性，以确保其在不同环境中的有效性。

总之，制定适用于特定范围的共同规则和内在标准，对于推动听障儿童教育创新成果的成熟和普及至关重要。通过遵循教育基本规律、解决聋健融合问题、确保可操作性和可推广性，以及利用通用设计框架，我们可以为听障儿童创造一个更加公平和包容的教育环境。这不仅有助于听障儿童的个人发展，也促进了社会的多元化和包容性。

三、为听障儿童制作他们期望的教育视频资源

听障儿童从小接收到的视频信息也许是为其未来生活工作做好资源储备，因此应以明确的教学目标、明确的教育内容和标准化方式来进行资源的储备；联结更多资源和提炼有利于引导面向听障儿童资源建设精品化建设的方向。具体而言，面向听障儿童优质视频选题要求、内容范围可以参考以下维度：

1. 听障儿童发展与学习类课程

包括听障儿童发展、听障儿童认知与学习等相关课程。视频资源应涵盖听障儿童发展与学习类课程，包括听障儿童的生理、心理和社会发展，认知与学习的特点和策略。这些视频应提供有关听障儿童成长过程中的关键信息和支持策略。

视频资源应详细展示听障儿童的生理发展特点，包括他们的身体成长、运动技能的发展以及与听力相关的生理机制。通过动画和图表，视频可以生动地解释听觉系统的工作原理以及听力损失如何影响个体发展。心理社会发展是听障儿童教育视频资源中不可或缺的部分。视频应探讨听障儿童如何建立自我认同、与他人建立关系以及适应社会环境。案例研究和访谈可以提供真实世界中听障儿童的适应和成长故事。针对听障儿童的认知与学习特点，视频资源需要深入解释他们在语言习得、问题解决和创造性思维方面的特殊需求。通过具体的教学示例和策略，视频可以帮助教育者和家长更好地理解听障儿童的学习过程。视频资源应提供一系列支持听障儿童学习的策略，如视觉辅助工具的使用、手语和其他替代沟通方式。这些策略旨在帮助听障儿童克服学习障碍，提高学习效率。听障儿童在成长过程中会遇到许多关键的发展里程碑。视频资源应提供有关这些里程碑的信息，帮助家长和教育者识别和支持听障儿童的成长需求。视频应展示如何在实际教学和家庭环境中应用支持策略。这包括课堂管理技巧、家庭沟通方法以及如何创造一个支持听障儿童发展的环境。随着特殊教育领域的不断发展，新的教学方法和研究成果应被整合到视频资源中，以确保听障儿童能够获得最新的教育支持。

2. 基于视频资源的听障儿童教育教学与活动指导类课程

包括一般教学知识（教学设计、方法、实施、评价）、聋校学科课程标准与教材研究、聋校学科教学设计、活动的设计与实施、综合实践活动等相关课程。

视频资源在传递一般教学知识方面发挥着重要作用。这包括教学设计的原则、多样化的教学方法、教学活动的实施步骤以及教学效果的评价标准。通过视频演示，教育者可以更直观地理解这些概念，并将其应用于听障儿童的教学实践中。视频资源可以展示聋校学科课程标准与教材研究的成果，帮助教育者了解听障儿童教育的最新发展和要求。视频可以介绍不同学科的教学目标、内容框架和评估方法，以及如何根据听障儿童的特殊需求调整教材和教学策略。针对听障儿童的教学设计，视频资源可以提供创新的教学设计方案，包括如何利用视觉辅助工具、手语和其他非语言交流方式来增强教学效果。视频还可以展示如何结合听障儿童的认知特点和学习风格进行个性化教学设计。此外，视频资源应提供活动设计与实施的具体指导，包括如何选择和设计适合听障儿童的课堂活动和课外实践，以及如何组织和引导这些活动以确保听障儿童的积极参与和学习效果。综合实践活动对于听障儿童的全面发展至关重要。视频资源可以展示如何将听障儿童融入学校和社区的综合实践活动中，包括社会服务、环境探索和文化体验等，以及如何在这些活动中提供必要的支持和指导。视频资源可以展示如何评价听障儿童的学习成果，包括知识掌握、技能发展和情感态度等多个维度。视频可以介绍不同的评价工具和方法，如观察记录、作品评价和自我评价等。基于视频资源的听障儿童教育教学与活动指导类课程，可以满足听障儿童教育的多样化需求。

3. 听障儿童心理健康与道德教育类课程

视频包括听障儿童心理测量、听障儿童心理健康教育、听障儿童品德发展与道德教育等相关课程。这些视频资源将帮助听障儿童建立积极的自我认知和道德观念。

心理测量工具可以帮助教育者和家长了解听障儿童的心理状态和发展需求。视频资源可以展示如何使用这些工具进行评估，并解释评估结果对教育和干预的意义。视频资源应普及心理健康的概念，包括情绪管理、压力应对和自我意识等。通过情景剧、专家讲解和案例分析，视频可以帮助听障儿童学习维护心理健康的策略和技巧。品德发展是道德教育的核心。视频资源可以介绍不同文化和社会背景下的道德观念，并通过故事、角色模范和实践活动来引导听障儿童形成良好的品德。道德教育不仅仅是理论知识的传授，更重要的是实践应用。视频资源可以展示如何在日常生活中实践道德行为，如诚实、尊重和责任感等。积极地自我认知对听障儿童的心理健康至关重要。视频资源可以通过自我探索活动、同伴交流和正面反馈来帮助听障儿童建立积极的自我形象和自尊。社会技能对听障儿童的社会融入和人际关系至关重要。视频资源可以教授听障儿童如何与他人有效沟通、解决冲突和建立友谊。

4. 视频制作专业类资源建设

听障儿童视频制作相关资源研发规范：传播学、社会学、特殊儿童心理学、儿童电视学、影视制作基础专业。这些资源将为视频制作人员提供必要的理论支持和实践指导。

传播学理论为听障儿童视频制作提供了重要的理论框架。视频制作人员可以利用传播学原理，如信息编码、解码、受众分析等，来设计和制作更有效的教育视频。社会学视角有助于理解听障儿童的社会环境和文化背景。视频制作人员可以通过社会学理论来探讨听障儿童的社会互动、群体身份和文化差异，使视频内容更加贴近听障儿童的现实生活。特殊儿童心理学为听障儿童视频制作提供了心理学指导。视频制作人员需要了解听障儿童的认知、情感和行为特点，以便设计出能够满足他们特殊需求的视频内容。儿童电视学关注儿童对媒体内容的接受和理解。视频制作人员应掌握儿童电视学的原理，如儿童的视觉感知、注意力特点和学习风格，以提高视频的教育效果。影视制作基础专业为听障儿童视频制作提供了技术支撑。视频制作人员需要掌握摄影、剪辑、音效和动画等基本影视制作技术，以制作高质量的视频内容。总之，视频制作专业类资源建设应注重理论与实践的结合。视频制作人员不仅要了解相关理论知识，还要将这些知识应用到实际的视频制作过程中，不断优化和创新。

5. 为听障儿童资源建设提供成功的实践案例

好的教育创新成果必须有成功的实践案例，在特定条件或特定群体中有代表性，具备很强的榜样价值和导向意义，对教育创新成果的推广应用起着示范、诠释和指导作用。优秀的案例在宣传、推广教育创新成果过程中起到展示与示范作用，便于其他教育实践工作者（使用者）理解内涵、相互传播以及学习借鉴。系统化的解决方案是解决教育问题的基础，它通常是全面的但亦是相对抽象的，而优秀的案例正是解决方案推广应用的"敲门砖"和

"突破口"。

成功的实践案例能够直观地展示教育创新成果的应用效果，为教育工作者提供具体的操作模式和实践方法。通过案例分析，教育工作者可以了解如何在特定条件下有效地应用教育创新，以及如何根据听障儿童的特殊需求调整教学策略。优秀的案例具有强烈的榜样价值和导向意义，它们能够激励教育工作者追求卓越，探索适合听障儿童的教育方法。这些案例提供了一种方向，指导教育工作者如何在教育实践中实现创新和改进。在推广教育创新成果的过程中，优秀的案例起到了展示与示范的作用。它们帮助其他教育实践工作者理解教育创新的内涵，促进了教育创新理念的相互传播和学习借鉴。虽然系统化的解决方案为解决教育问题提供了全面的理论基础，但它们可能相对抽象，不易直接应用。优秀的案例作为解决方案的具体体现，为教育工作者提供了更易于理解和操作的实践指南。成功的案例能够启发教育工作者思考如何将教育理论与实际相结合，如何在尊重听障儿童个性和满足需求的基础上进行教育创新。这些案例提供了丰富的思路和方法，激发教育工作者的创造力。

总之，基于"众智"理念完善听障教育视频资源协同共建机制，实现分层多途径共享。在工业化时代，经常会用到短板原理，即"木桶原理"，认为一个企业或一个部分要精通一切。认为所有任务都需要某一个机构完全承担，设计、宣传、法律服务、战略咨询、人员配备等等，一旦哪一部分缺失或不足都无法完成。但随着互联网时代合作平台的开放及合作成本的降低，建立和完善协同服务机制，发挥各个机构人员的"长板"优势，以及共同有"完整的桶"的目标意识，就完全可以通过合作的方式补齐各自的短板。这样，我们把教育视频资源的设计、制作、宣传、分发和应用实现分层外包和定制，挖掘彼此优势，形成合力，实现资源共享，如图7-7所示。

工业时代职业发展　　　　　　信息化时代职业发展
短板原理　　　　　　　　　　　长板原理

图7-7　长板原理

　　为营造良好的扶残助残社会环境，应结合培育和践行社会主义核心价值观，进一步加强和改进残疾人事业宣传工作。充分利用报刊、广播、电视和互联网等媒体，鼓励支持残疾人组织借助微博、微信和移动客户端及有关移动新媒体，大力弘扬人道主义思想、扶残助残的中华民族传统美德和残疾人"平等、参与、共享、融合"的现代文明理念，营造理解、尊重、关心、帮助残疾人的社会环境。加强对残疾儿童家长的指导支持，为残疾儿童成长提供良好的家庭环境。窗口服务行业开展学习通用手语活动，推动在全国大中城市建设聋人信息服务平台。

第四节　面向听障儿童的教育视频资源建设流程规范

　　聋人群体由于听力损失原因与主流社会在沟通上存在一定的障碍，因此，聋人群体有着共同的心理感受和生活经验及方式，这就自然而然地形成了聋人文化。聋人文化是浸渗在主流文化中的多元文化的一种，是人类文化的一个组成部分，它是直接作用或影响聋人生存的社会心理环境。

　　然而，我国在主流媒体中相关手语节目匮乏，面向听障儿童的电视节目寥寥无几。以传播聋人文化为基础的听障儿童电视节目是否有存在的必要？面向听障儿童的优质电视节目有哪些形式可以借鉴？如何充分利用电视媒体的传播优势，提供为听障儿童家庭服务的有效资源，制作出符合听障儿童身心特点和学习发展规律的，突出潜能开发和功能补偿的视频资源？我们需要规范听障儿童教育视频资源的设计与开发流程，以期高效打造听障类视频资源建设。通过借鉴国内外研究成果，如我国的《大家学手语》，英国 BBC 平台播出的《看到听到》(*See Hear*)、《视觉呈现》(*Vision on*)，美国公共广播公司 PBS 推出的 *Signing Time*! 对听障儿童量身打造的视频类节目制作流程，我们将资源建设流程分为五个阶段：前期受众分析阶段—整体策划阶段—设计开发阶段—实施应用阶段—效果验证阶段，如图 7 - 8 所示。

一、前期受众分析

　　主要包括听障儿童教育视频需求分析、无障碍策略分析和听障补偿技术分析三个组成部分。需求分析是设计开发听障儿童教育视频资源的前提条件，一般通过问卷法、观察法和访谈法三种研究方法来完成。通过需求分析，可以总结归纳出听障儿童教育视频资源的具体需求，但这些需求往往过于零碎，且由于听障儿童自身表达问题，大部分无法通过直接用户获得，无法直接应用于视频设计实践，因此有必要进行无障碍策略分析和听障补偿技术分析。无障碍策略分析即通过对大部分听障儿童的认知心理和需求综合分析，提出实现听障儿童需求的解决方案，从而指导整个听障儿童教育视频资源的设计流程。

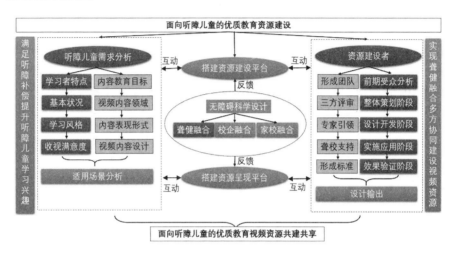

图7-8 面向听障儿童的优质教育视频资源建设流程规范

1. 听障儿童教育视频需求分析

需求分析是设计和开发听障儿童教育视频资源的基础。这一阶段通常采用问卷法、观察法和访谈法等研究方法来识别和理解听障儿童及其教育者的具体需求。这些方法有助于收集关于听障儿童学习偏好、认知能力、技术接入和沟通方式的数据。然而，由于听障儿童可能在表达上存在限制，需求分析的结果可能需要进一步的整合和解释，以便更好地服务于视频设计。

2. 无障碍策略分析

无障碍策略分析是对需求分析结果的深入探讨，目的是提出解决方案，以满足听障儿童的教育需求。这包括分析听障儿童的认知心理特点，以及他们如何通过视觉、触觉等其他感官获取和处理信息。无障碍策略可能涉及视频内容的多模态呈现，如添加手语翻译、字幕、视觉辅助和符号系统，以确保信息的有效传达。

3. 听障补偿技术分析

听障补偿技术分析关注于如何利用技术手段来补偿听障儿童的听力损

失。这可能包括使用先进的音频处理技术来增强语音的清晰度，或者开发专门的软件来将声音转换为视觉或触觉信号。此外，补偿技术还可能涉及教育视频的交互性设计，使听障儿童能够通过其他方式参与和响应教学内容。

4. 整合需求与策略

需求分析的结果需要与无障碍策略和听障补偿技术相结合，形成一个整合的框架，以指导听障儿童教育视频资源的设计和开发。这种整合确保了视频资源能够满足听障儿童的具体需求，并利用有效的技术手段来提供最佳的学习体验。

5. 用户中心设计

在整个设计流程中，采用用户中心设计理念至关重要。这意味着在视频开发的每个阶段，都需要考虑听障儿童的体验和反馈，确保视频内容对他们来说是可访问、易于理解和吸引人的。

6. 持续评估与改进

强调对听障儿童教育视频资源进行持续评估和改进的重要性。通过定期收集用户反馈和监测视频的使用效果，可以不断优化视频内容和呈现方式，以更好地满足听障儿童的教育需求。

二、整体策划阶段

主要与聋校教师及特殊教育专家人员协作进行主题规划，然后进行视频资源建设。视频制作研发团队应该依照视频资源建设的相关流程来进行整体策划，参考国家设置的聋校义务教育课程标准内容来进行选题、与聋校教师及特殊教育专家人员协作进行主题规划、脚本撰写、拍摄以及后期制作与成品推广的设计与人员分工。

1. 主题规划的协作

整体策划阶段首先需要与聋校教师及特殊教育专家人员进行紧密协作。这一过程涉及对听障儿童教育需求的深入分析，以及对课程目标和内容的准确把握。通过跨学科团队的合作，可以确保视频资源的主题与听障儿童的学习需求和课程标准相匹配。

2. 视频资源建设流程的遵循

视频制作研发团队应严格遵循视频资源建设的相关流程。这包括从选题、策划、脚本撰写、拍摄到后期制作与成品推广的每一个环节。遵循流程有助于确保视频资源的质量和一致性，同时提高制作效率。

3. 国家课程标准的参考

在选题和内容开发时，需要参考国家设置的聋校义务教育课程标准。这些标准为视频资源提供了内容框架和教学指导，确保视频资源与国家教育目标保持一致。

4. 脚本撰写的专业要求

脚本撰写是视频制作中的重要环节。它要求编剧不仅要有扎实的写作技能，还要对特殊教育有深刻理解。脚本应包含清晰的教学目标、适宜的认知负荷和吸引听障儿童的元素。

5. 拍摄与制作的技术考量

在拍摄和制作阶段，需要考虑如何利用视觉和手语来传达信息，以及如何通过编辑和特效来增强教学效果。此外，还需要考虑视频的无障碍特性，如添加字幕和手语翻译。

6. 成品推广的策略

成品推广是确保视频资源能够到达目标受众的关键步骤。这可能包括与教育机构合作、利用社交媒体进行宣传、参加教育展览和研讨会等。

7. 设计与人员分工的明确

在整体策划阶段，明确设计与人员分工至关重要。每个团队成员的角色和责任应清晰划分，以确保项目的顺利进行。这包括导演、摄影师、编辑师、手语翻译和特殊教育顾问等。

8. 持续反馈与迭代改进

强调在整体策划阶段收集反馈并进行迭代改进的重要性。通过征求聋校教师、特殊教育专家和听障儿童的意见，可以不断优化视频资源，确保它们满足用户的实际需求。

三、设计开发阶段

设计开发阶段，视频制作研发团队做好资源建设的合理投入，资源配置和优化人员分工。按照前期受众分析和整体策划，视频制作研发团队首先必须收集整理好顺利拍摄和制作的所有物料，如时间地点选择、场景布置、演员选择及培训、拍摄器材及辅助工具的准备等，准备好后才能进入具体的拍摄开发阶段。视频拍摄的具体开发阶段必须有严格的规划和执行，整个过程人员较多，需要密切地配合，大体可以分为前期拍摄准备、现场拍摄和人员调度、后期制作三部分。

1. 资源配置与人员分工

设计开发阶段的首要任务是确保资源建设的合理投入和资源配置。视频制作研发团队需要根据前期受众分析和整体策划，优化人员分工，确保每个团队成员都能在其擅长的领域发挥最大的作用。

2. 物料收集与准备工作

在进入拍摄开发阶段之前，团队必须收集所有必要的物料。这包括时间地点的选择、场景布置、演员选择及培训、拍摄器材及辅助工具的准备等。充分的准备是确保拍摄顺利进行的关键。

3. 前期拍摄准备

前期拍摄准备是确保拍摄顺利进行的基础。这包括制订详细的拍摄计划，确定拍摄角度和镜头，准备必要的道具和服装，以及对拍摄场地进行充分的考察和布置。

4. 现场拍摄与人员调度

现场拍摄是整个视频制作过程中最为关键的环节。团队需要密切配合，确保拍摄按照计划进行。人员调度是现场拍摄的重要组成部分，需要确保每个岗位的人员都能及时到位，保证拍摄的顺利进行。

5. 后期制作的重要性

后期制作是提升视频质量的重要环节。这包括视频剪辑、音频处理、特效添加、字幕和手语翻译的整合等。后期制作团队需要对拍摄素材进行精心挑选和处理，以确保最终的视频能够达到预期的教育效果。

6. 严格地规划与执行

整个设计开发阶段必须严格地规划和执行。从前期准备到后期制作，每个环节都需要精确的时间管理和质量控制，以确保视频制作的高效和高质量。

7. 团队协作与沟通

在设计开发阶段，团队协作与沟通至关重要。团队成员需要保持密切的沟通，及时解决拍摄过程中出现的问题，确保拍摄工作的顺利进行。

四、实施应用阶段

通过搭建聋健协作平台保障视频制作质量和传播效度，有助于视频推广及效果检验与修订完善。在主流媒体中，根据中国残联的统计数据，截至2012 年底，我国大陆地区共开设电视手语栏目 197 个，其中中央电视台 1

个，省级电视台 28 个，地市级台 168 个，覆盖了 96％ 的地区，但大多都是配有手语同步翻译视频，翻译视频窗口屏幕过小，成年聋人都看不清、看不全，更何况注意力很难集中的听障儿童。从中央电视台到各省卫视，再到各地市电视台，似乎还没有专为听障儿童服务的电视节目。因此，在初步完成整个听障儿童教育视频资源的设计与开发后，可发布到公共视频平台或手机端视频平台进行应用。但若有听障儿童参与视频拍摄的情况，需要经其监护人或听障儿童本人同意才可以。

1. 聋健协作平台的搭建

实施应用阶段首先需要搭建一个聋健协作平台，以确保视频制作的质量和传播的广泛性。这个平台可以促进聋人社群、教育工作者、技术开发者和政策制定者之间的沟通与合作，共同提升视频资源的适用性和有效性。

2. 视频推广与质量保障

通过有效的推广策略，可以增加视频资源的可见度和受众范围。同时，确保视频内容的高质量，满足听障儿童的学习需求和观看体验，是实施应用阶段的关键任务。

3. 效果检验与修订完善

对已发布的教育视频进行效果检验，收集反馈信息，并根据反馈进行内容和形式上的修订和完善。这一过程有助于不断提升视频的教育价值和用户满意度。

4. 电视手语栏目的现状分析

根据中国残联的统计数据，虽然电视手语栏目在中国大陆地区已经较为普及，但大多数节目存在手语翻译窗口过小、不适合听障儿童观看的问题。这表明现有资源尚未充分满足听障儿童的需求。

5. 专为听障儿童服务的电视节目缺乏

目前，似乎还没有专为听障儿童服务的电视节目。这揭示了听障儿童教育视频资源建设领域的一个重要缺口，需要更多地关注和创新。

6. 公共视频平台的应用

在完成设计与开发后，教育视频可以在公共视频平台或手机端视频平台进行发布和应用。这为听障儿童提供了更便捷的学习途径，同时也扩大了视频资源的受众范围。

7. 视频拍摄参与的伦理考量

若听障儿童参与视频拍摄，则发布和应用该视频必须获得其监护人或儿童本人的同意。这体现了对听障儿童权益的尊重和保护，确保视频制作的伦理性和合法性。

五、效果验证阶段

依据"面向听障儿童优质视频评价指标体系"评测标准判断各监测点的内容是否达标。视频资源对儿童学习生活的影响不容忽视，然而对于听障儿童这一特殊群体来说，电视生动形象的直观画面在听障儿童的认知发展和社会化发展中更有着积极的意义。从人文关怀的角度来说，儿童电视节目创作者应考虑为不同人群量身定做节目，但因为年龄差距，聋文化缺失，相对其他群体的视频资源建设来说，面向听障儿童的视频资源策划者遇到的困难更大，评估的维度也较为复杂。但基于追求适切和优质的视频建设目标，听障儿童教育视频资源达到相关设计要求并可以推广，听障视频研发者可以依据"面向听障儿童优质视频评价指标体系"或依据 WCAG 2.0 和 Section 508 有关性评测标准的描述，通过判断各监测点的内容是否达标，另外可以通过问卷或访谈的方式对教育视频的效果性进行调研，为后续迭代完善提供依据。

1. 评价指标体系的应用

在效果验证阶段，"面向听障儿童优质视频评价指标体系"的应用至关重要。它不仅确保了视频内容的教育价值和质量，还为视频资源的持续改进提供了明确的指导和标准。通过这一指标体系，研发者能够系统地评估和提升视频的可访问性、教学有效性以及用户满意度，确保视频资源能够真正满足听障儿童的需求。

2. 视频对学习生活的影响

视频资源对听障儿童学习生活的影响深远。它们通过直观的视觉呈现，促进了听障儿童的认知发展，增强了他们的社会化技能。这种影响的评估不仅关注视频内容的传递效果，也关注听障儿童的情感体验和行为变化，从而全面衡量视频资源的教育效果。

3. 人文关怀与定制化节目

电视节目创作者在策划面向听障儿童的节目时，应充分体现人文关怀，为他们量身定做内容。这意味着要深入了解听障儿童的生活经验、文化特点和学习需求，从而创作出既有教育意义又具有吸引力的节目，让听障儿童在观看中感受到被尊重和理解。

4. 视频资源策划的挑战

面向听障儿童的视频资源策划面临着诸多挑战，如年龄差异、聋文化缺失等。这些挑战要求策划者不仅要有深厚的特殊教育知识，还要有敏锐的社会洞察力和创新能力。通过跨学科合作和深入研究，策划者可以克服这些困难，为听障儿童提供高质量的视频资源。

5. 适切性和优质视频的追求

追求适切和优质的视频资源是听障儿童教育视频建设的核心目标。适切性意味着视频内容要与听障儿童的认知水平和学习需求相匹配，而优质则要求视频在教学设计、技术实现和艺术表现上都达到高标准。通过不断追求这两个目标，可以确保视频资源对听障儿童的教育和发展产生积极影响。

6. 国际评测标准的参考

参考 WCAG 2.0 和 Section 508 等国际评测标准，听障视频研发者可以确保视频资源的无障碍性和普遍可访问性。这些标准提供了关于视频设计和实现的具体指导，有助于研发者在视频制作过程中考虑到不同能力用户的需求，从而提升视频资源的包容性。

7. 效果性调研的实施

通过问卷、访谈和其他形式的效果性调研，可以收集听障儿童、家长、教师和其他利益相关者的反馈。这些反馈对于评估视频资源的实际效果至关重要，它们可以帮助研发者了解视频的优缺点，为后续的迭代和完善提供宝贵的数据支持。

8. 持续迭代与完善

效果验证阶段的目标之一是实现视频资源的持续迭代和完善。通过定期的效果评估和用户反馈收集，研发者可以不断优化视频内容和形式，以适应听障儿童不断变化的教育需求和社会发展。这种持续改进的过程有助于保持视频资源的时效性和相关性。

第八章 面向听障儿童的优质视频资源
建设示范案例

第一节 面向听障儿童视频资源的编导与制作
——语文学科为例

一、依据聋校教学语文教学目标确定主题

《聋校义务教育语文课程标准（2016年版）》规定了听障儿童义务教育
阶段语文课程性质、课程基本理念、课程设计思路，对课程目标进行九年一
贯整体设计。课程标准依据聋生的生理和心理特点，在"总目标"之下，按
1～3年级、4～6年级、7～9年级三个学段分别提出学段目标。因此在进行
视频教材内容策划时要注意体现学习目标的阶段性和连续性。[①] 因此要选择
能够使听障儿童在"语文学习的过程中，培养爱国主义感情、社会主义思想
道德和健康的审美情趣，发展个性，形成积极的人生态度和正确的价值观"
的主题。选择能够"使其认识中华民族文化的丰厚博大，培植热爱祖国语言
文字的情感，增强语文学习的自信心"，贴近当代文化生活的主题。聋校语
文教学每个学段的目标都是针对"识字与写字""阅读""写作""言语交际"
"综合性学习"这五个方面提出的。这样，阶段目标就形成纵横交织的目标
体系。

1. 依据聋校教学目标确定主题的重要性

在聋校教育中，依据《聋校义务教育语文课程标准（2016年版）》确定
教学主题至关重要。这一标准不仅为听障儿童的语文教学提供了明确的指导
和目标，而且体现了对听障儿童生理和心理特点的深刻理解。通过这些目

---

① 李运林，徐福荫. 电视教材编导与制作 [M]. 北京：高等教育出版社，2004：12—19.

标，我们能够确保听障儿童在语文学习过程中，不仅能够掌握语言文字的基础技能，还能够培养起对国家、社会和文化的认同感和归属感。

在视频教材内容策划时，确保主题与教学目标相一致，意味着我们能够为听障儿童提供一个全面、系统且连贯的学习体验。这不仅有助于他们更好地理解和吸收知识，而且能够激发他们的学习兴趣，培养他们的批判性思维和创造性思维。通过精心设计的视频教材，我们可以帮助听障儿童建立起对语文学习的信心和热情，为他们的未来学习和生活打下坚实的基础。

2. 阶段性和连续性的学习目标

聋校语文教学的阶段性和连续性目标体现了教育的渐进性和发展性。在1~3年级，重点在于基础识字和阅读能力的培养，这个阶段的目标是帮助听障儿童建立起对语言的基本认知和理解。随着年级的升高，4~6年级的目标则转向提高阅读理解能力和写作技巧，这有助于听障儿童更深入地理解语言的内涵和表达方式。到了7~9年级，言语交际和综合性学习的能力成为教学的重点，这个阶段的目标是培养听障儿童的沟通能力和综合运用语言的能力。

视频教材内容策划时，必须考虑到这种阶段性和连续性，确保教材内容能够适应不同年级学生的需求。这意味着教材内容应该从简单到复杂，从具体到抽象，逐步引导听障儿童深入学习和探索。同时，教材内容还应该具有一定的灵活性和适应性，以满足不同学生的学习速度和学习风格。

3. 培养爱国主义感情和审美情趣

在聋校语文教学中，培养听障儿童的爱国主义感情和健康的审美情趣是一项重要的任务。通过选择反映中华民族文化、历史和现代成就的主题，我们可以激发学生的爱国情感和对民族文化的自豪感。例如，通过讲述中国传统节日的来历和习俗，可以让听障儿童感受到中华文化的深厚底蕴；通过介绍历史人物的故事，可以让他们了解到中华民族的伟大精神和崇高品质；通过展示现代科技的发展，可以让他们感受到国家的进步和发展。

此外，视频教材还可以通过展示祖国的自然风光、民族风情、艺术作品等，培养听障儿童的审美情趣。这些内容不仅能够丰富他们的精神世界，还能够提高他们的审美能力和创造力。通过这些方式，我们可以帮助听障儿童建立起对美好生活的向往和追求，为他们的成长和发展提供强大的精神动力。

4. 认识中华民族文化的丰厚博大

认识中华民族文化的丰厚博大，对于听障儿童的文化认同和文化自信具有重要意义。通过视频教材，我们可以向听障儿童展示中国的语言文字、文学艺术、哲学思想等多个方面的丰富内容。例如，通过介绍汉字的起源和发展，可以让听障儿童了解到汉字的独特魅力和深厚内涵；通过讲述中国古代的诗词歌赋，可以让他们感受到中华文化的韵味和情感；通过介绍中国的传统哲学思想，可以让他们认识到中华文化的智慧和深邃。

通过这些内容，听障儿童不仅能够增强对祖国语言文字的情感，还能够增强语文学习的自信心。他们可以更加自信地使用和表达汉语，更加自豪地传承和弘扬中华文化。同时，这些内容还可以帮助听障儿童建立起对多元文化的理解和尊重，培养他们的开放心态和国际视野。

5. 增强语文学习的自信心

在聋校语文教学中，增强听障儿童的语文学习自信心是一项重要任务。视频教材可以通过展示听障儿童在语文学习中取得的成就和进步，帮助他们建立起学习的信心。例如，通过展示他们在识字、阅读、写作等方面的进步，可以让他们感受到自己的进步；通过介绍他们在语文学习中的成功经验和方法，可以让他们掌握更多的学习策略和技巧。

此外，视频教材还可以通过展示听障人士在各个领域的成功案例，激励听障儿童克服困难，积极面对学习挑战。这些案例可以包括听障科学家、艺术家、运动员等，他们的故事可以给听障儿童带来极大的鼓舞和动力。通过这些方式，我们可以帮助听障儿童建立起对自我价值和能力的认可，激发他们追求卓越和成功的决心。

6. 综合性学习的目标体系

聋校语文教学的综合性学习目标体系，涵盖了识字与写字、阅读、写作、言语交际、综合性学习等多个方面。这一体系不仅体现了语文学习的全面性和深入性，也体现了教育的综合性和实践性。视频教材内容策划时，需要围绕这五个方面来设计，形成一个纵横交织的目标体系。

例如，在识字与写字方面，视频教材可以通过生动有趣的方式，帮助听障儿童掌握汉字的基本结构和笔画；在阅读方面，可以通过精选的文学作品和文章，提高他们的阅读理解和分析能力；在写作方面，可以通过写作指导和实践，培养他们的表达和创作能力；在言语交际方面，可以通过情景模拟和角色扮演，提高他们的沟通和交流能力；在综合性学习方面，可以通过跨学科的项目和活动，培养他们综合运用语言的能力。

通过这种综合性学习的目标体系，听障儿童可以在不同方面得到均衡和全面的发展。他们不仅能够掌握语文知识，还能够提高思维能力、创新能力和实践能力。这种综合性学习的目标体系，为听障儿童的全面发展提供了坚实的基础和广阔的空间。

总之，依据聋校教学目标确定视频教材内容的主题，对于促进听障儿童的语文学习和全面发展具有重要意义。通过精心策划与教学目标相一致的视频教材内容，我们不仅能够激发学生的学习兴趣，培养他们的爱国主义感情和审美情趣，还能够增强他们的语文学习自信心。随着教育技术的发展和创新，我们期待能够为听障儿童提供更加丰富、多样和高质量的语文学习资源，帮助他们在语文学习的道路上不断进步和成长。

二、根据听障儿童差异性确定主题重难点

语文知识是系统性、有层次性的，根据聋校教学大纲对学生语言目标能力要求，在为听障儿童选择主题时也要符合其整体水平和个性差异，以循序渐进、矫治补偿、知识性与实用性相结合。尽管听障儿童有一个共同特征是听力存在障碍，但实际上由于听力、智力及所受教育的差异，表现出的个性差异要比普通儿童的差异大很多。因此，应承认并尊重他们间的差异，通过为他们提供更加丰富的、真实的、有效的语言素材和环境，来满足不同层次的听障儿童在学习中的不同需求，让每个孩子都能得到最大限度的发展。如上海市闵行区启音学校一至三年级的语训校本课程设置了分年级知识与技能、过程与方法、态度与价值等方面的发展目标和具体的内容要求，并根据发展目标，设计了六大主题一百零八个单元分层分级实例教程训练内容，并制定了相关的考核和评价标准。

1. 面向听障儿童语文学科视频资源的选题与内容设计

面向听障儿童视频资源选题侧重选择以关注听障儿童生活、关注社会环境为理念的选题。分析该选题课程中应学习的内容、学习目标等，并需要咨询听障领域的教育专家、聋人学校教师里富有教学经验的语文教师，确定视频资源的内容设计。

在设计面向听障儿童的语文学科视频资源时，选题的确定是至关重要的第一步。选题应深入反映听障儿童的生活实际，同时关注他们所处的社会环境。这种以儿童为中心的选题理念，不仅能够激发听障儿童的学习兴趣，而且有助于他们更好地理解和融入社会。选题的确定需要基于对听障儿童需求的深入分析。这包括了解他们的日常生活、学习习惯、兴趣爱好以及他们在

语言学习中可能遇到的困难。通过问卷调查、访谈和观察等方法，收集听障儿童及其家长、教师的意见和建议，确保选题能够真实反映听障儿童的需求和期望。其次，在确定了选题之后，接下来的工作是对课程内容进行深入分析。这包括分析听障儿童在语文学习中应掌握的知识点、技能和态度。例如，对于识字与写字，需要分析汉字的基本结构、笔画顺序和书写规范；对于阅读，需要分析文章的类型、结构和阅读策略；对于写作，需要分析不同类型的写作要求和技巧；对于言语交际，需要分析沟通的基本技巧和策略。学习目标的设定应与听障儿童的认知发展水平和学习需求相匹配。学习目标应具体、明确，既要有知识技能的目标，也要有情感态度的目标。例如，学习目标可以包括：掌握一定数量的汉字，能够正确、规范地书写；能够理解不同类型的文章，提高阅读理解能力；能够表达自己的想法和感受，提高写作能力；能够在不同的场合进行有效的沟通和交流。

另外，在视频资源的内容设计过程中，咨询听障领域的教育专家和聋人学校的语文教师是非常必要的。这些专家和教师具有丰富的专业知识和教学经验，他们的意见和建议对于确保视频资源的科学性、实用性和有效性至关重要。通过与他们的合作，可以确保视频资源的内容设计能够满足听障儿童的实际需求，同时也能够符合教育部门的课程标准和教学要求。

2. 确定面向听障儿童语文学科视频资源的结构与情景创设

在设计面向听障儿童的语文学科视频资源时，结构与情景创设是两个核心要素，它们共同构成了教学内容的骨架和血肉。这种设计不仅需要遵循生活化的教育理念，更要紧密结合听障儿童的特殊需求，为他们提供一个全面、立体、互动的学习环境。视频资源的结构设计应当清晰、合理，能够循序渐进地引导听障儿童学习和掌握语文知识。以《大熊猫》为例，其结构组织从主题内容的引导开始，逐步深入到基础知识的讲解，接着是知识点的回顾，然后通过问题情境的创设引发讨论，最终以主题内容的小结作为结束。这样的结构设计不仅有助于听障儿童系统地学习知识，而且能够引起他们的思考和讨论，提高他们的语言运用能力。

另外，生活化情景的创设是视频资源设计中的重要环节。将语文知识与听障儿童的日常生活紧密结合，可以增强学习的实用性和趣味性。例如，在教授有关"家庭"的课程时，可以通过展示听障儿童与家人互动的场景，让他们在真实的语境中学习和使用相关词汇和表达。这种情景创设不仅能够帮助听障儿童更好地理解和记忆知识，而且能够提高他们的语言实际应用能力。语言是交际工具，其来源于生活。面向听障儿童的语文学科肩负着培养学生交际能力，使之融入社会生活的任务。

当然，面向听障儿童的教育也有其特殊的任务，即语言康复教学。因此，视频资源建设要遵循生活化的教育理念，立足生活实施康复，在生活化、游戏化的情境中培养听障儿童学习和运用语言的能力。听障补偿是面向听障儿童的语文学科视频资源设计中不可或缺的一部分。通过使用手语、文字提示、视觉辅助等手段，可以帮助听障儿童克服听力障碍，更好地理解和掌握教学内容。这种教学策略不仅体现了对听障儿童特殊需求的关注，而且能够提高教学的有效性和针对性。① 所以，确定听障儿童视频资源的情景与结构，可以为视频资源的开发提供相应的制作支架，专业人员可以根据相应的设计理念，例如面向听障儿童的视频案例《大熊猫》采用"主题内容引导—基础知识讲解—知识点回顾—问题情境创设—问题情境引发讨论—主题内容小结"的结构组织教学内容（如图 8-1），从情境问题设置等方式对听障儿童认知、情感态度等方面进行听障补偿，如表 8-1 所示。

图 8-1 面向听障儿童的教育视频资源示范案例开发

---

① 郭庆. 遵循生活化理念，提升听障儿童语言康复实效 [J]. 现代特殊教育，2019（23）：50-52.

表 8-1 《大熊猫》视频资源个案情境设计及听障补偿方式

目标	内容安排	活动方法	情境设置	听障补偿方式
能够获得身份认同，对视频资源产生观看的兴趣	听障主持人的自我介绍，引出主题	以贴近听障学生的方式，引出学习主题	以环保小卫士的形象出现	选择听障儿童熟悉的，年龄相仿的形象进行心理补偿
能简单地理解课文，了解新的词语	"大熊猫"外形特征的介绍	以大熊猫为主题，结合手语字幕介绍其外貌	通过视频形象介绍大熊猫的外貌特征	建立体验学习的环境，进行视听经验补偿
能够进一步掌握新词，对所学内容进行有效回忆	听障主持人结合影像回放重新介绍大熊猫外貌	以大熊猫外貌为主题，结合手语字幕介绍其外貌	听障主持人强调用于描述大熊猫的词语	细节的塑造，通过主持人引领回顾，实现听障儿童记忆补偿
喜欢与人谈话、交流；能清楚地表达自己的情感	与听障主持人对话	室外采访活动，由听障小主人询问小朋友	通过问题设置，创设沟通交流的室外采访情境	通过提出问题和采访，实现多通道的环境刺激，实现沟通方面的补偿
能够理解他人的情感，提高对他人态度情感的洞察力	对哭泣的动画大熊猫产生同情心	哭泣的大熊猫通过图片的方式讲述自己的遭遇	环保小卫士聆听大熊猫的讲述，创设对话的情境	细节的塑造，建立体验情感的环境，实现听障儿童情感方面心理补偿
能够缓解视觉疲劳，结合所学内容培养思考和表达的能力	看话和思考结合，看话和表达结合，看话和回忆结合，看话和解决实际问题结合	通过回答问题，表达感想，产生爱护动物、爱护环境的态度	创设问题情境，让听障学生思考是什么导致大熊猫哭泣	问题创设，通过引导学生思考，结合听障学生认知思维进行补偿
能够判断是非，知道行为的对错	影像介绍不同的行为对环境产生不同效果	判断对错：由听障学生判断行为的错与对。主持人反复提问"这样做是对的吗？"并给予及时反馈	角色的互换：听障受众也成为环境小卫士来判断行为的对错，创造情感参与的环境	通过对比的方式和强化的方式让听障儿童理解正确的行为，进行恰当的道德引导和注意力补偿
能够树立自己也有能力保护环境的自信心。关心生命，爱护环境	建立自信，形成理想，树立一种保护环境的梦想	用画册、书信等用行动表现出保护环境的信念	创设情感参与的环境，很多小朋友都在行动和努力，唤醒电视前的受众用自己的行动为保护大熊猫作贡献	细节的塑造，同伴的行为对受众实现了共同向善的正确的情感引导

3. 实施面向听障儿童的语文学科视频资源的拍摄与后期制作

拍摄阶段包括外景地拍摄和室内拍摄两个部分。外景地拍摄的主要内容是听障小主持人与其他同伴交流的情境，以及戏剧情景模拟部分，拍摄正反案例，便于听障儿童的正反对比思维的形成，理解聋生的沟通方式。室内拍摄主要为手语教师示范教学部分、手语翻译的录制过程、听障小主持人与电视观众共同知识回顾部分和总结分析部分的拍摄，如图8-2。

图8-2 面向听障儿童的教育视频资源建设示范案例摄制流程

　　如在交流情境的拍摄中，重点在于捕捉听障小主持人使用手语、面部表情和身体语言与同伴进行沟通的真实场景。这些场景可以包括日常对话、团队合作解决问题、情感表达等。通过这些交流情境的展示，可以向听障儿童传达有效的沟通策略和社交技能。戏剧情景模拟部分是外景拍摄的另一重要内容。通过模拟不同的生活场景和故事情节，可以为听障儿童提供丰富的情境体验。这些情境可以是正面的，如和谐的社交互动、成功的团队合作；也可以是反面的，如沟通障碍、误解和冲突。通过正反案例的对比，有助于听障儿童形成批判性思维，理解不同沟通方式的优劣。室内拍摄则更侧重于教学内容的传授和知识的系统回顾。这一部分的拍摄内容设计需要精心策划，以确保信息的准确传达和教学目标的实现。手语教师示范教学部分是室内拍摄的核心。通过手语教师的示范，可以展示标准手语的打法、语法结构和表达方式。这种示范不仅有助于听障儿童学习和模仿，而且可以作为教学标准，供其他教育工作者参考。手语翻译的录制过程是室内拍摄的重要组成部分。通过录制手语翻译，可以将口语信息准确地转化为手语，为听障儿童提供语言转换的直观示例。这种录制不仅有助于听障儿童理解语言的转换过程，而且可以提高他们的语言理解能力。听障小主持人与电视观众共同知识回顾部分和总结分析部分的拍摄，是室内拍摄的收尾环节。在这一部分，通过小主持人的引导，可以对之前的教学内容进行回顾和总结，帮助听障儿童巩固知识点，形成系统的知识结构。同时，总结分析部分可以对教学内容进行深入探讨，提出问题，引导思考，促进听障儿童的批判性思维和创新能力的发展。

总而言之，拍摄阶段的外景地拍摄和室内拍摄是构建听障儿童语文学科视频资源的两个重要方面。外景拍摄通过真实交流情境和戏剧情景模拟，为听障儿童提供了生动的学习材料，促进了他们的社会适应能力和批判性思维的形成。室内拍摄则通过手语教师的示范教学、手语翻译的录制以及知识回顾与总结分析，为听障儿童提供了系统的语言学习和知识巩固的机会。这种结合实景与教学的拍摄方式，不仅丰富了听障儿童的学习体验，而且提高了教学的有效性和针对性。

4. 面向听障儿童的视频资源示范案例制作提示

视觉资源的开发应结合听障儿童的生理和心理特点，从听力残疾儿童缺陷代偿和补偿的角度分析了聋校视频资源的特点，要求采用特写手法，配音要减少无关噪音，解说词的设计要符合听障儿童的心理特点，留有辅助听力训练的作用，图像节奏适度，留有学生独立思考时间。鼓励融入手语表达，引入听障小主持人以丰富的表情、亲切的手语与观众互动，讲解学习中需强调、强化理解的知识点，从听障儿童的认知角度，通过对听障小主持人的特殊角色定位来营造沟通环境，引起听障小观众的注意和记忆。听障小主持人与受众年龄相仿，可以使得听障观众与之消除年龄隔阂，增加身份认同感和归属感。当然听障小主持人应在优秀手语教师的指导下进行，使得其手语规范、形象、科学、流畅、少书空为佳，达到优质规范手语传播的目的，如图 8-3 所示。

图 8-3 听障儿童手语主持人话语符号及字幕设计

　　探讨视觉资源的开发对听障儿童的教育至关重要。这些资源不仅需要传递知识，还要考虑到听障儿童的生理和心理特点，以及他们对信息的特殊接收方式。由于听障儿童主要依赖视觉来获取信息，视频资源的设计必须从听力残疾儿童的缺陷代偿和补偿的角度出发，充分利用视觉通道来传递教育内容。具体归纳为：（1）特写手法的运用。采用特写手法可以强化视觉信息的传递，使得听障儿童能够更清晰地看到教学内容的细节。例如，在展示手语或面部表情时，特写镜头可以帮助听障儿童更好地理解和模仿动作，从而提高他们的语言理解和表达能力。（2）配音与声音设计。在视频资源中，配音和声音设计需要减少无关噪音，确保声音清晰、纯净。解说词的设计应该简洁明了，避免冗长和复杂的句子结构，以适应听障儿童的心理特点。此外，解说词还应留有辅助听力训练的作用，比如通过重复关键词汇或短语，帮助听障儿童加强记忆和理解。（3）图像节奏与思考时间。图像节奏的控制对于听障儿童来说同样重要。适度的图像节奏可以给听障儿童留出足够的时间来处理视觉信息，并进行独立思考。太快的节奏可能会导致信息过载，而太慢的节奏可能会使他们失去兴趣。因此，图像的展示需要根据听障儿童的认知能力和注意力水平来调整。（4）手语表达的融入。鼓励在视频资源中融入手语表达，这是因为手语是听障儿童的主要交流方式之一。通过手语，听障儿童可以更直观、更自然地理解语言和概念。手语的使用不仅能够增强教学的可访问性，还能够促进听障儿童的语言发展。（5）设立听障小主持人的角色。引入听障小主持人是视频资源开发中的一个创新点。听障小主持人通过丰富的表情和亲切的手语与观众互动，可以有效地讲解和强调学习中的关键知识点。这种角色定位不仅能够引起听障小观众的注意和记忆，还能够从听障儿童的认知角度出发，营造一个积极的沟通环境。（6）强化身份认同感与归属感。听障小主持人与受众年龄相仿，这有助于消除年龄隔阂，增加听障观众的身份认同感和归属感。这种认同感和归属感对于听障儿童的自我接纳和社会融入非常重要。（7）手语教师的指导。听障小主持人应在优秀手语教师的指导下进行，确保其手语规范、形象、科学、流畅。少书空，即减少不必要的手势，使得手语表达更加精练和高效。这样的指导有助于达到优质规范手语传播的目的，同时也为听障儿童提供了良好的手语学习榜样。

　　在后期制作时，符合听障儿童认知特征及学习需求的编辑思路要贯穿于面向听障儿童的视频资源创作的始终。例如，面向听障儿童视频资源的后期制作需要注意节奏把握、字幕设计、动画和电子特技制作等事项。如以聋生为本位。① 片头的大熊猫字幕的出场方式设为同时出现，而不是先出"大"，再出"熊"，"猫"最后出现，否则会导致听障儿童的误解，误认为讲授的是熊和猫两个动物。视频制作者必须充分了解听障儿童的身心发展水平，了解听障儿童观看视频的方式及动机需求，依据听障儿童认知水平和聋校教学目标发现、选择、深化适合突出主题的题材，如图8-4。

图8-4　面向听障儿童教育视频示范案例《大熊猫》片头设计

后期制作是面向听障儿童视频资源创作的关键环节，它要求制作者具备对听障儿童认知特征和学习需求的深刻理解，并在此基础上进行精心的编辑和设计。通过合理的节奏把握、清晰的字幕设计、创造性的动画和电子特技制作，以及以聋生为本位的制作理念，可以为听障儿童提供高质量的视频资源，帮助他们在愉快的观看过程中获得知识和技能，促进他们的全面发展。具体要考虑以下几点：

1. 节奏把握的敏感性

在后期制作过程中，对节奏的把握是至关重要的。听障儿童对信息的处理速度可能与健听儿童有所不同，因此视频的节奏需要精心设计，以确保听障儿童能够跟上并充分理解所呈现的内容。编辑应该使用剪辑技巧来控制视频的流畅性和速度，例如，通过调整镜头的切换频率和时长，来适应听障儿童的认知节奏。

此外，后期制作中还可以通过音乐和声音效果的巧妙运用来辅助节奏的

---

① 赵锡安. 聋人双语双文化教学研究［M］. 北京：华夏出版社，2004：68-69.

把握。音乐可以用来标志视频的不同部分或强调特定的情感，而声音效果则可以提供额外的环境信息，帮助听障儿童更好地沉浸在视频情境中。重要的是，所有的声音设计都应保持清晰，避免背景噪音，确保听障儿童能够集中注意力于主要的教学内容。

2. 字幕设计的清晰性

字幕的设计对于听障儿童来说是获取信息的关键。字幕不仅要准确传达语音内容，还要考虑到视觉的可读性。字体的选择应该基于易读性，大小要适中，颜色对比要鲜明，以确保听障儿童即使在不同的观看距离和光线条件下也能轻松阅读。

同步性是字幕设计中的另一个重要方面。字幕应该与说话者的嘴唇动作或手语同步，以帮助听障儿童更好地跟踪对话和理解语言。此外，字幕的位置应该固定且显眼，避免频繁移动，减少视觉追踪的难度。

3. 动画和电子特技的创造性

动画和电子特技可以为视频增添生动性和吸引力，尤其对于解释抽象概念或复杂过程时非常有用。动画可以通过视觉化的方式展示语言的构造，帮助听障儿童更好地理解语法结构或词汇用法。电子特技，如慢动作或放大效果，可以用来强调视频中的关键点或细节。

在设计动画和特技时，应避免过度使用，以免分散听障儿童的注意力。动画和特技应该服务于教学目的，而不是仅仅为了视觉效果。此外，动画中的角色和场景设计应该贴近听障儿童的生活经验，以增强他们的共鸣和理解。

4. 以聋生为本位的制作理念

以聋生为本位的制作理念要求视频制作者在后期制作中始终将听障儿童的需求放在首位。这不仅体现在内容的设计上，还体现在视频的呈现方式上。例如，片头字幕的设计应该考虑到听障儿童的语言理解特点，避免造成混淆或误解。

此外，视频的叙事结构也应该适应听障儿童的认知习惯。通过使用清晰的开头、发展和结尾，可以帮助听障儿童更好地跟随视频的流程。同时，视频中的重复和强调也可以帮助他们巩固记忆和加深理解。

5. 充分了解听障儿童的身心发展

了解听障儿童的身心发展水平对于制作适合他们的视频至关重要。视频制作者应该与特殊教育专家合作，了解听障儿童在不同发展阶段的特点和需求。这包括他们的视觉感知能力、记忆力、注意力持续时间以及语言理解能力。

通过深入了解这些特点，制作者可以设计出更适合听障儿童的视频内容，例如，通过使用更简单的句子结构和更直观的视觉辅助，来帮助他们更好地理解复杂的概念。同时，视频的长度和信息量也应该根据听障儿童的注意力持续时间来调整。

6. 依据聋校教学目标深化题材

依据聋校教学目标深化题材是后期制作中的重要任务。制作者应该与教育工作者紧密合作，确保视频内容与教学大纲和学习目标相一致。这可能涉及对教学内容的深入研究，以及对视频素材的精心选择和组织。

通过对题材的深入挖掘，制作者可以发现那些能够激发听障儿童兴趣和好奇心的主题，并围绕这些主题设计视频内容。同时，视频应该提供丰富的视觉和文本信息，以支持听障儿童的多感官学习。

第二节　面向听障儿童的视频资源建设方案推广
——以《手语花开》系列视频资源建设为例

一、《手语花开》系列视频资源建设目标定位

《手语花开》系列视频资源建设实践的目标是为听障儿童提供真实情境式的参与式的教育视频制作环境与实践。由于长期以来对听障儿童视频关注的缺失，大部分面向听障儿童的节目停留在"宣传""励志"等呼吁的层面，并没有提供像普通儿童一样的情景剧、儿童剧、科普剧等能够提供情景式的节目，无法解决听障儿童身临其境的问题。我们可以利用视频技术和场景还原，后续也有待开发虚拟仿真实验情境，解决为听障儿童提供真实演绎，亲自操作的机会，将抽象的理论形象化、情境化、具体化、动态化。这不仅可以加深听障儿童对视频拍摄、视频创作原理和视频制作过程的认知程度，也有利于他们学以致用，去创作符合自己需求视频的学以致用的能力。

此外，该项目集合了传媒专业人士和特殊教育专业人士以及聋人群体参与，他们依据自身的特点和兴趣选择视频节目内容的选题，需要深度掌握传播专业基本理论和技能，综合专业所学现代新媒体技术，特别是电视媒体与媒体传播与设计的基本技能，依托选题进行团队组建、听障儿童用户调查研究、与相关机构进行相关社会活动交流，摄像技术与艺术的灵活运用，电视

节目编辑与制作、媒体动画与制作、网络宣传与推广，一系列项目活动进程都以传媒学院的学生为主体，指导教师讲解基本方法和步骤调动学习者积极性，启发学习者不断思考和总结，提升学习者高度社会责任感，培养其创新精神和解决实际问题的综合能力。

二、《手语花开》系列视频资源建设实践价值

听障儿童非常需要也非常喜欢借助视频来拓展学习渠道，突破寂静孤独乃至与正常人交流的局限，然而面向听障儿童的电视节目数量极少、质量不高，很难从现有视频中获得归属感，也很少有机会像正常孩子一样可以自信地展示自己。因此，突破了传统以大头像为主的手语视频教学资源，专门为听障儿童量身打造影视作品，也期望有更多优秀影视作品走近聋校课堂，为听障儿童学习服务。当然，这需要传媒工作者和特殊教育专业人士合作设计开发适合听障儿童的优质视频资源。

《手语花开》系列视频资源建设项目发挥团队优势互补，率先建立国内传媒专业、特殊教育专业等相关专业人才协作的跨专业协作队伍，通过实践取得的视频示范作品，不但丰富了听障儿童教育资源，同时也为实践提供了有益的思路和参考，促进了跨专业合作特殊教育人才的创新培养，辐射面广，示范作用大。对提高听障儿童自信心和社会参与度，增强传媒专业人才的公益意识具有特殊贡献，受到社会的广泛好评。

1.《手语花开》系列视频资源建设主要内容

《手语花开》系列视频资源建设项目是国内首个为5—13岁听障儿童量身打造的少儿视频节目。虽然听障儿童生理上的缺陷，给心理、情感、认知等诸多方面带来许多消极影响，但他们仍能充分用视觉、触觉等能力积极补偿，视频是听障儿童学习中非常重要和有利的资源。《手语花开》系列节目首次以手语主持人、听障儿童为主体，兼顾口语康复为特征，结合情景剧普剧模式、手语表演、动画及实景外拍的方式，向听障儿童传播科普知识，展示听障儿童多彩生活，弘扬中华传统文化。通过听障儿童的亲身参与节目制作，实现"体验长智，参与得益，乐中得学"。

2.《手语花开》系列视频资源主题

"让你我沟通，看到更美的世界。小手指，大智慧"，系列视频内容坚持尊重差异，多元发展。尊重听障儿童的个体差异，注重潜能开发和缺陷补偿，促进听障儿童的个性化发展，鼓励他们真正成为视频节目的主人公，用

他们特有的语言参与表达，向社会展现他们的自信、坚强和阳光。内容主要包括《手语花开》片头曲（如图8-5、图8-6），手语花开之十二生肖历史、手语花开之中华礼仪、手语花开之奇妙实验室、手语花开之我的王国系列节目都已完成，希望随着社会和更多传媒机构的关注，有更多的作品投入制作开发，为实现教育资源、优质视频资源共享，实现教育公平而努力。

图8-5 《手语花开》片头曲制作现场

图8-6 摄制组与小演员在拍摄现场

3.《手语花开》系列视频资源中心内容

通过持续创新的探索精神和引领潮流的革新力量，致力于打造影视与手语传达完美结合，符合听障儿童认知需求的优质视频作品，为听障儿童创造充满关爱与归属感的美妙视频收视体验。影视作品设计以听障儿童为受众，节目内容依据聋校义务教育阶段课程标准（2016年版），通过制作、改造视频节目为听障儿童学习提供辅助视频学习资源。围绕聋校义务教育标准中的品德与生活、品德与社会、历史、地理、生物学、语文、数学、沟通与交往、体育与健康、律动、美术、物理、化学等科目进行选题选材，突出听障儿童视角，走近听障儿童，内容新颖，调动学习兴趣。实践成果特点包括：

• 语言特征

聋人有自己的文化传承，比如手语，不需要用口语去表达，它仅仅通过人的肢体语言，手的姿势，来展示说话人的思想感情，生动而灵活。手语，最美的语言，美在含蓄。不发一言，尽得精粹。美哉灵动，方寸世界，跃然视野。节目制作采用通用手语作为第一语言。遵守 2018 年 7 月 1 日由中国残联、教育部、国家语委正式发布的《国家通用手语常用词表》规范。选择符合听力残疾人手语表达规律和特点的动作，注意描述手语表达时体态动作和面部表情的变化，重在体现手语表形表意的语言特点，更加符合约定俗成、简明易用的语言文字规范化规律。

• 节目补偿性特征

以听障儿童为本位，确定目标导向和主题；创设情境，贴近生活，激发听障儿童的学习动机；依据缺陷补偿原则，巧妙运用视听思维，引导探究；打破手语"小窗口"的局限，摆脱教师"大头像"授课，单纯的手语翻译的场景，改变形式吸引听障儿童的注意力。融入亲切的手语表达，营造环境鼓励听障儿童参与；善用视音频包装，重视字幕设计和提示性符号的匹配，画面美观，增强可视性。

• 节目定位

保持童心，说儿童的话，鼓励听障儿童表达，调动听障儿童参与性，语言深入浅出，节奏适当，符合听障儿童认知规律。从主持人选取、主题设置、画面色彩，再到演播室布景，场景选择、视频剪辑、字幕，要极力贴近听障儿童的喜好，达到心灵共振。引导听障儿童跟随主要角色与视频中情景互动，提供伴随的活动，如参与问答或作品上传。

• 节目创作

团队优势互补　率先建立国内传媒专业、特殊教育专业等相关专业人才协作的跨专业协作队伍，通过实践取得的视频示范作品，不但丰富了听障儿童教育资源，同时也为实践提供了有益的思路和参考，促进了跨专业合作特殊教育人才的创新培养，辐射面广，示范作用大。对提高听障儿童自信心和社会参与度，增强传媒专业人才的公益意识具有特殊贡献，受到社会的广泛好评。

目前《手语花开》片头曲、手语花开之十二生肖历史、手语花开之中华礼仪、手语花开之奇妙实验室、手语花开之我的王国系列节目都已完成，希望随着社会和更多传媒机构的关注，有更多的作品投入制作开发，为实现教育资源、优质视频资源共享，实现教育公平而添砖加瓦，具体内容请见附件。

4.《手语花开》系列视频资源建设整体建设环节与任务分工

面向听障儿童的视频资源大规模的研发和规范化建设需要提供规范的制作规范和流程，并且由于听障儿童资源建设的特殊性，需要明确参与制作人员的各项任务和参与的主要任务，允许根据现实情况修改与迭代。① 《手语花开》系列视频的资源建设进行了视频制作与讨论的三次迭代，并且明确了各个环节的参与者及其主要任务的参与方式和可呈现的阶段性成果，如表 8-2 所示。

表 8-2　听障儿童教育视频制作环节与任务

阶段	环节	参与者	主要任务		阶段性成果	时间
			线上	线下		
准备阶段	1. 组建团队	聋健协作小组听障儿童	传媒人员向聋人影视爱好者、聋人大学生、聋校名师和特教专家发出组建团队邀请，形成听障儿童教育视频制作聋健协作组。	组织有关听障儿童教育视频制作的宣传，招募成员	聋健协作组情况介绍文档	1 周
	2. 确定主题	聋健协作小组听障儿童	聋健小组线上确定主题类型，并对听障儿童教育视频制作主题进行简单描述。	聋健协作组对已有听障教育类视频及儿童节目和听障儿童需求进行观察，确定研究主题。注意主题的真实性、共同性与可操作性。		
	3. 制订计划	聋健协作小组听障儿童	网上填写生成听障儿童教育视频制作计划表。负责提供相关资源的老师上传有关听障儿童教育视频制作的资源。	聋健协作小组讨论：确定听障儿童教育视频制作目标任务，明确拍摄目标，确定拍摄内容（要求对照聋校新课标），落实聋健协作小组每人的工作任务、做好全程时间安排。	聋健协作组听障儿童教育视频制作计划表	

---

① Wang, Q., Quek, C. L., Hu, X. Y. Designing and Improving A Blended Synchronous Learning Environment, An Educational Design Research [J]. *The International Review of Research in Open and Distributed Learning*, 2017, 18 (3): 100－112.

阶段	环节	参与者	主要任务		阶段性成果	时间
			线上	线下		
第一次视频制作及研讨	4. 第一次视频制作	聋健协作小组 听障儿童	在规定时间内将拍摄计划及剧本发布上网。剧本格式可参考给定的格式或自行设计。	根据拍摄主题，参与聋健拍摄组的所有聋人教师及传媒人员带着拍摄目标及所遇困难问题进行第一次剧本设计。	剧本设计1，2，…n	1周
	5. 研讨	聋健协作小组	听障儿童及其任课教师、家长对所有剧本进行投票，选择最适合本次听障儿童教育视频制作的剧本设计；确定之后组内主持人线上直接修改上传并发布。	线下聋健协作组召开视频制作设计研讨会。线下视频制作设计研讨会要有详细记录，会后及时整理提交上网。	视频制作设计研讨会议纪要；剧本设计1	
第二次视频制作及研讨	6. 第二次视频制作	聋健协作小组 听障儿童	将修改后的剧本设计，在规定时间内发布上网。	聋校教师对听障儿童做学习者分析，经同伴互助后，对教案进行修改。	剧本设计2	
	7. 研讨	聋健协作小组	会后及时整理会议纪要提交上网；网上下载优质视频评测量表	聋健小组召开视频制作设计研讨会议，确定每个成员的详细分工，了解每个听障儿童的视频观测需求点。	视频制作设计研讨会议纪要；优质视频评测量表	
视频拍摄及后期	8. 视频拍摄	聋健协作小组 听障儿童	拍摄及时上传样片	聋健小组根据视频设计进行拍摄，并进行后期制作。	作品样片	1周
	9. 后期	聋健协作小组	上述材料均要按时提交上网	聋健小组要按照分工在拍摄同时做好记录，要对拍摄节目记录进行整理、补充和分析，写出观课报告。	优质视频评测量表	
	10. 点评研讨	聋健协作小组 听障儿童	会后，将观课报告、问题讨论、上课老师说课和会议记录等及时整理提交上网。	召开课后评议会，聋健协作小组议课。观察听障儿童结合自己的观察点进行评课。	评课结果	

阶段	环节	参与者	主要任务		阶段性成果	时间
			线上	线下		
第三次视频制作及研讨	11. 第三次视频制作	听障儿童	提交第三次视频制作设计的剧本设计	聋健小组多次修改剧本，相互交流，实践反思后对视频制作进行设计，并提交自己第三次视频制作设计的剧本。	剧本设计3	1周
总结阶段	12. 拍摄总结	聋健协作小组听障儿童	反思听障儿童教育视频设计与制作过程，总结提交上网。	聋健协作小组中专家对听障儿童教育视频制作活动进行总结反思，对听障儿童教育视频制作的亮点特色进行梳理，完成听障儿童教育视频制作评估。	听障儿童教育视频制作报告	1周

第九章　面向听障儿童视频资源质量及应用效果评价

第一节　实施面向听障儿童视频资源的质量评价

　　为了调查专家和教师对面向听障儿童的视频资源的质量评价，调查问卷的设计基于本研究建立的评价指标体系，旨在从多个角度收集专家和教师的意见和建议。问卷的设计考虑了视频资源的多个方面，包括但不限于教学目标的明确性、学习需求的满足度、视觉记忆强化的有效性等。根据本研究建立的面向听障儿童的视频资源评价指标体系，设计了面向听障儿童的视频资源专家与聋校教师调查问卷，本次评判向特殊教育专家，聋校教师，影视制作领域专家，教育学硕士、博士发放问卷，对视频做总体评价。问卷通过电子邮件、邮寄或在线调查的方式发放给选定的评判者。为了提高回收率和数据质量，研究者提供了详细的填写指南，并确保了问卷的匿名性和保密性。在其二级评价指标中，对教学目标、学习需求、视觉记忆强化等指标进行分析。

　　教学目标是评价视频资源的首要指标。问卷调查了专家和教师对视频资源是否明确教学目标、是否与聋校教学大纲和听障儿童学习需求相符合的看法。此外，还评价了视频资源在实现教学目标方面的创新性和有效性。学习需求指标关注视频资源是否能够满足听障儿童的特殊学习需求。问卷中包含了对视频资源内容的适宜性、呈现方式的可接受性以及对听障儿童认知发展水平的适应性的评价。视觉记忆强化指标评价了视频资源在帮助听障儿童加强视觉信息处理和记忆方面的效果。问卷调查了专家和教师对视频资源中的视觉辅助工具、动画和图像设计等方面的看法。通过设计面向听障儿童的视频资源专家与聋校教师调查问卷，本研究建立了一套全面的评价指标体系，从多个角度对视频资源的质量进行了评价。这种评价不仅有助于改进现有的视频资源，还为未来视频资源的开发提供了指导。

第二节　面向听障儿童视频资源的质量评价维度

由于听障儿童所处的学校一般规模较小，样本量较小，所以可以更有针对性地从视频资源的各个维度来分析学习者的接受度。如可通过问卷或访谈了解到听障儿童对视频个案的满意度，了解其在态度评价、内容结构、时长节奏、听障补偿效果及视频特征维度方面是否能满足需求和审美特征。从态度评价方面来看，可以了解听障儿童是否喜欢借助本研究设计的视频资源进行学习。从时长节奏方面来看，可以根据学生不同的听力水平和认知风格判断视频长度是否适中，节奏是否合适。在听障补偿效果方面，判断视频资源是否适应内容中所传达的手语语言和是否能够感受到聋人文化的归属感，对于有残余听力的听障儿童而言，能否符合其康复需求的补偿也可以作为质量评价维度之一进行考量。

听障儿童由于其特殊的学习需求和认知特点，对视频资源有着独特的评价标准。本节将从多个维度对视频资源的质量进行评价，以确保它们能够满足听障儿童的教育需求和审美偏好。满意度是衡量视频资源质量的关键指标。研究者可以通过问卷调查来了解听障儿童对视频资源的总体满意度，包括他们对视频内容、呈现方式和互动体验的喜好程度。态度评价维度关注听障儿童对视频资源的主观喜好。研究者可以通过问卷中的 Likert 量表来评估听障儿童对视频资源的喜好程度，以及他们是否愿意主动使用这些资源进行学习。内容结构维度评价视频资源的组织逻辑和信息布局。研究者需要评估视频是否按照合理的结构呈现信息，是否易于听障儿童理解和记忆。时长节奏维度关注视频资源的长度和播放速度是否适合听障儿童。研究者需要根据听障儿童的听力水平和认知风格来判断视频的时长是否适中，节奏是否与他们的信息处理速度相匹配。听障补偿效果维度评价视频资源是否能够有效地补偿听障儿童的听力损失。这包括评估视频是否有效地使用手语、字幕、视觉辅助等手段来传达信息，以及是否能够让听障儿童感受到聋人文化的归属感。视频特征维度评价视频资源的视听特性，如图像质量、声音效果、动画设计等。研究者需要评估这些特征是否能够吸引听障儿童的注意力，是否有助于他们更好地理解教学内容。对于有残余听力的听障儿童，视频资源是否符合其康复需求的补偿也是一个重要的评价维度。研究者需要评估视频资源是否提供了适当的音频补偿，如调整音量、使用清晰的声音效果等，以满足这部分儿童的特殊需求。面向听障儿童的视频资源质量评价是一个多维度、综合性的过程。通过从态度评价、内容结构、时长节奏、听障补偿效果及视频特征等多个维度进行评价，研究者可以全面了解视频资源的教育价值和用户体验。

第三节　面向听障儿童视频资源质量评测流程

将视频资源应用于听障儿童的课堂教学，是验证其教育效果的重要步骤。这种应用不仅能够展示视频资源的教学潜力，还能够为听障儿童提供更加丰富和多元的学习体验。验证其使用效果，实验流程如下：

• 在与聋人学校学科任课教师教学配合的基础上完成测试。在应用视频资源之前，与聋人学校的学科任课教师进行紧密配合至关重要。教师对听障儿童的学习需求和学习风格有深刻的理解，他们的参与可以确保视频资源的有效整合和应用。

• 在实施试验之前，研究人员与学科任课老师进行多次沟通，解决试验组织的相关问题。共同确定视频资源与课程内容的结合点。这种沟通有助于解决试验组织过程中可能出现的问题，确保视频资源的应用能够顺利进行。

• 试验将视频资源中的内容分成若干部分，内容需要被合理分割，提取其中主要的知识点，设计形成性测试题，用来测量学生的学习效果。课堂教学试验测试由任课老师辅助实施，如图9-1。

图9-1　任课教师辅助听障儿童进行问卷填答

• 上完课后，让学生填写形成性测试题，完成后由教师收回。形成性测试题的设计需要紧密结合视频内容和课程目标。这些测试题应该能够准确测量学生的学习效果，包括他们对知识点的理解和应用能力。

• 试验设计双向态度量表调查听障学生对视频资源的态度。待学生完成测试题后，向学生发放视频资源教学应用效果的态度调查问卷，学生填写完成后由研究人员收回。课堂教学试验的实施需要任课老师的辅助。老师可以引导学生观看视频，帮助他们理解视频中的关键信息，并在观看后进行形成性测试。实验流程的设计需要确保视频资源的教育效果能够得到科学和客观的验证。

• 项目工作人员在教学实施过程中进行了现场观测，并做了相应的记录。试验结束后，研究人员需要对形成性测试的结果进行分析，以评估视频资源的使用效果。这些分析结果将为视频资源的改进提供重要的依据。

第四节　面向听障儿童视频资源质量评测数据分析

以视频资源个案《大熊猫》为例，如表 9 - 1 所示，测试得出其喜好态度得分率 Fi 的平均值为 0.835，大于 0，且各项得分率均大于 0，证明大多数听障儿童对本电视教材持喜欢的态度。其一，在"喜欢借助视频资源进行语文课程的学习"方面，80％的听障儿童喜欢借助电视教材这种形式进行语文课程的学习。由 Fi 值为 0.9＞0 可见，听障儿童非常喜欢使用视频资源，这也从一定程度上说明了该视频案例能够提高听障儿童学习语文课程的兴趣，符合他们的风格和喜好。其二，在"希望以后能继续使用这种形式的视频资源学习新的知识"方面，87％的听障儿童希望以后能继续通过这种形式学习新的知识，只有 1 人表示不同意。由 Fi 值为 0.77＞0 可见，大多数听障儿童愿意继续使用这样的视频资源，说明本研究开发的视频资源较适合听障儿童。其他维度的数据统计在此不做赘述。以上步骤的调查和分析可以发现听障儿童对视频资源建设质量的认可程度和总体评价。也如实地评测出面向听障儿童的教育视频资源是否符合教育性、科学性的原则，[①] 符合影视艺术的表现规律。

---

① 曹宇星. 面向听障儿童的语文教学视频资源开发策略探究［J］. 绥化学院学报，2013，33（7）：43－47.

表 9 - 1　视频资源个案《大熊猫》为例的部分数据评测（喜好态度维度）

分析维度	描述	完全同意+2	同意+1	一般	不同意-1	完全不同意-2	Fi
喜好态度	喜欢用《大熊猫》视频来学习语文课程	12	3	0	0	0	0.9
	希望以后还能使用这种形式的视频学习新知识	11	2	1	1	0	0.77

　　教育视频功能强大，直观形象，有助于帮助听障儿童提高学习能力。

　　由图 9 - 2 可知，听障儿童对教育视频的功能有着多方面的需求，视频表现直观，有利于听障儿童理解所学的内容（80.70）。视频画面形象，有利于听障儿童增强注意力（79.65%），视频具备较强的示范性，有利于听障儿童模仿学习（74.04%）。视频内容设计需要创设情境，从而有利于听障儿童拓宽视野，提高审美能力（71.93）。总而言之，听障儿童教育视频建设需要完善并强化各项功能，帮助听障儿童提高学习能力。

　　总之，在开发面向听障儿童的视频资源时，坚持严格的科学性是根本前提。这意味着视频中所传授的所有知识都必须经过精确地考证，确保其准确无误、真实可靠。科学性不仅关系到知识的传递，更关系到听障儿童对世界的理解和认知发展。在确保科学性的基础上，艺术性也不可忽视，但应明确艺术性服务于科学性和教育性的原则。视频资源的制作需要运用艺术手法来增强表现力，如通过动画、色彩和声音效果来吸引听障儿童的注意力，提高他们的学习兴趣。然而，这些艺术元素的运用必须服从于教育目标，不能牺牲科学性和教育性来追求纯粹的艺术效果。

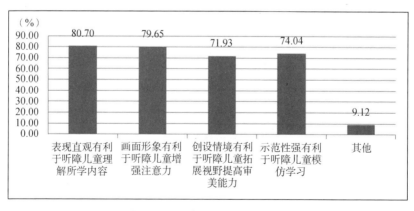

图 9 - 2　听障儿童教育视频功能

此外，教育性是视频资源开发的核心。视频内容不仅要传授知识，还要考虑到听障儿童的身心发展特点，促进他们的全面发展。这包括社交技能、情感认同、自我价值感等多个方面。视频资源应成为教育的工具，帮助听障儿童更好地融入社会，提升他们的生活质量。

效果验证是视频资源开发过程中不可或缺的一环。通过在真实教学环境中应用视频资源，并对其进行效果测试，可以收集到宝贵的反馈信息。这些信息对于评估视频资源的有效性、识别其潜在问题、指导进一步的改进至关重要。

最后，迭代是视频资源开发过程中的一个重要环节。根据效果验证的结果，开发团队应对视频资源进行持续的优化和升级。这种基于反馈的迭代过程有助于确保视频资源始终符合听障儿童的发展需求，不断提高其教育效果。总之，开发符合听障儿童身心发展规律的视频资源，需要在科学性、艺术性和教育性之间找到平衡。通过严格的科学性验证、艺术性的表现、教育性的内容设计，以及基于效果验证的迭代改进，可以创建出既科学又具有吸引力的视频资源。

第十章　面向听障儿童教育视频资源建设创新点

本研究从机制研究视角、模式构建、实践推广等三个方面进行创新。

第一节　视角创新：围绕听障儿童认知特征发展形成视频资源建设机制

通过对听障儿童的教育需要考虑听障儿童的生理、认知的特殊性，听障儿童的沟通与教学方法经历过口语法、手语法综合沟通法、双语/双文化教学法的发展，其中提出的医教结合、聋健合一、融合教育、直观教学和补偿教学等理论，并结合面向听障儿童的优质教育视频资源建设现状分析，从政策导向机制、资源标准机制、协同创新机制、内容生产机制、支持服务机制、激励反馈机制六个方面建构其建设机制，如图所示。政策导向机制指向建设全过程，解决资源建设的宏观政策问题；资源标准机制、协同创新机制、内容生产机制和支持服务机制指向内容建设本身，分别解决内容规划问题、内容有效问题、内容质量问题和内容应用问题；激励反馈机制指向过程的检测，解决持续发展问题。为推动听障儿童的教育提供支持，如图 10 - 1。

在听障儿童教育视频资源建设机制

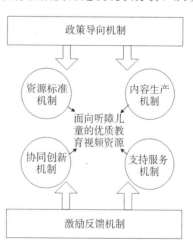

图 10 - 1　面向听障儿童的优质教育视频资源建设机制

的引导下结合视频资源编导与制作理论、缺陷补偿及潜能开发理论、教学设计理论、情境学习理论，构建面向听障儿童优质教育视频资源评价指标体系进行相应的效果验证。其一级指标项有：教育性、科学性、情境性、听障补偿性、艺术性、技术性等六项。在评价标准和一级指标的基础上，采用内容分析方法来确定二级指标，共 24 项，（如表 10 - 1 面向听障儿童的视频资源评价指标体系所示）

表 10 - 1　面向听障儿童的视频资源评价指标体系

一级指标 （权重）	二级指标 （权重）	评价标准	评价等级			
			优	良	中	差
教育性 25	教学目标 8	教学目标明确，具有丰富的视觉形象，符合聋校新课标要求、听障儿童康复原则，能够帮助听障儿童掌握基本的学科知识及技能				
	教学对象 8	教学对象定位准确清晰，符合听障儿童生理及认知特点，整个视频资源的设计与制作符合听障儿童的学习风格、年龄特征、心理认知规律及学习需求				
	选题选材 5	选题内容紧扣教学目标，主题鲜明，选材具有一定的代表性和典型性，体现聋人文化特征，能够发挥电视手段的优越性				
	内容结构 4	结构符合听障儿童教学原则和规律，具有一定的节奏性，有较强的系统性和逻辑性，有分明的段落层次，重点突出、针对性强				
科学性 22	内容定位 8	教材内容要符合学科特点，体现学科价值理念，具有真实性、准确性特点，视频内容符合聋生教学规律，科学原理准确无误				
	材料选取 7	材料（如操作、示范等）选取具有典型性、代表性，动画、模拟实验符合科学原理				
	镜头组接 4	符合科学逻辑和生活逻辑，节奏合理，符合听障儿童视觉和审美规律。正确反映表演者规范、正确的操作流程，无违反科学常识				
	画面音效 3	画面符合主题表现内容的情境；画面色彩保持科学真实性。音响效果处理恰当，减少与视频内容无关的音乐和效果音，避免有噪音干扰听障儿童残余听力的作用发挥				

209

续表

一级指标 （权重）	二级指标 （权重）	评价标准	评价等级			
			优	良	中	差
情境性 19	贴近生活 6	视频内容的选取紧扣聋校新课程标准，提供生动具体的场景，能引起学生兴趣；贴近听障儿童实际的日常生活、学习生活，符合聋人文化特征，有助于学习迁移				
	学习需求 6	内容要符合听障儿童对教学知识技能掌握的需求，对内容进行多角度的分析，多次强化教学内容，满足听障儿童的学习特点，深入体验聋人文化				
	互动交流 4	营造沟通交流的轻松氛围，注重易于沟通交流的问题设置，鼓励听障儿童产生与同伴交流、师生互动的意识				
	问题反馈 3	理解针对听障儿童认知提供个性化教学支持，对重点、难点及时补充辅助视频材料				
听障补偿性 19	视觉记忆 强化 4	将难懂不易理解的内容有规律地进行重复，或以不同方式重复呈现，增强视觉记忆力				
	表达方式 6	综合运用动画、结构图、角色扮演等多种表达方式，表达方式生动活泼，易于理解掌握，视觉冲击力强，避免引起听障学习者的无意注意				
	提示引导 5	以手语、字幕、体态语、指示图等多种方式提示引导学生，发挥多种感官作用，来弥补听觉上的缺陷，恰当使用声音提示符，尽量保持手语内容和画面同步				
	辅助支持 4	尽量提供与听障儿童所用教材、实物及多媒体素材等资源相关的内容，易于理解和掌握。主持人手势流畅，速度适中				
艺术性 9	画面效果 3	画面构图美观，布局合理，用光适当，层次分明，色彩鲜明，具有较强的清晰度，以特写、近景镜头为主。主持人着装得体，保障手语清晰				
	声音效果 2	使用标准普通话，声音清晰悦耳，节奏宜慢，减少无关音效				
	剪辑效果 2	镜头组接流畅符合剪辑原则和逻辑规律，节奏合理				
	特技效果 2	美工、特技、字幕等运用恰当，合理地运用特技手法分割画面、转换场景，流畅自然				

一级指标 （权重）	二级指标 （权重）	评价标准	评价等级			
			优	良	中	差
技术性 6	画面质量 2	画面清晰稳定，用光合理，有较高清晰度，亮度、色度和饱和度适中，色彩还原好，符合实际				
	声音质量 1	解说词简洁且音响清晰响亮，无显著嘈杂交流声、杂波和杂乱背景音乐				
	剪辑质量 2	镜头组接合理、无视觉跳动现象，解说效果声与画面同步，字幕准确且清晰工整；转场合理流畅，特技运用恰当，剪辑点无明显图像跳动现象				
	性能质量 1	同步性能稳定，无扭曲、晃动、抖动和失真现象				
备注	优秀：90～100 分；良好：80～89 分；中等：60～79 分；较差＜60 分					

第二节　模式创新：构建基于聋健融合、OBE、"众智"等理念的实践模式

　　充分利用地方高校特殊教育专业与传媒专业协同的优势，结合一线优秀聋校教师智力资源，采用跨学科跨专业聋健协作共建方式，组建一个由特殊教育专家、传媒专业人士、聋校教师以及课程设计师等组成的团队，能够确保视频课程在教育性、科学性、艺术性等多个方面的高标准。特殊教育专家能够提供关于听障儿童学习需求和特点的专业意见，传媒专业人士能够运用现代视听技术提升视频的表现力，聋校教师能够提供一线的教学经验和反馈，课程设计师则能够确保课程内容的系统性和连贯性。

　　建设依托《聋校义务教育课程标准》的通识类课程资源和部分素质拓展类课程群，通过网络开放平台上线，听障儿童可以随时随地访问这些视频资源，进行个性化和灵活的学习。这种方式不仅提高了教育资源的可及性，也为听障儿童提供了更加多样化的学习途径，有助于提高他们的学习质量和学习效果，推动优质听障儿童视频资源广泛共享。总结归纳出目前为确保面向听障儿童的教育视频资源建设行动务实高效，并且具备可借鉴性，可推广性

的模式，本课题组先后进行了聋健协同促进听障儿童视频建设模式，基于OBE理念的建设模式以及集合"众智"方式进行资源建设的实践探索，丰富了听障儿童教育资源类型与聋校学科学习内容服务。

依据国内外的研究和实践，本课题组科学提炼了面向听障儿童的教育视频资源建设策略。这些策略包括以听障儿童为本位的目标导向，创设贴近生活的学习情境，依据缺陷补偿原则的视听思维引导，融入亲切手语表达的环境营造，以及注重视音频包装的美观性和可视性，得以用于面向听障儿童的视频资源的开发和应用的启示如下：（1）听障儿童为本位，目标导向，确定主题；（2）创设情境，贴近生活，激发听障儿童的学习动机；（3）依据缺陷补偿原则，巧妙运用视听思维，引导探究；（4）融入亲切的手语表达，营造环境鼓励听障儿童参与；（5）善用视音频包装，画面美观，注重可视性。

面向听障儿童的视频资源建设是一个系统工程，需要多方面的专业知识和实践经验。通过组建专业团队、建设丰富的课程资源、推动资源共享、进行实践探索和科学提炼建设策略，可以有效地提高听障儿童的学习质量，丰富他们的教育体验。这些工作不仅具有重要的现实意义，也为特殊教育领域提供了可借鉴、可推广的模式和策略。

第三节　实践推广创新：构建面向听障儿童教育视频资源设计与开发的五阶段流程

构建了听障儿童教育视频资源的设计与开发流程，大体上可以分为五个阶段：前期受众分析、整体策划、设计开发、实施应用和效果验证。

1. 前期受众分析

主要包括听障儿童教育视频需求分析、无障碍策略分析和听障补偿技术分析三个组成部分。前期受众分析是构建听障儿童教育视频资源的基石。这一阶段的深度和广度直接影响到视频资源的质量和适用性。在需求分析中，研究者需深入了解听障儿童的学习特点、偏好和障碍，确保视频内容能够满足他们的实际需要。无障碍策略分析则着重于如何让视频资源对所有听障儿童都易于访问，包括但不限于字幕、手语翻译和声音可视化等技术。听障补偿技术则关注如何通过视频内容来弥补听障儿童的听力损失，例如通过视觉和触觉辅助来强化学习效果。需求分析不仅仅是对听障儿童的学习需求进行调查，还包括对其家庭环境、教育资源和技术支持的评估。通过问卷、访谈和观察等多种方式，收集听障儿童、家长、教师的意见和建议，确保视频资源能够贴近他们的真实生活和学习情境。无障碍策略的分析需要创新思维，探索如何利用现有技术和方法来消除听障儿童学习过程中的障碍。例如，研究者可以探讨如何通过增强视频的对比度和使用动画来帮助听障儿童更好地理解复杂概念。听障补偿技术的分析需要基于科学的研究和实践。研究者需要评估不同补偿技术的适用性和有效性，选择最能满足听障儿童学习需求的技术。同时，还需要考虑如何将这些技术与视频内容有机结合，以实现最佳的教育效果。

2. 整体策划阶段

视频制作研发团队应该依照视频资源建设的相关流程来进行整体选题、策划、脚本撰写、拍摄以及后期制作与成品推广的设计与人员分工。整体策划阶段要求视频制作研发团队具备系统思维和创新能力。在选题策划中，团队需要考虑视频内容如何与听障儿童的学习目标和兴趣相结合，如何通过故事叙述和情境创设来吸引他们的注意力。脚本撰写则需要将教育目标和内容以清晰、生动的方式呈现出来，同时考虑到听障儿童的认知特点和信息处理能力。策划过程中，团队需要制订详细的计划和时间表，确保视频制作的每个环节都能够有序进行。这包括确定视频的风格、结构和节奏，以及分配团队成员的职责和任务。在策划过程中，团队还需要不断探索和尝试新的创意和方法，以提升视频的吸引力和教育效果。这可能包括使用新的拍摄技术、探索不同的叙事结构或引入互动元素。

3. 设计开发阶段

按照前期受众分析和整体策划，视频制作研发团队首先必须收集整理好顺利拍摄和制作的所有物料。分为前期拍摄准备、现场拍摄和人员调度、后期制作三部分。设计开发阶段是将策划阶段的构想转化为具体视频内容的过程。这一阶段的成功取决于团队的准备工作和执行能力。在前期拍摄准备中，团队需要收集所有必要的物料，包括拍摄场地、道具、服装和演员等。这一过程需要细致的计划和协调，以确保拍摄不会因缺少物料而中断。现场拍摄是一个复杂的过程，需要团队成员之间的紧密合作和协调。导演、摄影师、演员和工作人员等都需要明确自己的职责，确保拍摄工作顺利进行。后期制作是提升视频质量的关键环节。编辑、配音、特效和音乐等都需要精心设计和调整，以确保视频在视觉和听觉上都能够给听障儿童带来良好的体验。

4. 实施应用阶段

发布公共视频平台进行应用。（但若有听障儿童参与视频拍摄的情况，需要经其监护人或听障儿童本人同意才可以。）实施应用阶段是将制作完成的视频资源发布到公共视频平台，供听障儿童使用。这一阶段需要考虑如何让视频资源更容易被听障儿童发现和访问。选择合适的视频发布平台，并对其进行优化，以提高视频的可见性和易用性。这可能包括改进视频的搜索引擎排名、设计直观的用户界面和提供多种语言的字幕。在发布视频时，如果涉及听障儿童的参与，必须严格遵守伦理原则。这包括获取监护人的同意、保护听障儿童的隐私和尊重他们的意见。

5. 效果验证阶段

效果验证阶段是对视频资源进行质量评估和反馈收集的过程。这一阶段的目的是确保视频资源能够满足听障儿童的学习需求，并为后续的改进提供依据。使用科学的评价指标体系，如"面向听障儿童优质视频评价指标体系"或国际标准 WCAG 2.0 和 Section 508，对视频资源进行全面的测评。这些指标体系涵盖了视频的可访问性、教育性和技术质量等多个方面。收集听障儿童、家长、教师等用户的反馈，分析视频资源的优点和不足。这些反馈可以为视频资源的迭代和完善提供宝贵的信息。

构建听障儿童教育视频资源的设计与开发流程是一个系统性、多阶段的过程。从前期受众分析到效果验证，每个阶段都需要精心策划和执行。通过跨学科团队的协作、科学的分析方法、创新的策划设计、细致的制作准备和严谨的效果验证，可以确保视频资源的质量和适用性，满足听障儿童的教育需求。

第十一章　未来展望

信息网络时代，各类新兴媒体快速崛起，尽管相对于主流媒体庞大的用户基数而言，听障群体的用户数较少，但技术无障碍环境建设也是社会文明进步的重要标志。我国积极推行政府信息的无障碍发布方式，强调地市级以上政府新闻发布会逐步增加通用手语服务，公共服务机构等场所为听障群体提供文字提示、手语等信息交流无障碍服务。鼓励省（自治区、直辖市）、市（地区、自治州、盟）电视台开设手语栏目，为影视剧和电视节目加配字幕，并大力支持鼓励服务残疾人的电子产品、移动应用软件（APP）等开发应用。因此，未来视频资源将依托互联网技术有更大的发展应用空间。

第一节　新媒体融入听障视频资源促进教学组织形式多样化

随着听障儿童教育资源配置方式的改变，传统的教学组织形式也随之多样，既可以通过传统的真实的学校和面对面的教师授课来实现，也可以通过在线课堂、教育网站等来实现知识的接收。可以获取听障教育资源内容更丰富、形式更多样。如为听障儿童配备的教材、数字教学资源、听障辅助工具及相关服务于一体的立体化、智能化的多媒体教材。利用先进的数字化技术手段对聋校传统纸质教材内容进行全方位拓展，通过数字教育资源的开发与应用，建设满足听障儿童个性化学习需求，以教育视频为载体，并结合其他先进的技术手段，对聋校教学内容进行深层次解析，进行有针对性的内容设计和研发。例如，聋人语文学科开发手语诗歌场景情感体验，数学学科开展可视化公式演练等特色资源。音乐学科可结合有律动的灯光闪烁丰富视频节奏，总而言之，丰富多样的数字化配套内容资源让面向听障儿童的视频资源变得立体化、智慧化。以文本、图形图像、音视频或演示程序等形式更能丰富面向听障儿童的教育资源和教学活动。

　　手机客户端是推广聋健协作思想的重要渠道，因此借力移动平台，需进一步推出面向听障儿童的视频资源建设的品牌公众号《手语花开》（如图 11 - 1），建设面向听障儿童教育视频制作协作支撑平台，逐步扩大高校听障视频研究实验基地、科学自然人文等方向手语视频的研发，并为在线跨学科跨单位跨团队组建的聋健协同工作组提供一定的视频研发服务。增强各领域专业人员包括特殊教育教师、科研人员开展视频研制的意识和能力，推动听障儿童视频资源开发建设模式和机制的创新。

图 11 - 1　视频资源建设《手语花开》公众号

第二节　新技术支持听障儿童视频资源内容更加多样化

　　新技术的发展正改变着人们的学习和生活方式，一些新媒体的出现也使得受众在选择信息传播载体时出现很大的波动。听障儿童教育视频应针对各种新媒体的自身特点来创作面向新媒体的视频教学节目，注意恰当选择节目内容，设计片段式节目，注重节目的趣味性，注意拍摄与编采手法，符合相应的技术要求，并充分体现交互与互动。借助云技术、大数据等技术，通过听障儿童使用资源与学习空间的互联互通，可以借助微信、平台应用工具及学习空间等网络功能辅助听障儿童的个性化自主学习、教师针对性精准辅导。技术使用上，采用了微信小程序的形式，借助微信平台，在短时间内通过 HTML、JavaScript、CSS 等基础技术结合微信官方小程序提供的组件，通过数据统计与分析获得学生使用教辅的情况，为学科质量评价提供依据。如华为采用人工智能技术支持设计研发应用程序，书籍上的文字可转化成手语，跨领域协同设计 StorySign，提升听障儿童识字兴趣。运用动作捕捉技术，与欧洲聋人联盟和英国聋人协会等慈善机构合作开发设计出能够提供真实面部表情和准确手语的卡通人物形象 STAR，如图 11 - 2，让听障儿童可以像听人一样享受美妙的故事。

图 11 - 2　StorySign APP 绘本故事开发与设计界面

第三节　自适应技术在听障视频中的信息智能化匹配服务

随着社会与技术的进步，各类移动终端可以汇聚大量的内容资源。但为听障群体创造"可及"的信息环境的重要特征就是协调性功能的设计。在普适性 APP 功能设计基础上考虑到有特殊需求的人员，同时保持适当的支持和服务，才能真正体现人文的关怀。未来应建立面向听障儿童的学习分析系统，基于对大量学习数据的获取与分析，建立预测模型，可以对听障儿童可能取得的成就或遇到的困难做出预测，为教师或教学管理者采取相应干预措施提供参照，以实现个性化学习环境或个别学习指导。主要应用方式集中在两个方面：一是建立听障儿童认知风格预测模型，设定学习干预措施；二是通过分析相关报告，促进家长及聋校教师反思及策略调整。具体做法可以参照 PBS Kids（美国公共电视网旗下儿童类节目网站），对听障儿童网站中视频的学习数据进行分析，为家长提供听障儿童学习报告，使家长可以清楚地了解孩子的学习情况并为孩子提供有针对性的帮助。随着研究的深入，也可以在增加听障儿童自我学习的报告部分，获取其情感、态度方面的质性佐证。

第四节　促进包容性场景构建，视频信息可及性内涵的深入探讨

数字包容不仅仅在于连接，而是让每个人包括有障碍的残疾人也能够受益于数字技术。由强大科学技术引领，联合影院、电视、网站以及数字渠道进行产品推广传播。从连接，到应用，到技能，从个人，到企业，最终成为人人能用、用得起、用得好的技术。从人文和社会层面的信息可及性来看，受到听障人士认知特征（听力损失程度、感知能力）、人口学特征、社会结构、家庭背景（包括个人、家庭以及社区）、优先动机、自信心等不可控因素的影响，其内涵要素在听障人士受众的参与度、信息可理解性、信息智能匹配服务、身份认同体验四方面有所体现。从技术支持信息可及性的角度来看，具有易获取性、补偿性、协调性、包容性四方面特征，包括信息接收或传递硬件软件可使用性、可获得性等等。面向听障人士的视频信息可及性深入探讨将进一步丰富其内涵，实现听障人士融入主流生活和与他人进行沟通心灵上的"可及"。①

第五节　研究建议

一、进一步关注听障儿童视频资源中听障补偿性功能设计

第一，未来的听障儿童教育视频资源将更加重视多类元素的可视化，尤其是通过"语义图示"技术来引导听障儿童。这种技术通过视觉符号和图像

---

① 李东晓，熊梦琪．"可及"之后：新媒体的无障碍传播研究与反思［J］．浙江学刊，2017（6）：199－206.

来表达概念和信息，使得听障儿童能够在没有声音的情况下进行有效的学习和理解。例如，通过使用颜色编码、图表、流程图和动画等视觉工具，可以帮助听障儿童更好地理解复杂的科学概念或数学问题。

在实施过程中，教育者和视频制作者需要深入研究听障儿童的认知特点和学习风格，设计出符合他们需求的语义图示。这不仅需要考虑到信息的视觉呈现方式，还需要考虑到信息的组织结构和逻辑顺序。通过这种方式，听障儿童可以在观看视频的同时，通过视觉途径进行深层次的信息加工和知识建构，从而实现更深层次的学习。此外，教育者和视频制作者还需要关注语义图示的可访问性和易用性。这意味着图示应该清晰、简洁，易于理解，同时还要考虑到不同年龄段和不同认知水平的听障儿童的需求。通过这种方式，语义图示可以成为听障儿童学习和认知发展的重要工具。

第二，引入"语义图示"技术有望显著提升听障儿童的认知能力和视频接受效果。研究表明，视觉辅助工具可以帮助听障儿童更好地理解和记忆信息，提高他们的学习效率。通过使用语义图示，听障儿童可以更直观地理解抽象概念，更容易地将新知识与已有知识联系起来。

为了实现这一目标，教育者和视频制作者需要深入研究听障儿童的认知发展特点，了解他们如何通过视觉途径获取和处理信息。这可能需要采用不同的教学策略和视觉工具，以适应不同听障儿童的需求。例如，对于年幼的听障儿童，可以使用更多的动画和图像来吸引他们的注意力；而对于年龄较大的听障儿童，则可以使用更复杂的图表和流程图来帮助他们理解更抽象的概念。

此外，教育者和视频制作者还需要关注语义图示的个性化设计。每个听障儿童都有自己独特的学习风格和认知特点，因此，语义图示的设计需要考虑到这些个体差异。通过提供可定制的语义图示，听障儿童可以根据自己的需求和偏好来选择最适合自己的学习工具。

第三，基于语义图示的视频资源可视化设计有望进一步增强听障补偿性功能。通过将语义图示与视频内容紧密结合，可以为听障儿童提供更加丰富和全面的信息输入，帮助他们更好地理解和记忆教学内容。

在设计过程中，教育者和视频制作者需要关注语义图示与视频内容的一致性和协调性。这意味着图示应该与视频中的讲解和演示相互补充，共同构成一个完整的教学体系。例如，当视频中讲解一个科学概念时，可以同时展示相关的图表和流程图，帮助听障儿童更全面地理解这一概念。

此外，教育者和视频制作者还需要关注语义图示的动态性和交互性。通过使用动画和交互式元素，可以使语义图示更加生动和有趣，提高听障儿童的学习兴趣和参与度。例如，可以通过点击或拖动图表中的不同部分来探索不同的概念或过程，或者通过调整图表中的参数来观察不同的结果。

综上所述，未来的听障儿童教育视频资源将通过引入多类元素的可视化、"语义图示"技术以及基于语义图示的视频资源可视化设计，为听障儿童提供更加丰富、直观和有效的学习体验。这些创新方法和技术的应用，将有助于提升听障儿童的认知能力，提高他们对视频内容的接受效果，并增强听障补偿性功能。通过深入研究听障儿童的认知特点和学习需求，以及不断优化和完善语义图示的设计和应用，我们可以为听障儿童打造一个更加友好和包容的学习环境，帮助他们实现自我发展和社会融入。

二、继续提升听障儿童视频资源设计开发人员的综合素质

视频资源的设计者和研发人员对语言和设计思维的运用也很重要，尤其要注意以下几点：一是在素材选择和语言视频资源设计中，了解听障儿童的视频学习认知特征；二是引导者对手语的运用要有针对性（轻度听障儿童可以不采用手语）；三是针对重要的视频知识信息要适当地重复强化；四是根据听障儿童的特征，不断地调整视频中字幕符号运用的抽象层。相关人员应掌握运用这些重要原则，开发符合听障儿童认知规律的、易于听障儿童消化和吸收的视频。

此外，教师对听障教育资源素材库中视频资源二次开发的能力较弱，影响利用视频营造情境感、进行知识巩固和为教学活动增加趣味。后续要为教师从以下几方面素养进行培训。

第一，教师具备基本视频剪辑基础，掌握如何把视频素材进行衔接，并进行整合处理。教师在制作听障儿童教育视频资源时，具备基本的视频剪辑技能至关重要。这不仅涉及将拍摄的视频素材进行有效的衔接和整合，还包括对视频内容进行创意性的编辑和处理。教师需要了解视频剪辑的基本原则，如连贯性、节奏控制和视觉平衡，以确保最终的视频既符合教学目标，又能吸引听障儿童的注意力。在剪辑过程中，教师应该学会如何使用常见的视频编辑软件，掌握剪切、拼接、过渡效果等基本操作。此外，教师还需要学会如何调整视频的色彩、亮度和对比度，以提高视频的视觉质量。通过对视频素材的精心剪辑，教师可以创造出更加生动、有趣且富有教育意义的视

频内容。在实践中，教师需要不断尝试和探索，以提高自己的视频剪辑技能。可以通过参加工作坊、观看在线教程或向专业视频编辑人员学习，来不断提升自己的剪辑水平。同时，教师还应该多与同行交流，分享自己的经验和心得，以获得更多的灵感和创意。

第二，围绕聋校某个学科知识点及聋校课标要求进行选材，或者结合授课当中的教学环节开展视频的教学活动。视频内容主题突出，教学目标明确。教师在制作听障儿童教育视频时，需要围绕聋校的某个学科知识点及课标要求进行选材。这意味着教师需要深入理解学科内容和教学目标，选择与课程相关且能够引起听障儿童兴趣的视频素材。在选材过程中，教师应该注重视频内容的主题性和教学目标的明确性。视频内容应该围绕一个中心主题展开，避免内容过于分散或杂乱无章。同时，教学目标应该清晰明确，让听障儿童能够明确知道自己需要学习什么，以及学习的目的是什么。除了选材之外，教师还需要设计如何将视频内容与教学活动相结合。这可能包括在课前使用视频来激发听障儿童的学习兴趣，或在课后使用视频来巩固和复习所学知识。教师还可以设计一些与视频内容相关的互动活动，如讨论、角色扮演或小组合作，以提高听障儿童的参与度和学习效果。在设计视频内容时，教师应该力求创新，避免使用陈词滥调或过于平庸的素材。可以尝试使用一些新颖的视角、故事或情境来呈现教学内容，以吸引听障儿童的注意力。同时，教师还可以利用一些现代技术，如动画、虚拟现实或增强现实，来丰富视频的表现形式和互动性。

第三，掌握一定的剪辑技巧，并充分结合可视化理念，注意字幕的添加。教师在视频剪辑过程中需要掌握一定的剪辑技巧，并充分结合可视化理念。这意味着教师不仅要熟练运用各种剪辑工具和技术，还要学会如何将抽象的教学内容转化为直观、生动的视觉图像。在剪辑技巧方面，教师需要学会如何运用不同的镜头语言和视觉元素来表达教学内容，如通过特写镜头来强调某个细节，或通过长镜头来展示某个过程。同时，教师还需要学会如何运用色彩、光线和构图等视觉手段来增强视频的视觉效果和表现力。在运用可视化理念时，教师应该注重将教学内容与视觉元素相结合，创造出富有教育意义的视觉图像。例如，可以通过图表、图示或动画来解释某个复杂的概念，或通过情景模拟来展示某个知识点的应用。此外，教师还可以利用一些创意性的视觉元素，如卡通形象、特效或符号，来增加视频的趣味性和吸引力。在视频制作中，字幕的添加是一个不可忽视的环节。由于听障儿童可能无法完全理解视频中的口语内容，因此，教师需要在视频中添加清晰、准确的字幕，以帮助他们更好地理解教学内容。字幕的设计应该考虑到字体大小、颜色和位置等因素，以确保听障儿童能够轻松阅读和理解。

第四，在二次开发时注意素材版权信息的标注。在进行视频资源的二次开发时，教师需要注意素材版权信息的标注。这意味着在使用某些视频素材、音乐或图片时，需要确保已经获得了相应的授权和许可，避免侵犯他人的知识产权。在二次开发过程中，教师可以对现有的视频资源进行改编、整合或扩展，以满足特定的教学需求。例如，可以根据听障儿童的学习特点和兴趣，对视频内容进行重新编排或添加一些新的教学元素。同时，教师还可以利用一些开放授权的素材库或资源平台，来获取和使用合法的、免费的素材。在进行视频资源的二次开发时，教师需要培养自己的版权意识和法律意识。这意味着在使用他人的作品时，需要尊重原作者的劳动成果和知识产权，遵守相关的法律法规。教师可以通过学习相关的版权知识，了解如何合法使用和引用他人的作品，以及如何处理版权纠纷和问题。为了促进教育资源共享和知识传播，许多组织和个人会将自己的作品以开放授权的方式发布，允许他人在遵守一定条件的前提下免费使用。教师可以充分利用这些开放授权的资源，来丰富和扩展自己的视频内容。同时，教师也应该学会如何正确标注和引用这些资源，以尊重原作者的贡献和权益。

三、设计并开发带有自适应功能特征的视频资源网站

未来将通过不同的通道进行补偿，使用多种媒体进行补偿。

第一，未来的听障儿童教育视频资源将深化多通道补偿策略，不再局限于传统的视听补偿，而是拓展到触觉、嗅觉等多种感官体验。通过虚拟现实（VR）、增强现实（AR）等新兴技术，可以创建沉浸式学习环境，让听障儿童通过触摸和视觉感知来理解抽象概念，比如通过触觉反馈来学习物理现象或通过 AR 技术来观察动植物的生长过程。这种多感官的学习方式不仅能提高学习效率，还能增加学习的乐趣，让听障儿童在轻松愉悦的氛围中获得知识。

第二，自适应视频资源网站的构建将更加注重创新和个性化。网站将采用先进的算法和人工智能技术，根据听障儿童的学习行为和反馈，实时调整和优化学习内容和路径。此外，网站还将提供社交互动功能，让听障儿童能够与其他学习者或教师进行交流和讨论，从而提高学习动机和参与度。通过

这种方式，每个听障儿童都能获得量身定制的学习体验，充分挖掘他们的潜力和兴趣。

第三，流视频式手语翻译和字幕的应用将进一步优化，以提供更加流畅和自然的观看体验。手语翻译不仅要求准确性，还要求表达的自然性和情感的传递。为此，将培训专业的手语翻译人才，并开发智能手语翻译系统，以实现手语与口语的无缝转换。同时，字幕系统也将更加智能化，能够根据听障儿童的阅读速度和理解能力，自动调整字幕的显示速度和复杂度。此外，字幕还将提供交互功能，允许听障儿童通过点击字幕来获取更多相关信息或解释，从而加深对视频内容的理解。

四、强化分类指导和分步推进，保障听障教育视频资源均衡发展

从优质资源建设制度、用人制度、成果分配等服务类型到服务供给均衡、监督管理等都不是仅靠单一部门之力就能够完成的，不同的服务者类型和制度选择方式都有所不同。听障儿童教育视频资源作为面向特殊群体的公共性资源建设，需要各级各类行政部门宏观调控和密切配合才能满足均衡、得以保障。

第一，选择以政府——分类指导式的运行机制。即以行政的手段进行分类计划，将传媒产业、教育部门、聋人家庭等大部分的共同教育目标、教育资源、教育经费分类指导建设，以达到协调统一步调；

第二，选择联合服务——分步推进的运行机制，即以服务、推进的方式去协调各部门之间的关系，解决在进程中所遇到的困难和提出解决对策。由政府统筹各级教育部门、特色教育学校、聋人研究机构和事业单位、传媒机构来推进视频资源的建设，加大听障视频资源的开放共享，鼓励多元参与主体参与资源建设。同时吸纳企业等社会资本和力量，为教育视频公益化事业激活市场活力。

第三，应统一规范听障类教育视频平台建设的标准、结构和需求指标。统一开放，使得教育视频建设的各个环节被打通，听障类教育视频资源和相关服务可以实现自由接入和流出。总之，聋健协同等教育理念越来越普及和深化，为面向听障儿童优质视频资源的建设及其发展提供持久的动力支持。

附　录

附录1　面向听障儿童的教育视频资源建设现状及需求调查问卷（与听障儿童关系密切人员卷）

同在蓝天下，共享优质教育资源！本调查依托国家社科基金项目"面向听障儿童的优质教育视频资源的建设机制与效果研究"，旨在了解面向听障儿童的教育视频资源的建设现状与开发应用需求，以期为开展相关研究提供数据支持。请您协助我们完成本次调研。请在合适的选项前打"√"，若无特别说明，皆为单选题。您的填答情况仅为研究之用，不对外公开，希望您能认真、如实填写。非常感谢您的支持！

一、基本信息

1. 您的年龄段：

A. 12 岁以下　　B. 13—25 岁　　C. 26—35 岁　　D. 36 岁以上

2. 您的性别：A. 男　　B. 女

3. 您所在地区：　省　市　区

4. 您的学历：

A. 大专以下　　B. 大专　　C. 本科　　D. 研究生

E. 其他_____

5. 您与听障儿童的关系？

A. 亲子关系（听障儿童家长）

B. 师生关系（老师）

C. 公益服务关系（手语翻译等）

D. 社会工作者（政府、企业、视频制作等）

E. 其他_____

6. 您的身份：

A. 健听人　　　　　B. 聋人

7. 您的听力损失程度：

A. 无损失

B. 轻度（以能听到树叶的婆娑声为标准）

C. 中度（以能听到人们正常谈话为标准）

D. 中重度（以能听到高速运行的地铁声为标准）

E. 重度（大部分声音都听不到）

二、面向听障儿童教育视频资源建设现状调查

8. 您认为听障儿童需要教育视频资源进行学习吗？（程度量表）

A. 是　　　　　　　B. 否

9. 您认为目前听障儿童喜欢的教育视频资源有哪些？

A. 科普类　　　B. 传统文化类　　C. 艺术类　　　　D. 语言类

E. 教学中使用的视频

10. 您认为教育视频资源有哪些特点符合听障儿童的需求？

A. 直观性强，容易理解　　　　B. 较强的冲击力和感染力

C. 瞬间传达信息　　　　　　　D. 表现手法多样

E. 画面生动，身临其境　　　　F. 情节丰富有吸引力

G. 其他＿＿＿

11. 您认为目前听障儿童喜欢的教育视频资源有哪些？

A. 科普类　　　B. 传统文化类　　C. 艺术类　　　　D. 手语类

E. 动画类　　　F. 竞赛类

12. 您认为听障儿童与健听儿童收视教育视频差别程度如何？

A. 两者无差别　　　　　　　　B. 听障儿童接受程度较弱

C. 健听儿童接受程度较弱　　　D. 两者认知风格不同，无法比较

13. 请选择您认为符合听障儿童的收视特征的程度（星级越高表明越符合）

A. 看完视频后，听障儿童能够清楚地用语言表达的观点　言语表达能力

B. 看完视频后，听障儿童能够记住视频中所讲的内容　记忆能力

C. 听障儿童能够不受外界干扰完整看完视频　注意力

D. 听障儿童能够理解视频中传达的内容　思维能力

E. 听障儿童愿意用视频来学习更多的知识　态度

F. 听障儿童表达愿意参与视频制作　行动态度

14. 您认为面向听障儿童的教育视频具有哪些教育功能？

A. 表现直观 有利于听障儿童理解所学内容

B. 画面形象 有利于听障儿童增强注意力

C. 创设情境 有利于听障儿童拓宽视野 提高审美能力

D. 示范性强 有利于听障儿童模仿学习

E. 其他_____

三、面向听障儿童教育视频资源的听障补偿服务设计

15. 请对以下方面的听障儿童教育视频资源听障补偿服务进行评价（星级越高表明您越赞同）：

评价项目	非常同意	同意	中立	不同意	非常不同意
佩戴助听器进行矫正					
建议对难理解的地方多场景重复呈现					
视频资源个性化定制，满足缺陷补偿					
建议增加手语主持人					
手语翻译位置范围扩大，不拘泥小窗口					
提示引导：建议增加提示（字幕或其他符号）					
字幕大小适中，我可以看得清楚					
建议主持人具有丰富的表情					

16. 您使用听障儿童教育视频资源服务时遇到的障碍是？（本题可多选）

A. 听障儿童听力损失程度导致收看困难

B. 视频资源较少，难以找到

C. 现有教育视频资源缺乏手语

D. 现有教育视频缺乏字幕设计

E. 内容过于复杂，不利于听障儿童理解

F. 资源无法下载或上传

G. 其他，请说明_____

17. 您认为目前听障儿童教育视频资源建设中需要解决的突出问题有？（本题可多选）

A. 缺乏政策支持，顶层设计薄弱

B. 优质教育视频资源缺乏

C. 针对性补偿效果较差

D. 宣传力度不足，缺乏理念，普及率低

E. 听障类视频制作专业人才缺乏

F. 组织、运维、人才等机制不够健全

G. 资金投入不足

H. 缺乏定位、建设标准不清晰

I. 其他，请说明_____

18 您认为目前听障儿童教育视频资源建设遇到的困难有？（本题可多选）

A. 缺乏听障儿童教育理论支持　　　B. 缺乏视频拍摄技术

C. 缺乏影视后期制作技术　　　　　D. 听障儿童配合能力弱

E. 缺乏影视制作理论　　　　　　　F. 缺乏教育视频资源设计思路

G. 视频制作成本高　　　　　　　　H. 缺乏聋健合作平台

J. 其他，请说明_____

四、面向听障儿童教育视频资源共建共享策略调查

19. 您是否参与过面向听障儿童的教育视频的建设？

A. 是　　　　　　　B. 否

20. 目前听障儿童最喜欢获取知识的方式是？

A. 传统讲授　　　　　　　　　　　B. 书面文字

C. 课外参观游学　　　　　　　　　D. 视频

E. 智能手机　　　　　　　　　　　F. 其他请说明

21. 您觉得影响面向听障儿童教育视频资源共建共享的原因有哪些？（本题可多选）

A. 缺乏政策支持

B. 缺乏听障儿童视频共建平台

C. 缺乏专门的听障教育视频资源建设管理机构

D. 缺乏听障视频资源共享管理机制

E. 缺少关注听障视频资源开发的专业团队

F. 缺乏资源共享理念

G. 其他，请说明_____

22. 您希望以怎样的方式参与面向听障儿童的教育视频资源建设？（本题可多选）

A. 在线共享视频设计方案

B. 线下参与视频后期制作

C. 当手语演员参与视频拍摄

D. 参与摄制组提供摄影摄像及其他技术服务

E. 参与摄制组进行手语翻译

F. 分享听障类教育视频让更多人知道

G. 其他，请说明_____

23. 对于以下观点，您的看法是？（五级量表）

A. 我认为聋人除了听，其他事情都能做

B. 我愿意向我身边的朋友推荐与聋人相关的视频

C. 作为聋人如果在视频中看到手语这种沟通方式会觉得不孤单

D. 身处有手语的环境会让聋人感到满意

E. 重要的会议和场景需要有手语翻译

F. 我可以参加很多聋人相关的视频学习和拍摄活动

G. 需要更多学科背景的人员共同参与到听障儿童教育资源开发

24. 在面向听障儿童的教育视频资源的建设和共享中，您会考虑（请从主到次用数字 1、2、3、4、5、6、7 依次排序）

[   ] 资源版权问题

[   ] 资源的科学性

[   ] 资源伦理问题

[   ] 资源的权威性

[   ] 资源的实用性

[   ] 资源公益服务性

[   ] 其他，请说明

25. 如果邀请您参与面向听障儿童教育视频资源的建设，您认为您最大的优势是什么？（5级）

A. 合作沟通能力强，愿意与其他专业人士配合

B. 具备手语表达沟通能力

C. 我有耐心用文字或其他语音转换软件与他人沟通

D. 了解听障儿童的学习需求和认知特点

E. 我熟悉影视视听语言理论及其相应拍摄手法

F. 具备摄影摄像技术能力

G. 我具备影视后期制作能力

H. 我学习能力较强，对面向听障儿童的视频制作感兴趣，愿意学习相关知识。

26. 若可以聋健协作来建设面向听障儿童视频资源，您认为有哪些人员可以参与？

A. 特殊教育专业研究人员

B. 传媒类专业人员

C. 电视台、传媒公司等视频制作团队

D. 聋校教师

E. 听障儿童

F. 健听大学生

H. 聋人大学生

I. 其他_____

27. 结合您使用听障儿童教育视频资源服务应用的经历，请问您对具体一种服务应用，或对整体听障儿童教育视频资源体系建设有什么意见或建议？

如果您想参与为听障儿童设计开发视频资源，请留下您常用的 E－mail 便于我们与您联系。

Email：_____

再次感谢您参与本问卷调查！

附录2　面向听障儿童的教育视频资源建设问卷设计维度（听障儿童卷）

题目维度	一级指标	观测点	问题	编码
面向听障儿童的优质视频资源满意度调查问卷	听障儿童基本信息	年龄 认知风格	你的年龄是？	
		性别 认知风格	你的性别是？	
		年级 认知选取	你读几年级？	
		听力损失程度 听力程度	我能够很清晰地听到他人说话。	
		补偿情况	我目前的听力状况：	
		学历 认知背景	您的学历？	
		关系 了解程度	您与听障儿童的关系？	
	基本现状	了解情况 是否了解	我知道有视频资源可以帮助我进行学习。	
		了解程度	我知道我对视频的需求与其他小朋友不同。	
		使用情况 是否使用	我经常会选择观看为聋人制作的视频节目。	
		使用程度	我的老师在课堂上经常用视频进行讲课。	
	满意度关键性因素	认知能力 言语能力	我能够清楚地用语言表达自己的想法。	
		记忆能力	我能够记住视频中所讲的内容。	
		注意力	我容易受到外界干扰而不能把视频完整看完。	
		思维能力	我了了视频中所讲的内容，有更深的理解。	
		态度	我愿意使用视频来学习更多的知识。	
		动作技能	如果有机会，我会参与聋人视频的制作，喜欢动手操作。	
		沟通能力	我可以跟其他人交流沟通。	
		内容分析 内容适合	能够找到合适的教育视频资源。	
		内容难易度	能够理解视频所传达的含义。	
		符合教学目标	能够与学校课程学习相结合。	
		内容供需匹配	能够满足自己的学习需求。	

题目维度	一级指标	观测点	问题	编码
面向听障儿童的优质视频资源满意度调查问卷	满意度关键性因素	适度强化	我需要视频重复播放难理解的内容。	
		表达方式	手语可以帮我理解视频内容。	
		呈现方式	希望视频中手语翻译的位置在哪里？单选题（手语主持人，在手语翻译窗口中） 手语翻译窗口的大小您倾向于哪种？单选题（三幅图大、中、小） 对字幕的大小您倾向于哪种：单选题（大、中、小） 对字幕呈现的样式，您倾向于哪种？（标注发声者、不标注声音来源）	
		提示引导	我需要视频中提示我重点信息，指导我怎么做。	
		辅助技术	我需要在看视频的过程中使用人工耳蜗或其他辅助工具。	
	保障机制制度支持	环境氛围	我能够看到很多地方有与聋人相关的视频。 身处有手语的环境让我感到满意。	
		提供手语翻译	在重要的会议和节目中都有手语翻译。	
		政策引导	我可以参加很多聋人相关的视频学习和拍摄活动。	
		服务意识	我所观看的视频常常配有字幕。	
	情感支持	身份认同	我会向我身边的朋友推荐与聋人相关的视频。 我通过视频资源看到与自己相同沟通方式的人觉得不孤单。 我们除了听，其他事情都能做。	
		教师引导	我的老师经常帮助我理解视频中的内容。	
		同伴互助	我经常和朋友讨论视频中的内容，分享心得。	
		情境体验	我认为视频中的内容贴近我们的生活，很亲切。	
	感知质量效果认同	画面质量	我认为视频画面美观，身临其境，看得很清晰。	
		字幕质量	我可以跟上字幕播放的速度。 我认为字幕可以帮助我理解视频。 字幕字体大小适中，我可以看得清楚。	
		剪辑质量	画面变换的节奏让我感觉没有压力，可以理解画面传达的想法。	
		播放质量	我感觉视频画面很稳定、播放流畅，没有卡顿现象。	

附录3　面向听障儿童教育视频资源建设需求
访谈记录表（与听障儿童关系密切人员卷）

访谈记录表（听障儿童/教师/家长或社会公众）			
访谈时间		访谈地点	
访谈对象		访问者	
访谈记录者		其他参与人员	
访谈主题	面向听障儿童教育视频资源建设需求调研		
访谈提纲	1. 结合自身或他人听障儿童教育视频资源使用的情况，谈谈你了解的听障儿童教育视频资源服务是怎么样的？ 2. 你会使用听障儿童教育视频资源服务吗？如校讯通、教育网络平台和学习资源等。 3. 你使用/不使用听障儿童教育视频资源服务的原因是什么？ 4. 听障儿童教育视频资源体系建设中，您需要哪些服务？ 5. 在使用听障儿童教育视频资源服务时遇到什么困难？您认为目前听障儿童教育视频资源体系建设中需要解决的突出问题有？ 6. 你认为在听障儿童教育视频资源体系基础设施、平台资源和设备工具建设完善中需要关注哪些问题？ 7. 你在智慧资源、智慧管理、智慧服务、智慧教研以及智慧评价方面有哪些需求？或者你最喜欢的教育服务是怎样的呢？ 8. 你经常使用什么辅助工具软件帮助学习或工作？有什么帮助？ 9. 平日的学习或工作中，你喜欢在网上和他人交流讨论吗？为什么？你希望听障儿童教育视频资源体系为你提供怎样的互动交流平台？ 10. 你愿意和其他人分享教育资源吗？如果愿意，你喜欢用怎样的方式分享呢？如果不愿意，为什么呢？ 11. 你目前最需要的教育服务是什么？你最需要提高的能力是？ 12. 你觉得目前你所在地区的听障儿童教育视频资源服务存在的主要问题是什么？你有什么建议吗？		
访谈议程			

附录4　面向听障儿童的教育视频资源建设现状及需求调查访谈提纲（传媒专业人员卷）

1. 您是否有参与过听障儿童教育视频资源建设？如果有接着回答2题。

2. 听障儿童教育视频资源建设团队到目前为止开展了哪些项目，总体效果如何？在这些项目中您一般都是充当什么角色？发挥什么样的作用？

3. 作为听障儿童教育视频资源建设的组织者和管理者，您是如何确定听障儿童教育视频资源建设的目标、内容的？依据是什么？有什么经验或教训可以跟大家分享吗？

4. 是什么时候参与听障儿童教育视频资源建设的？为什么要参加？（动机）

5. 您参加听障儿童教育视频资源建设活动时，是否每次会给自己确定一个目标？如果有，能否举例说明？

6. 在参与听障儿童教育视频资源建设的过程中是否遇到困难？怎么解决？

7. 您参与听障儿童教育视频资源建设活动最大的收获是什么？能不能结合您感受最深刻的一次听障儿童教育视频资源建设活动，谈谈您的体会？

8. 您觉得目前听障儿童教育视频资源建设活动中存在的主要问题是什么？您有什么建议吗？

附录5　听障儿童视频资源建设参与者及主要贡献

序号	姓名	作品名称
1	曹莹莹	手语花开之奇妙实验室
2	王世豪	手语花开之中华礼仪设计与制作
3	于昊楠	手语花开之给妈妈的礼物
4	孟祥凤	手语花开之历史长河
5	唐佳仁	"听·见　你我的世界"聋健协作影视技能学习服务平台设计
6	赵威	听障教育视频《无声之汉家礼乐》拍摄
7	杨茜	听障儿童手语歌曲《我有一双小手》拍摄
8	郑玉燕	《面向听障儿童的古诗词学习 APP 设计与实现》

1—手语花开 logo

2—手语花开光盘

3—手语花开台标

4—手语花开主持人之一

5—手语花开语文课文手语翻译

6—手语花开情景对话

7—手语花开主题曲

8—手语花开主题曲剧照

9—主题曲《我有一双小手》

面向听障儿童的教育视频资源作品一览

附录6 成果宣传册

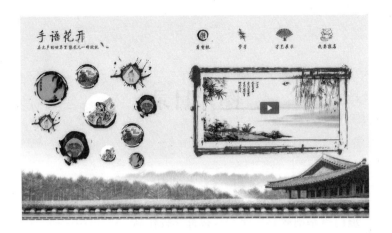

我有一双小手

词：曹宇星
曲：张　琦

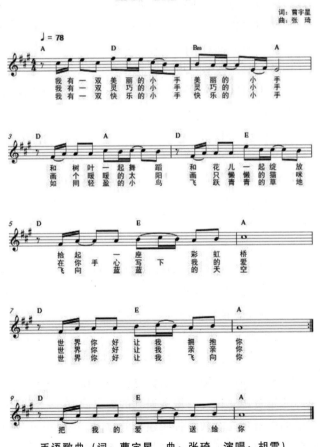

手语歌曲（词：曹宇星　曲：张琦　演唱：胡雪）

图片目录

图 2 - 1　主要相关研究文献数量曲线图 …………………………… 11

图 2 - 2　厦门市基础教育微课特殊教育学校作品 ………………… 18

图 2 - 3　厦门市基础教育优质微课课程建设研究 ………………… 19

图 2 - 4　YULE 网站"一起学手语"界面 …………………………… 20

图 2 - 5　YULE 网站"数字手语"界面 ……………………………… 20

图 2 - 6　YULE 聋人网首页 …………………………………………… 22

图 2 - 7　YULE 聋人网"教学"板块界面 …………………………… 23

图 2 - 8　YULE 聋人网络教学视频"组织—部分内容"示意图 …… 23

图 3 - 1　评价等级对应情绪识别图（参考 TEC 改编） …………… 78

图 3 - 2　本研究的技术路线 ………………………………………… 82

图 3 - 3　研究过程 …………………………………………………… 83

图 4 - 1　问卷分布来源 ……………………………………………… 90

图 4 - 2　听障儿童观看视频认知特征 ……………………………… 91

图 4 - 3　听障儿童运用视频进行学习的需求程度图 ……………… 92

图 4 - 4　听障儿童资源服务遇到的障碍 …………………………… 93

图 4 - 5　听障儿童喜欢的教育视频资源类型 ……………………… 93

图 4 - 6　听障儿童补偿性服务评价 ………………………………… 94

图 4 - 7　聋人和健听人对视频的态度 ……………………………… 95

图 4 - 8　被调研对象理解听障儿童的程度情况 …………………… 96

图 4 - 9　参与听障儿童资源建设的优势 …………………………… 97

图 4 - 10　是否参与过面向听障儿童的教育视频建设 …………… 98

图 4 - 11　听障儿童资源建设支持服务遇到的突出问题 ………… 99

图 4 - 12　影响面向听障儿童教育视频建设的原因 ……………… 99

图 4 - 13　听障儿童教育视频资源建设与共享需求雷达图 ……… 100

图 4 - 14　听障儿童资源服务需要解决的问题 ……………………… 101

图 4 - 15　听障儿童教育视频资源建设参与方式 ………………… 102

图 4 - 16　聋健协作建设面向听障儿童视频资源参与人员 ……… 102

图 4 - 17　听障儿童教育视频资源建设建议 …………………… 103

图 5 - 1　面向听障儿童的优质教育视频资源建设机制 ………… 111

图 5 - 2　听障儿童教育视频资源评价指标体系维度确定 ……… 122

图 6 - 1　依据缺陷补偿原则实施要点 ………………………… 134

图 6 - 2　聋人视频无障碍字幕设计对聋人阅读注意力的补偿 … 136

图 7 - 1　基于聋健协同理念的听障儿童教育视频资源建设模式 … 150

图 7 - 2　跨专业聋健协作影视技能学习视频截图 ……………… 151

图 7 - 3　聋健协作影视学习服务平台设计 …………………… 152

图 7 - 4　传媒专业师生协助手语视频教材的编写 ……………… 157

图 7 - 5　基于 OBE 理念的听障类教育视频资源建设流程 …… 160

图 7 - 6　"可访问资源"通用设计框架 ………………………… 168

图 7 - 7　长板原理 …………………………………………… 174

图 7 - 8　面向听障儿童的优质教育视频资源建设流程规范 …… 176

图 8 - 1　面向听障儿童的教育视频资源示范案例开发 ………… 188

图 8 - 2　面向听障儿童的教育视频资源建设示范案例摄制流程 … 190

图 8 - 3　听障儿童手语主持人话语符号及字幕设计 …………… 191

图 8 - 4　面向听障儿童教育视频示范案例《大熊猫》片头设计 … 193

图 8 - 5　《手语花开》片头曲制作现场 ………………………… 197

图 8 - 6　摄制组与小演员在拍摄现场 ………………………… 197

图 9 - 1　任课教师辅助听障儿童进行问卷填答 ……………… 204

图 9 - 2　听障儿童教育视频功能 ……………………………… 206

图 10 - 1　面向听障儿童的优质教育视频资源建设机制 ……… 208

图 11 - 1　视频资源建设《手语花开》公众号 ………………… 216

图 11 - 2　StorySign APP 绘本故事开发与设计界面 ………… 217

表格目录

表 1-1 听力损失程度分类（1987）···5

表 2-1 主要研究内容统计表 ···10

表 2-2 听障儿童教育视频资源的发展过程及特点 ···························14

表 2-3 听障学生社会认知特点 ···56

表 4-1 调研方法与内容安排 ···87

表 5-1 面向听障儿童的优质视频资源建设评价指标体系 ···············123

表 6-1 听障儿童绘本内容分析 ···131

表 6-2 聋人信息处理环节中障碍特点 ···133

表 7-1 不同专业背景人员参与面向听障儿童资源建设协作共建发展

历程 ···154

表 7-2 聋生微课的资源要素 ···162

表 8-1 《大熊猫》视频资源个案情境设计及听障补偿方式 ············189

表 8-2 听障儿童教育视频制作环节与任务 ·····································199

表 9-1 视频资源个案《大熊猫》为例的部分数据评测（喜好态度

维度）···206

表 10-1 面向听障儿童的视频资源评价指标体系 ···························209

参考文献

一、中文文献

［1］曹宇星，吴鹏泽．面向听障儿童的优质教育视频资源建设机制研究
　　［J］．绥化学院学报，2018，38（1）：21—25.

［2］王枫，胡旭君．听力障碍儿童与正常儿童视觉记忆能力比较研究［J］.
　　中国特殊教育，2002（4）：34—36.

［3］陈曦，黄东锋，林爱华，李海，刘鹏，陈少贞，龚春光．广东省成人精
　　神残疾主要致残原因和对策分析［J］．中国康复医学杂志，2009，24
　　（10）：938—941.

［4］曹宇星，吴鹏泽．面向听障儿童的电视教材评价指标体系研究［J］．现
　　代特殊教育，2017（8）：74—80.

［5］孙喜斌，李兴启，张华．中国第二次残疾人抽样调查听力残疾标准介绍
　　［J］．听力学及言语疾病杂志，2006（6）：447—448.

［6］邓小兵．聋儿助听器佩戴前后听力检测在 WHO 和 ANSI 分级标准中的
　　应用研究［D］．南方医科大学，2011.

［7］朱明英．听力残疾者社会支持与职业适应的相关研究［D］．西南大
　　学，2015.

［8］刘璐．聋人阅读过程中的副中央凹视觉注意增强效应［D］．天津师范
　　大学，2017.

［9］刘民，沈励，栾承．北京市居民听力残疾主要原因调查分析［J］．听力
　　学及言语疾病杂志，2009，17（4）：336—339.

［10］李雪飞．中高年级聋生书面叙事语的研究［D］．华东师范大学，2008.

［11］孙喜斌，刘志敏．残疾人残疾分类和分级《听力残疾标准》解读［J］.
　　听力学及言语疾病杂志，2015，23（2）：105—108.

［12］张杨．聋校初中生同伴冲突解决策略特点研究［D］．辽宁师范大学，2010.

[13] 胡雅梅，牛玉柏．手语在听觉障碍儿童认知发展中的作用 [J]．中国特殊教育，2003（4）：50－54．

[14] 刘静静．基于协同理论的区域协作与公共图书馆空间再造研究 [J]．图书馆学刊，2018，40（12）：1－3＋14．

[15] 曹宇星．基于聋人文化传播的听障儿童电视节目探究 [J]．新闻研究导刊，2018，9（4）：13－14＋89．

[16] 胡永斌，唐慧丽．聋校多媒体课件开发的理论支持和开发策略 [J]．中国医学教育技术，2008（2）：145－148．

[17] 曹宇星．面向听障学生的视频资源应用研究 [J]．绥化学院学报，2015，35（1）：52－54．

[18] 曹宇星，黄继青，张百慧．跨专业聋健协作：聋人大学生影视专业教学模式研究 [J]．现代特殊教育，2017（14）：67－71．

[19] 张丽．宣汉土家族历史文化类校本课程的实践研究 [D]．上海师范大学，2019．

[20] 应越．小学音乐校本课程地方文化资源开发利用研究 [D]．扬州大学，2018．

[21] 李艳芳．开展聋人摄影摄像专业高等教育的教学思考 [J]．成功（教育），2010（05）：189－190．

[22] 陈瑶，冯文全．美国残疾人高等教育模式及其启示 [J]．绥化学院学报，2019，39（01）：121－125．

[23] 郭文斌，王芬萍，张琨．我国残疾人高等职业教育研究热点与发展趋势 [J]．海南师范大学学报（社会科学版），2019，32（2）：111－117．

[24] 国务院办公厅．国务院办公厅关于转发教育部等部门特殊教育提升计划（2014—2016年）的通知．http：//old. moe. gov. cn/publicfiles/business/htmlfiles/moe/moe _ 1778/201401/162822. html．

[25] 钱小龙，邹霞．无障碍网络学习环境的设计与开发流程综述 [J]．中国特殊教育，2007（12）：63－68．

[26] 车月琴，曹宇星，吕米佳．国内外听障学生微课的研究现状综述 [J]．电脑知识与技术，2018，14（36）：160－162＋172．

[27] 张龙宇．数字化教育资源应用于学前教育的SWOT分析 [J]．中小学电教，2019（5）：53－56．

[28] 姬祥祥．《聋人文化》课程在手语主持专业中的重要性探讨 [J]．现

代特殊教育，2016（2）：68－71.

[29] 曹宇星，车月琴，吴鹏泽 . 基于 OBE 理念的聋生微课的设计模式研究 [J]. 科学理论，2018（5）：188－189＋208.

[30] 林秀瑜 . 泛在学习环境下微课的学习模式与效果研究 [J]. 中国电化教育，2014（6）：18－22.

[31] 曹宇星，吴鹏泽，林晓凡，贾天龙 . 基于自适应学习需求的聋人视频无障碍字幕设计 [J]. 现代教育技术，2019，29（7）：99－105.

[32] 徐晨岷 . 以技术赋能促进融合教育出版 [J]. 科技与出版，2019（1）：74－79.

[33] 周莹 . 聋校语文教学中视觉情境构建策略研究 [D]. 南京师范大学，2006.

[34] 郑权，陈琳 . 教育技术学范畴下特殊教育资源建设研究 [J]. 现代教育技术，2012，22（2）：65－69.

[35] 张靖，傅钢善，郑新，张安旺 . 国外信息技术支持的聋生教育研究：发展、现状及启示 [J]. 中国远程教育，2019（5）：84－91.

[36] 推广使用《国家通用手语常用词表》《国家通用盲文方案》，保障残疾人语言文字权利 [J]. 现代特殊教育，2018（15）：5－8.

[37] 李卫娟，胡傲进 . 特殊教育学校教师队伍现状及人才需求情况调查研究 [J]. 现代特殊教育，2018（18）：8－13＋18.

[38] 曹宇星 . 面向听障学生的视频资源应用研究 [J]. 绥化学院学报，2015，35（1）：52－54.

[39] 傅敏，许保生 . 基于第二语言习得理论的通用手语教材开发研究 [J]. 现代特殊教育，2018（18）：52－57＋66.

[40] 曹洋 . 儿童电视节目形态初探——以 CCTV 少儿频道和欧美少儿节目为例 [J]. 青年记者，2010（14）：52－53.

二、英文文献

[1] Golos，Debbie B. "Deaf Childrens Engagement In An Educational Video In American Sign Language". *American Annals of the Deaf*，2010.

[2] Debevc，M. "Development and evaluation of an e-learning course for deaf and hard of hearing based on the advanced Adapted Pedagogical index method". *Interactive Learning Enviroments*，2012，22（1），

pp. 35－50.

[3] Istenic Starcic，A.，Bagon，S. "ICT-supported learning for inclusion of people with special needs: Review of seven educational technology journals，1970—2011". *British Journal of Educational Technology*，2014，45 (2)，pp. 202－230.

[4] Simms，L.，Baker，S. "Deaf and Hard of Hearing Childrens Visual Language and Development Checklist. Presented at the Path Bilingualism". *The child and Family*，2012 (3).

[5] Banks，J.，Gray，C.，Fyfe，R. "The Written Recall of Printed Stories by Severely Deaf Children." *British Journal of Educational Psychology*，1990，60 (2)，pp. 192－206.

[6] Batten，G.，Oakes，P. M.，Alexander，T. "Factors Associated with Social Interactions Between Deaf Children and Their Hearing Peers: A Systematic Literature Review." *Journal of Deaf Studies and Deaf Education*，2013，19 (3)，pp. 285－302.

[7] Battistich，Victor. "Effects of a School-Based Program to Enhance Prosocial Development on Children's Peer Relations and Social Adjustment". Retrieved from https://www. questia. com/library/journal/1P3-793508201/effects-of-a-school-based-program-to-enhance-prosocial.

[8] Beal-Alvarez，J. S.，Easter brooks，S. R. "Increasing Childrens ASL Classifier Production: A Multi-Component Intervention". *American Annals of the Deaf*，2013，158 (3)，pp. 311－333.

[9] Bell，N. *Visualizing and Verbalizing for Language Comprehension and Thinking*，San Luis Obispo，CA: Gander Publishing，2007，pp. 30－56.

[10] Borgna，G.，D. Walton，Convertino，C. Marschark，M.，Trussell，J. "Numerical and Real-World Estimation Abilities of Deaf and Hearing College Students". *Deafness and Education International*，2018，20 (2)，pp. 59－79.

[11] Burgstahler，S. "Opening Doors or Slamming Them Shut? Online Learning Practices and Students with Disabilities". *Social Inclusion*，2015，3 (6)，pp. 69－79.

[12] Cheng，S.，Sin，K. F. "Conceptions of Learning and Quality of

University Life Among Deaf, Hard of Hearing and Hearing University Students." *International Journal of Inclusive Education*, 2018, 22 (12), pp. 1333—1344.

[13] Crume, P. "Teachers Perceptions of Promoting Sign Language Phonological Awareness in An ASL/English Bilingual Program". *Journal of Deaf Studies and Deaf Education*, 2013, 18 (4), pp. 464—488.

[14] Forlin, C. Inclusive Education in Australia Ten Years after Salamanca. *European Journal of Psychology of Education*, 2006, 21, pp. 265—277.

[15] Forlin, C. (2010). *Teacher Education for inclusion: Changing Paradigms and Innovative Approaches. Reframing Teacher Education for Inclusion.*, Abingdon, OX: Routledge Press, 2007, pp. 10—35.

[16] Holden-Pitt, L., Diaz, J. A. "Thirty years of the annual survey of deaf and hard-of-hearing children and youth: A glance over the decades." *American Annals of the Deaf*, 1998, 143 (2), pp. 72—76.

[17] Kožuh, I., Hintermair, M. A., Holzinger, Volčič, Z., Matjaž, D. "Enhancing Universal Access: Deaf and Hard of Hearing People on Social Networking Sites". *Universal Access in the Information Society*, 2015, 14 (4), pp. 537—545.

[18] Kreimeyer, K. H., Crooker, P., Drye, C., Egbert, V., Klein, B. "Academic and Social Benefits of a Co-Enrollment Model of Inclusive Education for Deaf and Hard-of-Children with Normal Hearing." *Journal of Deaf Studies and Deaf Education*, 2000, 5, pp. 174—185.

[19] Lederberg, A. R., Everhart, V. S. "Communication Between Deaf Children and Their Hearing Mothers: The Role of Language, Gesture, and Vocalizations". *Speech Language and Hearing Research*, 1998, 41 (4), pp. 887—899.

[20] Lederberg, A. R., Schick, B., Spencer, P. E. "Language and Literacy Development of Deaf and Hard-of-Hearing Children: Successes and Challenges". *Developmental Psychology*, 2013, 49 (1), pp. 15—30.

[21] Marschark, M., Edwards, L., Peterson, C., Crowe, K., Walton, D. "Understanding Theory of Mind in Deaf and Hearing College

Students". *The Journal of Deaf Studies and Deaf Education*, 2018, 24 (2), pp. 104—118.

[22] Martin, D., Bat-Chava, Y. "Negotiating Deaf-hearing Friendships: Coping Strategies of Deaf Boys and Girls in Mainstream Schools." *Child Care Health and Development*, 2003, 29 (6), pp. 511—521.

[23] Molander, B. O., Halldén, O., Lindahl, C. "Ambiguity A Tool or Obstacle for Joint Productive Dialogue Activity in Deaf and Hearing Students Reasoning About Ecology." *International Journal of Educational Research*, 2010, 49 (1), pp. 1—47.

[24] Akker, J., Bannan, B., Kelly, A. E., Plomp, T., Nieveen, N., Gravemeijer, K. "Educational Design Research Introdution". *Educational Design Research*, Enschede Netherlands: Netherlands Institute for Curriculum Development, 2013.

[25] Rose, D. "Universal Design for Learning". *International Encyclopedia of Education*, 2001, 19 (4), pp. 119—124.

[26] Sanyin, C. Kuen, F. S. "Conceptions of learning and quality of university life among deaf, hard of hearing, and hearing university students". *International Journal of Inclusive Education*, 2018.

[27] Secora, K., Emmorey, K. "Social Abilities and Visual Spatial Perspective Taking Skill: Deaf Signers and Hearing Non-signers." *Journal of Deaf Studies and Deaf Education*, 2019, 24 (3), pp. 201—213.

[28] Stoner, M., Easterbrooks, S. Using a Visual Tool to Increase Adjectives in the Written Language of Students who are Deaf or Hard of Hearing. *Communication Disorders Quarterly*, 2016, 27 (2), pp. 95—109.

[29] Susan, R., Karen, M., Raimonde, E. C. "Signs of Resilience: Assets That Support Deaf Adults' Success in Bridging the Deaf and Hearing Worlds." *American Annals of the Deaf*, 2013, 148 (3), pp. 222—232.

[30] Wang, Q., Quek, C. L., Hu, X. Y. Designing and Improving A Blended Synchronous Learning Environment, An Educational Design Research. *The International Review of Research in Open and Distributed Learning*, 2017, 18 (3), pp. 100—112.

[31] Xie，Y. H.，Potměšil，M.，Peters，B. "Children who are Deaf or Hard of Hearing in Inclusive Educational Settings: A Literature Review on Interactions with Peers". *Journal of Deaf Studies and Deaf Education*，2014，19（4），pp. 423—437.

后 记

当你的世界被按下静音键，什么是你的语言？

如果有一天，你听不见、说不出，你的世界会怎样？

当周遭的世界变得寂静无声，我们用什么来沟通彼此的心灵？如果某一天，我们失去了聆听和表达的能力，我们的生活又会变得如何？

从 2010 年至 2024 年，从最初的迷茫到逐渐地清晰，我感受到听障者没有想象中的"自暴自弃"，他们依旧保持着乐观、积极的生活态度。我感受到听障人除了听，其他什么都能做到的力量！我感受着很多特教人无声的陪伴，共创有声的精彩！我感受到很多非特教人的公益之心，真心给予专业支持的执着！

想象自己再次坐在宁静的图书馆内，手捧一杯香茗，眼前是一片翠绿的景致，耳畔是夏日的蝉鸣——这是一幅多么宁静惬意的画面，一个适合阅读的完美时刻。从 2010 年起，我的硕士生导师吴鹏泽教授带我走进听障儿童所处的无声世界，特殊教育的研究是艰难的，行走是孤独的。"教育技术既要攀登高峰，也需填补鸿沟，其中也要为特殊群体搭建通往知识之巅的无障碍通道。"老师的这句话使特殊教育的研究成为我在工作后重返学术殿堂坚持研究的重点，也使我拥有无法忘怀的宝贵经历。而今，在这个信息爆炸、技术革新的 2024 年，我们又一次站在教育的十字路口，凝视着知识传递的无限可能。正是在这样一个充满活力的时代背景下，我们依然继续潜心探索和记录教育技术如何攀登高峰，同时弥补其存在的沟壑。

我们深信，教育技术不仅是知识的传播者，更是平等的使者。它有力量打破地理的界限，跨越语言的障碍，甚至超越身体的局限，为每一个渴望学习的心灵提供支持和机会。我们将一同见证教育技术如何成为连接不同群体的桥梁，如何为特殊群体提供定制化的学习路径，确保每个人都能在知识的海洋中遨游。本书不仅是一份记录，更是一种启发。愿它能够激发教育工作者、政策制定者、技术开发者以及所有关心教育的人士，共同思考和行动，为构建一个更加包容、平等的教育环境而努力。

回忆点滴过往，我要特别感谢华南师范大学教育电视 ETV 团队的徐福荫老师，他像慈父一样，以其严谨的学术态度、乐于助人的精神和言传身教的方式深深影响着我们。徐老师的教诲——先学会做人，再学会做事——时刻提醒我不可懈怠。无论是 ETV 的家庭聚会，还是论文研讨，徐老师总是忙中抽闲，关心着我们的学业和成长。徐老师不仅是我学术上的导师，更是我人生的导师。为听障儿童的教育视频制作尽一份贡献，少不了您的专业指导与帮助，聆听您的教导是我一生的荣幸。同时，我也要感谢师母陈老师，她开朗活泼，像朋友一样与我们分享生活的点点滴滴。在此，也要感谢胡小勇老师和胡晓玲老师，感谢你们在学术和生活上给予我的关心和帮助。胡小勇老师浅显易懂的教学方式，让我体会到科研的美妙，形成了严谨的科研态度；胡晓玲老师的知心友谊，让我在异乡也能感受到家的温暖。感谢原黑龙江省绥化学院的庄严院长，感谢您提供的学习机会和对员工职业生涯的关怀。同时，感谢所有在特教领域给予我帮助的老师和专家，以及那些在论文进展阶段给予我支持的聋校教师和聋人朋友们。

最后，我要感谢我的家人，尤其是我的父母，感谢你们给予我的爱和支持。感谢我的小天使宝宝李梓玉的出生，她稚嫩的小手给了我无限灵感，促使我创作了《手语花开》的主题曲《我有一双小手》，感谢所有关心、帮助、鼓励过我的亲人、老师、朋友和同学，你们的陪伴是我前进的动力。

在此，我向所有陪伴我走过这段学术旅程的人致以最诚挚的感谢。是你们让这段旅程变得丰富多彩，意义非凡。